Ich kam von der Venus

Ich kam von der Venus
Omnec Onec

Neuveröffentlichung der ersten deutschen Ausgabe von 1994,
erschienen im Omega-Verlag

Titel der amerikanischen Originalausgabe: From Venus I Came, herausgegeben von Wendelle C. Stevens,

Webseite des Verlages: *discuspublishing.com*

Umschlaggestaltung und Satz: Anja Schäfer

Cover Design: Peter Holle

ISBN: 978-3-910804-05-0

Omnec Onec

ICH KAM VON DER VENUS

Autobiographie

Bild 1: Omnec Onec, 1994

Liebe

Liebe ist die Energie, die vom Schöpfer fließt und alle Lebensformen unterstützt. Ohne sie kann nichts existieren. Daher sind wir alle universelle, geistige Wesen und nicht auf eine Existenz begrenzt.

Es gibt keine Grenzen für diese Liebe.

Omnec Onec

Inhaltsverzeichnis

Widmung

Ich widme dieses Buch voller Liebe meinen vier Kindern Joe Don, Tobea Lynn, Zandar Onath, Jason Arron, außerdem Sharon Yvonne und all denen, die auch nach einem ausgeglichenen Universum und Liebe zur Höchsten Gottheit sowie zur ganzen Menschheit suchen.

Omnec Onec

Danksagung

Ich möchte drei Männern danken, die eine wesentliche Rolle dabei gespielt haben, dieses Buch zu ermöglichen. Ihre Hilfe und Ermutigung haben viel zum Erfolg dieser Bemühung beigetragen.

Der erste ist Rainer Luedtke, der Autor meiner Biographie. Ohne die drei Jahre seiner Bemühung, Forschung, Ausdauer und harten Arbeit wären dieses Buch und meine Aufgabe auf der Erde vielleicht unvollendet geblieben. Ich glaube, er weiß fast mehr über mich als irgendjemand sonst. Er fragte mich Dinge, an die ich sonst nie gedacht oder mich erinnert hätte. Die Aufzeichnungen unserer Tonbandsitzungen schrieb er in genauem Wortlaut nieder, um meine persönliche Note beizubehalten.

Der zweite ist Stanley, der Vater von zweien meiner Kinder, der seine Träume immer mit mir teilte und half, sie Wirklichkeit werden zu lassen, der mich nie fallen ließ und mich stets ermutigte. Ich habe immer seine Fähigkeit zu träumen und seine Liebe zur Kunst und Schönheit geliebt. Ich fühle, daß er mich wirklich auf allen Ebenen geschätzt hat.

Der dritte ist Wendelle Stevens. Nachdem er eine Kassette mit einem Radiointerview hörte, das ich vor ein paar Jahren in Chicago gegeben hatte, begann er, mich zu suchen, mit der Gewißheit, mich wirklich zu finden. Ich kenne ihn auf seelischer Ebene sehr gut als ein sehr bewußtes Individuum. Ich bewundere seine Treue und seine Aufrichtigkeit. Das brauchen wir alle, die wir in dieser extrem technischen Welt voller Gefahren dahinhasten. Indem er die Einzelheiten meiner Herkunft veröffentlichte, gab er mir diese Möglichkeit, euch zu erreichen. Er hilft mir, eine selbst gewählte Mission zu erfüllen, die überall der ganzen Menschheit zu verstehen helfen soll – durch die Beantwortung einiger sehr wichtiger Fragen über den wahren Ursprung und die Bestimmung des Menschen – um jedem von euch die Geburtsrechte wiederzugeben, damit ihr euer Erbe und eure Wurzeln zum Anfang als Seele und zu ihrem physischen Ursprung irgendwo in unserem riesigen Universum zurückverfolgen könnt.

Ebenso danke ich den vielen weiteren Freunden überall, die mir großzügig Rat und Beistand leisteten. Ich kann noch einmal meine wahre Identität zurückgewinnen und jene Wahrheiten vermitteln, die ein so wohlgehütetes Geheimnis auf der Erde gewesen sind. Vielleicht könnt ihr euch nun der Bruderschaft der Planeten anschließen, zu der so viele andere gehören. Vielleicht könnt ihr das Gleichgewicht des Lebens und des Seins wiederfinden, welches euer eigentlicher Urzustand ist.

In Liebe und Hochachtung
Omnec Onec (einst Sheila)[1]

Jeder, der mit diesem Buch verbunden ist, wurde
von meinem Volk für seinen Part ausgewählt.
Sie nahmen mit mir Kontakt auf, um mich
wissen zu lassen, wer akzeptabel ist.
Darum setzte ich mich persönlich mit
jedem Einzelnen von ihnen in Verbindung.

Omnec Onec

1 Dies ist die Übersetzung der Danksagung, die Omnec Onec für die erste englischsprachige Ausgabe geschrieben hat, welche im Jahr 1991 von Wendelle C. Stevens unter dem Titel „UFO From Venus I Came“ veröffentlicht wurde. Er ist am 7. September 2010 im Alter von 87 Jahren in Tuscon, Arizona, USA, gestorben.

Vorwort der Herausgeberin

Ich sah Omnec Onec zum ersten Mal in den frühen neunziger Jahren, als sie in einer deutschen Talkshow ihre gerade erschienene Autobiographie „Ich kam von der Venus" vorstellte. Sie zu sehen und zu hören lenkte meine ganze Aufmerksamkeit auf diese Frau, die so anders war als alle anderen Menschen, denen ich bisher in meinem Leben begegnet war. Körperlich sah sie aus wie eine schöne blonde junge Frau, aber das Besondere war nicht ihr Aussehen, sondern ihre Stimme, die Worte, die sie sprach, und das Energiefeld, das für meine physischen Augen unsichtbar und für meinen Verstand damals unerklärlich war und für meine subtil schlummernde, allmählich erwachende Inutition ein Wesen von einem anderen Stern beherbergte.

Rückblickend erkannte ich, dass durch diese erste Begegnung, die nur ein paar Minuten über den Fernsehschirm dauerte, ein Samenkorn in mein Herz – in mein Bewusstsein – gesetzt wurde, das ein paar Jahre brauchte, um seine ersten kleinen Fühler auszustrecken.

1997 erfüllte ich mir meinen Herzenswunsch und eröffnete eine esoterische Buchhandlung. Als ich im Buchgroßhandel meinen ersten Einkauf tätigte, fiel mir Omnec wieder ein und ich bestellte ihre Autobiographie für mich selbst. Während ich das Buch las, fühlte ich mich im Herzen zutiefst berührt und spürte zum ersten Mal in diesem Leben ein Gefühl von „Zuhause". Bald danach bestellte ich mir ihr zweites damals erhältliche Buch mit dem Titel „Handbuch venusischer Spiritualität". Meine Sehnsucht, diese Frau einmal persönlich zu erleben, wurde immer größer und so kontaktierte ich den Verlag. Schnell ergab sich die

Gelegenheit für mich, selber als Veranstalterin einen Vortrag und einen Workshop für Omnec zu organisieren, was mich mit einer ungekannten Freude erfüllte. Nachdem sich meine Aufregung nach der ersten Begegnung mit der Frau von der Venus etwas gelegt hatte, begann langsam unsere Freundschaft und Zusammenarbeit.

Bei der Verbindung zwischen Omnec und mir handelt es sich nicht nur um eine persönliche Freundschaft, sondern auch um eine Schüler-Lehrer-Meister-Verbindung mit der gemeinsamen Erfüllung einer Mission. Bei dieser Mission geht es darum, die Lehren der Venusier weiterzugeben und den Aufstieg der Erde in eine höhere Frequenzebene zu unterstützen. Da die Venus als Schwester- und Nachbarplanet der Erde bereits vor langer Zeit eine ähnliche Transformation durchlaufen hat und die Venusier zu unseren Vorfahren gehören, sind sie mit uns auf eine sehr enge, liebevolle Weise verbunden und unterstützen den Aufstieg der Erde in vielfacher Weise, unter anderem von Herz zu Herz unter uns Menschen.

Omnecs Danksagung

Omnec hat mich gebeten, in diesem Vorwort jenen Menschen namentlich zu danken, die in den letzten Jahrzehnten die Veröffentlichung ihrer Lebensgeschichte und Botschaft in Form von Büchern und CDs möglich gemacht haben:

- Wendelle C. Stevens, der Omnecs Autobiographie erstmals 1991 in den USA unter dem Titel UFO From Venus I Came veröffentlichte und damit einen wichtigen Meilenstein auf ihrem Weg zu internationaler Bekanntheit setzte.
- Gisela Bongart und Martin Meier, die Omnecs Bücher zum ersten Mal auf Deutsch veröffentlichten.

- Wulf Wemmje, der zusammen mit Omnec wunderschöne Musik-CDs produziert hat, damit auch ihre Stimme gehört werden kann.
- Gertraud Kouki Wohlwend, die Omnecs Bücher als „Die Venusische Trilogie“ zusammenstellte und sie neu verfügbar machte, nachdem die Originalausgaben der einzelnen Bücher vergriffen waren.

Wir danken vielen weiteren Menschen, deren Namen wir hier nicht alle erwähnen können. Wir danken auch allen Verlegern in anderen Sprachen als Deutsch und Englisch und allen Seelen, ob verkörpert oder in der geistigen Welt, die sich mit uns und der Venus verbunden fühlen und die auf ihre wundervolle, individuelle Weise in Liebe die Transformation der Erde in eine höhere Schwingungsebene begleiten.

Mit der Veröffentlichung dieses Buches, das du jetzt in den Händen hältst, beginnt eine neue Ära der Verbreitung der Botschaft von Omnec Onec. Im Frühjahr 2023 sind alle Buchrechte an sie und damit an uns zurückgegangen. Diese Neuauflage der deutschen Übersetzung von FROM VENUS I CAME ist die Originalversion, wie Omnec sie in den sechziger Jahren als Manuskript verfasste und wie sie 1991 erstmalig von Wendelle C. Stevens veröffentlicht wurde.

Möge dieses einzigartige Zeugnis eines Lebens auf einer höheren Frequenzebene viele Herzen erreichen, ihre Seelenfunken entzünden und ihnen die vollständige Erinnerung an das zurückbringen, was sie wirklich sind: Unendlich geliebte, schöpferische, wunderschöne Juwelen, deren Facetten durch ihre Erfahrungen geschliffen wurden und die jetzt und in alle Ewigkeit wieder in ihrer herrlichen Individualität funkeln.

Anja Schäfer
Hohenfels am Bodensee im November 2023

Bild 2: Omnec Onec und Anja Schäfer, 1997
In Anjas ehemaliger esoterischen Buchhandlung „Lichtblick“ in Landshut

Bild 3: Omnec Onec und Anja Schäfer, 2023
Auf der Mount Shasta Sommerkonferenz, organisiert von Robert Potter

Kapitel 1 – Ich kam von der Venus

Landung in der Wüste von Nevada – Zahlreiche außerirdische Erdenbewohner – Die Vorstellung der Menschen von den Planeten ist falsch – Die Erde wurde kolonisiert – Herkunft der irdischen Rassen – Die Regierungen lernen die Wahrheit kennen – Was Teleskope nicht sehen – Warum unser Volk hierher kommt – Erde, der negative Planet – Karma und Reinkarnation – Warum ich ausgewählt wurde – Mein Leben auf der Erde – Das Bewußtsein der Menschen – Die Gesetze der Höchsten Gottheit – Die schöpferische Kraft der Imagination

Es war tief in der Nacht in den abgelegenen Bergen der Wüstenwildnis von Nevada, als das leuchtende Raumschiff aufsetzte. Das merkwürdige Summgeräusch wurde schwächer und schwächer. Dann tauchte wie aus dem Nichts eine runde Öffnung in dem kreisförmigen Schiff auf und mehrere Gestalten stiegen hinab in das Scheinwerferlicht eines sich nähernden Autos. Einer war ein großer stattlicher Mann mit langem blondem Haar, das sauber unter einem Hut versteckt war. Neben ihm standen ein kleines Mädchen und der Pilot des Raumschiffs.

Minuten später befanden sich der große Mann und seine kleine blonde Nichte auf dem Weg hinunter zur holprigen Wüstenstraße, während das mysteriöse Raumschiff in den Sternenhimmel davonschoß.

Es wird die weltbewegendste Enthüllung seit der Kolonisierung der Erde sein, daß Menschen von anderen Planeten dieses

Sonnensystems hierher kommen, Planeten, von denen die meisten Leute heute glauben, daß es auf ihnen unmöglich menschliches Leben geben kann. Ihre Raumschiffe landen insgeheim in abgelegenen Teilen der Welt, wo sie Freunde treffen, die schon in die irdische Gesellschaft aufgenommen wurden. Die meisten der Neuankömmlinge werden tatsächlich in das Leben hier eingebunden, etwas, das schon seit langer Zeit geschieht. Aber es gibt wenige, die von uns wissen oder vermuten, daß wir existieren.

Heute, nach zwei Jahrzehnten des Schweigens, kann die Wahrheit über jene kalte Wüstennacht erzählt werden. Bis zu diesem Moment, der mir manchmal wie eine Ewigkeit vorkommt, habe ich das Leben von Sheila gelebt. Aber Sheila war nur so lange mein Name, bis die richtige Zeit gekommen war, den Menschen der Erde zu sagen, wer ich wirklich bin und woher ich wirklich komme. Diese Zeit ist eingetroffen.

Mein wirklicher Name ist Omnec Onec. Ich war in jener Nacht in der Wüste das kleine blonde Mädchen und der stattliche Mann neben mir war Odin, mein geliebter Onkel. Wir kamen beide von Tythania, dem Planeten, den ihr Venus nennt. Als Kind hatte ich den Entschluß gefaßt, den Rest meines Lebens auf der Erde zu verbringen, eine vor allem schicksalhafte Angelegenheit aus karmischen Gründen.

Ich bin eine unter Tausenden von Menschen von den Nachbarplaneten, die die Erde zu ihrer Heimat machen. Einige von uns bleiben nur so lange, bis sie eine spezielle Mission erfüllt haben, aber viele haben die mutige Entscheidung getroffen, den Rest ihres Lebens hier zu verbringen. Wissenschaftler, Ärzte, Erzieher, Künstler, Ingenieure und gewöhnliche Bürger dieser fortschrittlichen Planeten leben und arbeiten unerkannt unter den Bewohnern der Erde.

Die Vorstellung, daß die Erde nicht der einzige Planet mit intelligentem Leben im Universum sein kann, ist heute sehr weit verbreitet. Millionen von Menschen glauben, daß sich unter den UFOs Raumschiffe von entfernten Planeten befinden, die weiter entwickelt sind als die Erde. Die Unerschrockenen und Abenteuerlustigen unter ihnen werden noch einen Schritt weiter gehen und, während sie die Geschichte meines Lebens lesen, all die vorgefaßten Meinungen über Planeten in diesem Sonnensystem für eine Weile beiseite schieben.

Ich schreibe über mein Leben auf der Venus in der tiefen Hoffnung, die Menschen mögen zur Wahrheit erwachen, so unglaublich die Wahrheit auch sein mag. Es ist traurig, daß über so viele Jahre hinweg Bilder von öden und lebensfeindlichen Planeten in die Köpfe der Leute gehämmert wurden. Kaum ein Kind verläßt die Schule, ohne gelernt zu haben, daß auf der Venus und auf dem Mars extreme Bedingungen herrschen. Wie es scheint, sagen Teleskope und Raumsonden alle dasselbe aus. So ist es kein Wunder, daß die Menschen heute kaum eine Vorstellung davon haben, was da draußen wirklich existiert.

Aus persönlicher Erfahrung weiß ich, daß die meisten der gängigen Vorstellungen über unsere Planeten weit von der Wahrheit entfernt sind. Es ist das größte Regierungsgeheimnis des Jahrhunderts, daß fortschrittliche menschliche Zivilisationen auf vielen Planeten in unserem Sonnensystem entdeckt wurden. Und die Raumschiffe, die täglich am Himmel gesehen werden, stammen von einigen von ihnen. Die Regierungen der Welt wissen auch, daß Menschen wie ich zu Tausenden unerkannt unter der Erdbevölkerung leben.

Aus guten Gründen, die ich später erklären werde, tun die Regierungen und Militärs auf der Erde alles in ihrer Macht Stehende, um alle Beweise von UFO-Zeugen, Raumsonden, Astronauten, Astronomen und allen anderen, die von uns wissen könnten, zu unterdrücken. (Ich sage nicht, daß alle Astronauten und Astronomen Bescheid wissen.) Inzwischen vernimmt die Öffentlichkeit Aussagen aus unzuverlässigen Regierungsquellen und aus dem Munde von Astronomen und ist zufrieden.

Kein Wunder, daß die Wahrheit so unglaublich ist! Ich kann verstehen, warum Menschen wie ich als Spinner bezeichnet werden. Es ist viel einfacher, den letzten Ergebnissen von Raumsonden zu glauben, als ein großes Geheimnis zu vermuten.

In Wirklichkeit sind die Venus und der Rest unserer zwölf Planeten sehr lebendig. Auf mehr als der Hälfte der Planeten in unserem Sonnensystem gibt es menschliches Leben. Die Zivilisationen, von denen ich weiß, sind alle spirituell und technologisch wesentlich weiter entwickelt und älter als irgendeine Rasse, die heute auf der Erde lebt. Jenseits dieser Familie von Planeten gibt es zahllose weitere Sonnensysteme, von denen die meisten ebenfalls menschliches Leben aufweisen. Der Mensch ist wirklich eine universelle Gattung.

Bevor ich mit der Geschichte meines Lebens fortfahre, werde ich zahlreiche Fragen über den Ursprung des Menschen auf der Erde aus der Sicht unseres Volkes erklären. Schließlich beginnen immer mehr Leute, die herkömmlichen Geschichten über die Vergangenheit des Menschen zu überdenken. Archäologen geben zu, vor Zehntausenden und Hunderttausenden von Jahren könnten tatsächlich hochentwickelte Zivilisationen auf der Erde existiert haben. Es gibt auch genug Anhaltspunkte dafür, daß der Mensch in prähistorischer Zeit über fortschrittlichere Technologien als heute verfügte. Ferner gibt es Anzeichen dafür, daß irdische Zivilisationen durch die Geschichte hindurch von Wesen anderer Planeten besucht und unterstützt wurden. Ich weiß dies schon seit langer Zeit. Es ist wahr.

In jedem Zeitalter hatten Besucher aus dem Weltraum Einfluß auf die Kultur und Technologie der Menschen rund um den Globus. Die Geheimliteratur der Erde spricht von fliegenden Raumschiffen und menschenähnlichen Wesen, die vom Himmel herabstiegen und große Wunder vollbrachten. Die Legenden und Mythen erwähnen ebenfalls menschenähnliche Wesen, die auf der Erde landeten und unter ihren Bewohnern lebten. Es gibt Ruinen von Städten, deren Architektur mit moderner Technologie nicht nachgeahmt werden kann, und deren Steingravierungen deutlich von den Außerirdischen sprechen, die sie erbauten.

Berichte von unerklärbaren Dingen rund um die Welt scheinen alle dieselbe Geschichte zu erzählen. Der Mensch der Vorzeit war wesentlich intelligenter als man heute annimmt, und er war niemals ganz allein.

Das venusische Dorf, in dem ich geboren und aufgewachsen bin, heißt Teutonia. Als Kind lernte ich die Vergangenheit der Menschen der Erde im Tempel der Geschichte in Teutonia kennen, einer Lehranstalt, die mehr einer Zeitmaschine als einer Schule gleicht.

Vor Millionen von Jahren landeten unsere ersten Expeditionen auf Kal Na-ar (Erde), dem jüngsten der Planeten unseres Sonnensystems. Die Weltraumwissenschaftler mehrerer Planeten hatten die Evolution auf der Erde beobachtet, indem sie Forschungsschiffe dorthin sandten. Ich sollte erwähnen, daß die Planeten eines Sonnensystems nicht alle auf einmal geschaffen werden. Sie entstehen kontinuierlich, reifen und sterben. Ständig werden neue Planeten kolonisiert und sterbende Planeten verlassen.

Unsere Expeditionen stellten fest, daß die Erde der grünste und am üppigsten bewachsene Planet in diesem Sonnensystem ist. Aber so schön er auch war, hielt man den ganzen Planeten bald für ungeeignet zur Kolonisation. Zweifellos war es für unser Volk sehr gefährlich, hier zu siedeln. Als sich das herumsprach, wurde die Erde bekannt als der lebensfeindliche, negative Planet. Deshalb nannte man ihn Kal Na-ar, was „negatives Kind“ bedeutet. Nach diesen Erkundungsreisen blieb dort niemand länger als unbedingt nötig.

Ein Problem der Erde bestand darin, daß sie nur einen Mond hatte. Normalerweise haben die Planeten im physischen Universum zwei oder mehr Monde, so daß jeder den Einfluß des anderen ausgleichen kann. Wenn ein Planet keinen Mond hat, ist das auch gut, aber nur einen zu haben, kann einen Planeten aus dem Gleichgewicht bringen. Deshalb ist die Erde in diesem Sonnensystem einzigartig.

Wenn der Mond die Erde umkreist, verformt seine Anziehungskraft die Erde leicht und verursacht die Gezeiten. Wenn diese Gezeiten das einzige Problem gewesen wären, hätten sich unsere Forscher gefreut. Der Mond hat auch Einfluß auf jedes Lebewesen, das sich entschieden hat, hier zu leben, oder das durch alle Zeitalter hindurch hier geboren wurde. Er beeinflußt uns genauso maßgeblich wie die Ozeane, zum Teil wegen des Wassers in unseren Körpern. Dies wirkt sich nachteilig auf unseren Geist und unsere Gefühle aus, ein Zustand, der durch die ganze Geschichte hindurch existiert hat und so lange existieren wird, wie es nur einen Mond gibt und bis sich das Bewußtsein auf der Erde verändert hat und ausgeglichener ist. Erst, wenn die Menschen fortschrittliche Technologien zum Nutzen aller und nicht zur Bereicherung einiger weniger einsetzen, können wir die neuen Technologien zur Harmonisierung der Auswirkungen des einen Mondes einführen.

Eines der Probleme ist das Aufkeimen negativer Gefühle, einer eigentlich selbstzerstörerischen Kraft im Menschen. Auch Geisteskrankheiten hängen mit den Mondphasen zusammen. Das englische Wort „lunacy“ (deutsch Wahnsinn, von lateinisch luna, der Mond; Anm. d. Übers.) rührt von dieser Wirkung her. Besuchern, die auf die Erde kommen, wird häufig empfohlen, während des Vollmondes viel Wasser zu trinken, um sich dem Leben hier besser anpassen zu können.

Nicht nur, daß der Mond mit den Gefühlen des Menschen spielt, der ganze gleichgewichtsstörende Effekt verringert auch seine Lebensspanne. Und weil die irdischen Schwingungen viel gröber und dichter sind als auf der Venus oder auf dem Mars, gibt es hier viel mehr Krankheit und Depression. So war die Erde aus gutem Grund in ihren frühen Jahren ein unbeliebter Planet, der nicht kolonisiert wurde, bis sich das Leben auf der Venus und ihren Nachbarplaneten drastisch verändert hatte.

Soziale und kulturelle Reformen setzten sich auf der Venus viele tausend Jahre lang nur sehr langsam durch. Das Leben war, wie heute auf der Erde, sehr beschwerlich, sogar schlimmer, und das gemeine Volk entschloß sich, etwas dagegen zu unternehmen. Den Umbruch brachte eine planetarische Revolution. Ohne Blutvergießen zerstörte sie für immer das Geld und die Klassenstruktur. Das Bewußtsein des Venusvolkes veränderte sich in einem Punkt so grundlegend, daß die einst Reichen und Mächtigen keine andere Wahl hatten als die, sich selbst zu ändern oder den Planeten zu verlassen. Zur entsprechenden Zeit spürten die anderen Planeten die gleichen Geburtswehen.

Zufällig war die Erde der nächstgelegene Planet, der sich kolonisieren ließ, so daß diejenigen, die die Venus verließen, dort ihr Glück versuchten. Bei ihrer Ankunft waren sie mit fortschrittlichen Technologien bestens ausgerüstet, einschließlich Raumschiffen mit Antigravitationsantrieb, Elektrizität, Sonnen- und Atomkraft und vielen mächtigen Apparaten, die der moderne Mensch noch nicht wiederentdeckt hat.

Ihre Regierung und ihre Art zu leben war ziemlich die gleiche, die sie von ihrem Heimatplaneten kannten. Sie waren in der Weise geprägt, daß ein paar wenige von den Anstrengungen vieler profitierten. Sklaverei war gang und gäbe. Für eine Weile blühten die Zivilisationen.

Das Unvermeidliche geschah. Bereits in Leidenschaften wie Gier, Eitelkeit und Haß verstrickt, unterlagen diese Neuankömmlinge den negativen Einflüssen dieses unausgeglichenen Planeten. Die Emotionen der Leute kochten hoch, die Lebensspanne verkürzte sich und Naturkatastrophen verwandelten das Leben in einen Albtraum.

Die Erde wurde zu einem Planeten mit Höhen und Tiefen, ähnlich wie heute. Sie wurde in wiederkehrenden Zyklen von Krieg und Zerstörung heimgesucht. Dies wird andauern, bis die Menschen spirituell gewachsen sein werden. Die ursprünglichen Kolonialzivilisationen endeten in Atomkriegen und Katastrophen, und damit gingen von Generation zu Generation langsam das Wissen und die Kultur verloren. Der Kampf gegen die Elemente ums bloße Überleben nahm so viel Zeit in Anspruch, daß die Ausbildung der Jugend darunter litt und wertvolles Wissen unterging. In jedem Zeitalter beeilten sich die Stärkeren, die Schwächeren zu beherrschen.

Wie die Menschen auf ihrem Heimatplaneten lernte keines dieser Völker aus den Lektionen des Krieges, Fortschritt durch Frieden herbeizuführen. Die Prähistorie ist eine endlose Geschichte von großen, einander ablösenden Zivilisationen, die ausgewählte Regionen der Erde beherrschten.

Lemuria erblühte und verging wie all die anderen, obwohl es eine der fortschrittlichsten Zivilisationen darstellte, die sich auf der Erde entwickelten. Die Hauptstadt Kharahota liegt nun unter dem Sand der großen Wüste Gobi. Wieder einmal fand dort fast vollständige Unterdrückung der Armen durch die habgierige und mächtige Klasse der Herrschenden statt. Ein riesiges Areal des Landes versank plötzlich im heutigen Pazifik und hinterließ nur wenige Spuren.

Atlantis war ein großer Inselkontinent, der im heutigen Atlantischen Ozean existierte. Die Atlanter waren den modernen Menschen in vieler Hinsicht technologisch überlegen, aber auch ihnen wuchs ihre Technologie über den Kopf, was eine spirituelle Reifung verhinderte. Aufgrund nuklearer Tests und anderen Technologiemißbrauchs zerbrach der Kontinent, und die letzten Inseln versanken an einem einzigen Tag im Meer und hinterließen sehr wenige Überlebende.

In all diesen turbulenten Jahren betrachtete die Bruderschaft der Planeten die Erde als ein unreifes Kind, das der Führung bedurfte. Während die Zivilisationen sich entwickelten und wieder zerfielen, landeten Raumschiffe von der Venus, von Mars, Saturn und Jupiter auf der Erde, und kontinuierlich kamen unsere Leute her, um hier zu leben. Dies sind die vier Planeten, die für die Kolonisierung der Erde verantwortlich sind; jeder war die Heimat einer der vier ursprünglichen Menschenrassen, die sich hier entwickelt haben.

Eine weiße Rasse, die viele Leute als die Arier kennen, kam von der Venus. Wir sind die großen „engelgleichen Wesen", von denen so oft in euren UFO-Kontaktberichten die Rede ist. Normalerweise sind wir 2,40 bis 2,70 Meter groß und bekannt für unser langes blondes Haar und unsere blauen oder grünen Augen. Unsere Hände sind breit, mit langen, sich verjüngenden, schlanken Fingern, die sich gegen den starken Mittelfinger biegen, so daß die Hand fast wie die Flamme einer Kerze aussieht. Sehr bemerkenswert sind unsere ungewöhnlich hohe Stirn, die großen und weit auseinanderliegenden Augen und die hohen Wangenknochen. Unsere Schläfen sind mehr als üblich eingefallen, und kaum sichtbar sind kleine, knochige Stirnwülste rechts und links, die versteckt werden durch die Art, unser Haar zu tragen.

Eine gelbe Rasse stammt vom Planeten Mars. Dies sind schmächtige Menschen, klein von Statur, mit goldenem oder dunkelbraunem Haar und oliver bis gelber Hautfarbe. Ihre großen geschlitzten Augen sind grau bis dunkelbraun. Die Marsianer sind bekannt für ihre verschlossene Art und für ihre futuristischen, mehrgeschossig gebauten Städte, die wir in Science-Fiction-Illustrationen sehen. Die marsianische Lebensschwingung liegt natürlich auch nicht in unserem physischen Dichtegrad, sondern entspricht der Astralebene. Die Marsianer sind mit der Geschichte der Orientalen und der alten Spanier verbunden.

Eine rote Rasse kam vom Saturn zur Erde, obwohl sie sich zuerst auf dem Merkur entwickelte. Eine Veränderung in der Umlaufbahn von Merkur brachte den Planeten näher an die Sonne, und als die Lebensbedingungen sich verschlechterten, wanderten die Leute zum Saturn aus. Die Saturnier haben rotes bis braunes Haar und einen rötlichen Teint mit gelben bis grünen Augen. Sie sind ein hochgewachsenes, stämmiges Volk, dessen Angehörige in unserem Sonnensystem für ihre athletische Figur bekannt sind. Zu ihnen gehören auch die Atlanter und die amerikanischen Indianer, die ihren Ursprung zurück bis Saturn verfolgen können. Unter anderen wurden auch die Ägypter und die Azteken sehr stark durch die Saturnier beeinflußt.

Eine schwarze Rasse entwickelte sich auf dem Jupiter. Dies ist ein hochgewachsenes, majestätisch aussehendes Volk mit breiten Gesichtern und breiten Kiefern. Die Haarfarbe der Jupiteraner ist von einem tiefen glänzenden Schwarz, und die Farbe ihrer Augen reicht von Purpur bis Violett. Dieses Volk ist auch für seine wundervollen Stimmen bekannt und für seine offene, gesellige, mitteilungsfreudige Art. Seine Abkömmlinge leben in Afrika und anderen Teilen der Welt.

In all den Jahrhunderten der Kämpfe und Mühen ist die Erde nie vergessen oder vernachlässigt worden. Mitfühlende Menschen der Heimatplaneten sind immer hier gewesen, um ihren Rassen zu helfen. Es gab Zeiten, in denen sich die Menschen auf der Erde an ihr wahres Erbe erinnerten und Besucher aus dem Weltall und diejenigen von uns, die hier lebten, bekannt und willkommen waren. In den mehr barbarischen Epochen und in den letzten Jahrzehnten waren die Außerirdischen vorsichtiger damit, ihre Gegenwart bekannt zu machen.

Während der Zeiten von Lemuria und Atlantis wurden wir wegen unseres Bemühens um den spirituellen, kulturellen und technologischen Fortschritt von den Erdenmenschen geschätzt. Das Volk vom Saturn zum Beispiel half beim Aufstieg von Atlantis. Im alten Ägypten gab es eine enge Beziehung zwischen Außerirdischen und den Pharaonen. Damals brachten die Wissenschaftler anderer Planeten, wie in der Zeit von Atlantis, spirituelles und technologisches Wissen zur Erde. Unter den Ingenieuren, die die Pyramiden erbauten, waren Menschen von anderen Planeten. Die ägyptische Hochkultur ist auf diesen Einfluß zurückzuführen.

In den sogenannten dunklen Zeitaltern der Vergangenheit war dies nicht anders. Auch zu diesen Zeiten waren Weltraumreisende hier, aber anstatt sie als die anzusehen, die sie wirklich waren, wurden sie für Götter gehalten. Viele der Legenden und Geheimschriften der Welt sprechen von ihnen und von ihrer Arbeit hier auf der Erde.

Die Besucher erfuhren in diesem Prozeß auch ihre eigenen Lektionen. Aus der Erfahrung lernten sie die besondere Natur der Erde kennen und merkten, wie schnell eine neue Technologie für den Kampf um Macht und Herrschaft ausgenutzt wurde und welche Probleme daraus entstanden. Sie hüteten sich sehr vor den Erdenmenschen und teilten ihr Wissen nicht mehr so frei mit ihnen. Als diese Zurückhaltung des Wissens begann, wußten die Zivilisationen auf der Erde kaum noch um ihr wahres Erbe. Es wurden mehr spirituelle Führer ausgesandt, und technische Hilfe wurde in kleinen, sicheren Dosen geleistet.

Während eurer biblischen Zeiten übten die Besucher aus dem Weltall einen größeren Einfluß auf das spirituelle Wachstum der Erdenmenschen aus. Viele Propheten und spirituelle Führer waren Außerirdische. Euer Altes Testament enthält viele Hinweise auf Raumschiffe, Wesen, die aus dem Himmel kamen, und spirituelle Führer, die hinausgingen, um mit Gott zu sprechen. Viele andere Teile der Welt erhielten ebenfalls Besuch von den „Göttern aus dem Himmel", die den Menschen spirituelle Wahrheit brachten.

Niemals wieder wurden der Erde großzügig vollständige Technologien übermittelt. Stattdessen wurden Wissenschaftler in Gesellschaften eingeschleust, die der Menschheit im geheimen helfen und jeden Mißbrauch des Wissens verhindern sollten. Genauso wird es heute wieder gemacht.

In der Zwischenzeit haben Wissenschaft und Technologie einen neuen Wachstumsschub erfahren. Elektrizität, Stahl, Maschinen, Flugzeuge, Atomkraft und vieles mehr ist wiederentdeckt worden. Kriege gehen weiter und werden tödlicher, und die meisten Menschen wissen nichts über die schöpferische Lebensweise auf den vielen Nachbarplaneten der Erde.

Ende der 40er Jahre wurden plötzlich auffallend häufig UFO-Sichtungen gemeldet, und man war erstaunt, daß die UFOs mit ihren Flugmanövern den modernsten Flugzeugen entwichen. Regierungen und Militärs auf der ganzen Welt standen vor einem Rätsel, waren höchst interessiert und ebenso still.

Ein paar Leute waren sich zu dieser Zeit des plötzlichen Interesses an der Erde bewußt. In fortgesetzten Experimenten entwickelten Wissenschaftler Radarstrahlen, die schließlich die Venus erreichten. Beobachtungsstationen dort empfingen etwas, das Notrufsignale von der Erde zu sein schienen. Es wurde von Raumschiffen in der Nähe der Erde eine Antwort gesendet. Die Experten auf der Erde konnten die Signale natürlich nicht entziffern, berechneten aber richtig, daß die Signale von einem nahen Punkt kamen.

Die Venusier sandten Forschungsschiffe aus. Was sie fanden, war beunruhigend, ein Planet, der immer mächtigere Atomwaffen erfand und zündete. In den letzten fünfzig Jahren hatte auf der Erde ein enormes technisches, aber kaum spirituelles Wachstum stattgefunden. Es handelte sich um dasselbe traurige Muster, das wir zuvor in Atlantis und Lemuria gesehen hatten. Die Wiedergeburt der gefürchteten Nuklearphysik wurde für die Wissenschaftler und spirituellen Führer der planetarischen Bruderschaft Anlaß zu großer Besorgnis. Die Probleme der Erde würden nicht mehr länger auf diese allein beschränkt sein. Im Besitz von Atomkraft wurde dieser Planet zu einer Bedrohung für das gesamte Sonnensystem.

Die Nationen der Welt registrierten die mysteriösen UFOs über Hauptstädten, Industriegebieten, Militärbasen, Forschungszentren und auch über Atomtestzonen. Nun gab es keinen Zweifel mehr, daß diese Raumschiffe bemannt waren und von einer überlegenen Technologie gelenkt wurden. Die hohen Militärs begannen, sich zu sorgen.

Daß die Außerirdischen mystifiziert wurden, war schlimm genug, aber die Wahrheit über sie zu lernen war schlimmer. Die Führer waren auf den Schock, daß fortschrittliches menschliches Leben überall existiert, nicht vorbereitet. Dies alles erreichte seinen Höhepunkt, als Repräsentanten der Bruderschaft der Planeten, ausreichend mit Belegen über ihre Identität ausgestattet, mit Schlüsselpersonen der Erde Kontakt aufnahmen. Mehr als ein US-Präsident hat die bestürzende Wahrheit aus erster Hand erfahren! Unsere Botschaften bestanden aus Ratschlägen und Überzeugungsversuchen, niemals jedoch aus Zwang.

Bei mehrmaligem Gedankenaustausch über einen längeren Zeitraum hinweg wurde eine Menge über die Planeten und ihre Völker gelernt. Unsere Repräsentanten erklärten, sie würden sich trotz ihrer fortschrittlichsten Kräfte nicht in die Angelegenheiten der Erde einmischen. Wenn wir gewollt hätten, hätten wir die Erde zu diesem Zeitpunkt sehr leicht erobern können. Doch das stimmte nicht mit unserem spirituellen Glauben überein, der jedem Individuum die Freiheit läßt, seine eigenen Entscheidungen zu treffen und eigene Erfahrungen zu machen.

Selbst wenn sich ein Atomkrieg anbahnen sollte, was unsere Repräsentanten oder unsere Raumschiffe gefährden würde, würden wir nicht eingreifen. Wir töten nicht mehr, nicht einmal zur Selbstverteidigung, weder als Individuum noch als Volk.

Die Atomkraft und ihre Gefahren waren die Hauptpunkte bei diesen Unterredungen. Die beiden Großmächte wurden eingehend auf die Gefahr und die Sinnlosigkeit einer nuklearen Konfrontation hingewiesen. Unsere Wissenschaftler machten den höchsten Militärs und den Nuklearwissenschaftlern klar, es sei selbstzerstörerisch, mit den Atomtests fortzufahren. Wir erklärten ihnen, daß die Instrumente in den Labors an Bord unserer Raumschiffe Schäden entdeckt hätten, die der Erde unbekannt waren.

Hochgezogene Augenbrauen und Einwände waren die Reaktion, als die politischen Systeme zur Sprache kamen. Unsere eigenen Erfahrungen hatten uns gezeigt, daß das Zwei- oder Drei-Parteiensystem unzählige Probleme verursacht, weil ein großer Teil der Bevölkerung immer unglücklich mit dem ist, was die herrschende Partei tut – und keine Partei ist je wirklich gut gewesen. Korruption, Ungerechtigkeit und zerstörerischer Wettbewerb werden regelrecht ins System eingebaut. Wir betonten, daß dies keine bloße Theorie ist und daß schon andere Planeten die gleichen Probleme hatten, bevor die Erde kolonisiert wurde.

Wir zeigten auf, daß die täglichen Machtkämpfe nichts als zerstörerisch, daß die Streitigkeiten zwischen Nationen meist bloßer Kinderkram sind und daß wirkliche Demokratie nirgendwo auf diesem Planeten existiert. Die Nationen dieser Welt werden durch Oligarchien der Wohlhabenden regiert. Geld ist ihr Lebenssaft. Ihr habt keine Vorstellung, wie übermächtig diese Geldherrschaft tatsächlich ist. Das wahre Bild ist so schockierend und unglaublich wie die Wahrheit über unsere nahe gelegenen Planeten.

Was war das Ergebnis dieser Unterredungen? Die beiden Supermächte und eine Anzahl von Nationen willigten schließlich ein, die Atomtests in der Atmosphäre zu beenden und von dem massiven Abschreckungskonzept Abstand zu nehmen, das in absehbarer Zukunft mit tödlicher Sicherheit zur gegenseitigen Vernichtung führen würde. Aber die meisten Vorschläge unseres Volkes wurden zurückgewiesen, und zur selben Zeit wurde eine Ära der Geheimhaltung eingeleitet. Zu viele Leute haben zu großes persönliches Interesse daran, die Wahrheit nicht ans Licht kommen zu lassen. Wenn unsere Existenz allgemein bekannt würde, würde dies das Ende der weitverbreiteten Korruption und Ausbeutung auf dem Planeten Erde einleiten.

Hier besitzt ein sehr kleiner Prozentsatz der Menschen ein Maximum an Weltressourcen, Land, Fabriken und Geld, und Geld ist das Werkzeug, wodurch die Herrschaft ausgeübt wird. So schwierig es sein kann, dies zu verstehen, haben wir doch auf der Venus gelernt, ohne Geld zu leben. Als direktes Ergebnis davon gibt es bei uns kein Horten mehr, keine Kapitalanhäufung und kein Ausbeutungsmedium. Das wirkt sich äußerst positiv auf unser Bewußtsein aus. Die Venus hat keine zentralen oder nationalen Regierungen und nichts, das einer Klassengesellschaft ähnelt. Die wohlhabenden und mächtigen Leute der Erde, die von uns wissen, wollen nicht, daß die Massen unsere Lebensweise kennenlernen. Geheimhaltung ist eine Frage des Überlebens für sie.

Menschen mit finanziellen Interessen in der Energieindustrie achten peinlich genau darauf, alles zu unterdrücken, was mit

UFOs und ihren Insassen zu tun hat. Magnet- und Sonnenkraft liefern nämlich die nötige Energie auf den technisch fortschrittlichen Planeten. Da sie unbegrenzt sind und wenig kosten, würde die Einführung solcher Technologien hier die herkömmliche Energieindustrie ausbooten. Magnetkraft wird auch benutzt, um unsere fliegenden Untertassen und die größeren Mutterschiffe zu versorgen. Wenn jeder über solch ein Fahrzeug verfügen würde, dessen Betriebskosten fast bei Null liegen, würden keine Autos, Jets und Züge mehr benötigt. Auch Autobahnen, Eisenbahnschienen, Flughäfen und ein paar Hundert anderer Einrichtungen des modernen Lebens wären dann überflüssig. Die Leute bräuchten nicht mehr in Städten zu leben, weil es einfach, schnell und billig wäre, täglich Entfernungen von ein paar Tausend Meilen zu überwinden. Was für Verluste für die maßgeblichen Kreise in so einem Fall! Ihre Position ist klar: Technologie von den Nachbarplaneten der Erde würde eine Veränderung bringen – für die selbstsüchtigen Leute, die das System erhalten wollen, eine unerwünschte Veränderung.

Wir haben heute eine Menge Feinde hier. Doch obwohl die meisten Menschen uns mit offenen Armen empfangen würden, halten wir die Erde noch immer für einen ungastlichen Planeten. Militärs, Polizei und erschrockene Bürger haben unsere Raumschiffe beschossen, sobald sie ausgemacht wurden, obwohl wir keine Feindschaft gezeigt haben. Das ist ein guter Grund, bevölkerte Regionen zu meiden.

Die Bruderschaft nimmt sich in acht vor der Unreife der Erde, die mit dem vergleichsweise niedrigen Alter dieses Planeten zusammenhängt. Die Bevölkerung reagiert meistens negativ auf etwas so Unerwartetes wie unsere Raumschiffe, die für ihre Vorstellungen total fremd sind. Der Mensch hat auf der Erde so viele Kriege und Katastrophen durchlebt, daß die Idee von Leben auf anderen Planeten nicht allzu beruhigend ist. Eure Science-Fiction-Filme über die Invasion außerirdischer Kreaturen waren alles andere als hilfreich.

Unsere Raumschiffe halten sich meistens verborgen, da sie über feindliches Territorium fliegen, auch wenn sie von den Menschen selbst nicht für wirkliche Feinde gehalten werden. Neben der unverdientermaßen ungastlichen Behandlung haben Regierungen und Militärs alles daran gesetzt, eine strikte Nachrichtensperre bezüglich aktueller Sichtungen, Landungen und Kontakte zu verhängen. Es sind Bücher darüber geschrieben worden, die zeigen, wie Militärs und Geheimdienste die Presse durchgängig kontrolliert, Zeugen zum Schweigen gebracht, Desinformation verbreitet und wertvolle Beweise konfisziert haben. Das ist bedauerlich. Eine große Zahl von Menschen weiß von dieser Zensur, aber eine noch größere Gruppe von Leuten wäre äußerst schockiert darüber, wie ernst und weitreichend die Zensur wirklich ist.

Trotz der Schikanen fahren unsere Raumschiffe mit ihren Operationen hier fort. Mit erweiterter Technologie haben unsere Beobachtungen jetzt den höchsten Stand seit Jahrhunderten erreicht. Mehrere unserer Schiffe patrouillieren über euren Himmel und euer Land und kontaktieren mehr Menschen als je zuvor in eurer überlieferten Geschichte. Diejenigen von uns, die hier leben, offenbaren mehr und mehr ihre Gegenwart gegenüber vertrauten Freunden.

Bevor ich fortfahre, muß ich darauf hinweisen, daß nicht alle UFOs von unserer Bruderschaft der Planeten oder überhaupt aus unserem Sonnensystem stammen. Einige sind eigentlich Astrallichter und interdimensionale Wesen, einige sind uns unbekannt, einige kommen aus großen Entfernungen. Das ganze Bild ist sehr komplex, aber es haben auf der Erde viele Landungen und Kontakte mit unserem Volk stattgefunden.

Unsere Raumschiffe sind in allen Teilen der Welt aktiv, sie beobachten die Erdatmosphäre, die Länder und Ozeane. Die bedrohlichen Auswirkungen fortgesetzter Atomtests sind besonders besorgniserregend, ebenso Naturkatastrophen wie Erdbeben, Klimawechsel und das Kippen der Erdachse.

Immer mehr Menschen, die all diese Aktivitäten beobachten,

sind überzeugt, daß einige der UFOs tatsächlich von hochentwickelten Planeten kommen, und diese Leute lachen nicht mehr so schnell über die Erfahrungen einzelner mit UFOs oder ihren Insassen. Aber die Verbindung zu euren Nachbarplaneten ist noch nicht bekannt gemacht worden, vielleicht wird das sogar noch einige Zeit so bleiben.

Es mag interessant sein zu erwähnen, daß die Anziehungskraft auf der Oberfläche von Saturn und Jupiter nicht so groß ist, wie eure Wissenschaftler annehmen, und daß weder Uranus, Neptun, Pluto noch die Planeten jenseits davon eiskalt sind. Mit Ausnahme von Merkur wird die Oberflächentemperatur nicht in jedem Fall von der Entfernung zur Sonne bestimmt. Es ist wahr, daß Pluto und die Planeten jenseits davon von einem weiteren Asteroidengürtel beeinflußt werden, der die Energie der Sonnenstrahlung verstärkt, indem er wie ein elektrisches Gitterfeld wirkt. Der Gürtel zwischen Mars und Jupiter hat denselben Einfluß auf Jupiter, Saturn, Uranus und Neptun.

Seit dem Aufkommen der amerikanischen und der russischen Raumfahrtprogramme wurden Sonden zu den benachbarten Planeten geschickt. Hier gab es die ersten Gelegenheiten, in die Atmosphäre eines anderen Planeten einzutauchen und aus nächster Nähe Fotos aufzunehmen. Doch wenn ich an die Zensur denke, bezweifle ich, daß in nächster Zeit irgendwelche Überraschungen bekannt gemacht werden. Die meisten Daten, die zurück zur Erde geschickt wurden, sind nie veröffentlicht worden. Die sorgfältig ausgewählten Beweise für die Unmöglichkeit menschlichen Lebens auf anderen Planeten wurden von der Öffentlichkeit akzeptiert. Schließlich können Raumsonden, die direkt zur Oberfläche gesandt wurden, nicht lügen. Wohl aber die, die sie kontrollieren!

Unsere Leute, die sich entschieden haben, auf der Erde zu leben, schweigen darüber, vor allem die, die wichtige Aufgaben inne haben. Für sie kommt eine Enthüllung derzeit nicht in Frage. Sie haben zu viel zu verlieren, eine Mission auf der Erde oder vielleicht ihr Leben. Was wäre wohl, wenn ein angesehener Wissenschaftler in der amerikanischen Nuklearforschung plötzlich zugeben würde, daß er ein Wissenschaftler von der Venus ist? Oder wenn ein hoher Regierungsbeamter dasselbe täte? Entweder er würde ausgelacht, oder man würde ihm glauben, beides wäre nicht besonders günstig.

Warum mein Volk weiterhin diesem Planeten hilft, zum Teil hier lebt, ist wahrscheinlich nicht leicht zu verstehen. Warum ein friedliches und angenehmes Leben aufgeben, um in solch einer negativen Umgebung hier auf der Erde zu leben? Die Leute haben mich das oft gefragt. Warum habe ich die Venus verlassen, wenn das Leben dort doch soviel angenehmer war? Die Antwort liegt im Aufbau unseres Universums und in der einzigartigen Lage der Erde in unserem Sonnensystem.

Tausende von Jahren lang haben unsere Raumreisenden das physische Universum erforscht, und sie fanden überall ein Höchstmaß an Ordnung und Gesetzmäßigkeit. Nicht nur die Atome, sondern auch die Planeten und Sonnensysteme folgen Naturgesetzen, die schon existierten, sogar bevor diese Galaxie geschaffen wurde. Es gibt kosmische Pläne und Gesetze, von denen der Mensch auf der Erde sehr wenig weiß. Der Aufbau des physischen Universums ist sehr bedeutungsvoll für diejenigen, die seine Geheimnisse entdeckt haben.

Das Universum wurde aus einer einzigen geistigen Idee heraus entworfen: Leben in seinen mannigfaltigen Formen zu fördern. Wie die Wissenschaftler auf der Erde allmählich lernen, ist Leben ebensowenig ein Zufall wie die vielen Naturgesetze, die es beherrschen, Gesetze, die in jedem Sonnensystem gefunden werden. Auf jeder Lebensstufe im physischen Universum haben wir Muster entdeckt, Ordnung und Zyklen, die wir akzeptieren und von denen wir lernen.

Das kosmische Sein hat den Menschen als eine der höheren Lebensformen im physischen Universum nicht vergessen. So wie die Gesetze der Physik und Chemie überall gefunden werden können, so ist es auch mit den Mineralien, Pflanzen und Tieren.

Ihr seid wahrscheinlich überrascht, wieviele Pflanzen und Tiere nicht von der Erde stammen, sondern von den Kolonisatoren auf die Erde gebracht wurden. Jeder Planet wurde geschaffen, um Leben auf vielen Ebenen zu fördern. Und so war es für uns keine Überraschung, bei unseren Reisen zu entdecken, daß es auf den meisten Planeten menschliches Leben gibt. Der Mensch ist kein Geschöpf der Erde, sondern ein Wesen aus dem Universum, das die Erde kolonisiert hat. Die menschliche Gattung wurde universell erschaffen und kann sich an viele Orte anpassen. Wenn Forscher nicht die Eskimos in der Nähe der Arktis entdeckt hätten, würde man heute vielleicht allgemein glauben, der Mensch könne sich an solch extreme Bedingungen nicht anpassen. Aber im Laufe der Zeit ist der menschliche Körper dazu fähig und paßt sich an sehr verschiedene Bedingungen in verschiedenen Extremsituationen an.

Über kurz oder lang wird sich die Wahrheit dessen, was ich sage, zeigen. Der Mensch als eine universale Lebensform hat sich auf anderen Planeten entwickelt, in einigen Fällen auf Ebenen, die so spirituell, intellektuell und physisch sind, daß der Mensch auf der Erde sich das nicht vorstellen kann.

Die Venusier und unsere Freunde in der Bruderschaft sind sehr gefühlvolle Wesen. Wir haben eine Geschichte, die euren gegenwärtigen Verhältnissen sehr ähnlich ist. Die Venus hatte ihre eigenen Kriege und Machtkämpfe, Unterdrückung der Armen und Grausamkeiten. Unsere Sorge bezieht sich darauf, daß die Erde Probleme hat, erwachsen zu werden. Die gleichen Fehler wiederholen sich immer und immer wieder. Anstatt durch Zeiten der Kriege einen Fortschritt zu erzielen, bleibt die Erde nun schon seit einer beängstigend langen Zeit auf demselben Level stehen, und die Situation wird eher schlimmer als besser. Eine schwarze Wolke hängt über dem ganzen Planeten.

Aus gutem Grund arbeiten unsere Wissenschaftler weiterhin in riesigen Raumschiffen hoch oben in der Erdatmosphäre, während unsere Leute aus anderen Lebensbereichen weiterhin hier unten leben. Wir sind vom Leid, das die Erdenmenschheit durchmacht, mitbetroffen.

Viele von uns, mich selbst eingeschlossen, leben auf der Erde, um unsere eigenen persönlichen Wachstumsbedürfnisse zu erfüllen. Als negativer Planet in unserem Sonnensystem zieht die Erde Menschen an, die negative Erfahrungen als Teil ihres Wachstums brauchen. Im Osten nennt man dieses Bedürfnis oder diese Aufgabe Karma, was Hand in Hand geht mit Reinkarnation.

Reinkarnation ist unter den Völkern der Bruderschaft der Planeten eine anerkannte Tatsache des Lebens. Das ist sehr real, wie jeder weiß, der in fortschrittlichen Kulturen lebt. Wissenschaftlich haben wir dank der Zeitalter des spirituellen und technischen Fortschritts die Barriere durchbrochen, die ihr Tod nennt. Jeder, der heute im physischen Universum lebt, hat viele Male zuvor gelebt, aber das wissen die Erdenmenschen im Westen meistens nicht. Durch den Gedanken der Reinkarnation ist es für uns nicht ganz so tragisch, auf dem negativen Planeten Erde zu leben.

Negative Erfahrungen sind nur ein Teil einer langen Wachstumsperiode während zahlreicher Leben auf vielen, manchmal unterschiedlichen Planeten. Jede Seele wird für immer ein Individuum bleiben, auch wenn sie sich nicht mehr auf der Erde oder anderen Orten der Welt in Raum und Zeit inkarniert. Die Seele ist die Essenz jedes Menschen. Das Bewußtsein und die Persönlichkeit entwickeln sich durch die Erfahrungen, die in jedem einzelnen Lebenszyklus gemacht werden.

Karma ist ein unsichtbares Gesetz, dem wir alle unterliegen, ob wir wollen oder nicht, auch unabhängig von unserem Glauben daran. Es ist als das Gesetz von Ursache und Wirkung bekannt, weil alles, was jemand tut, denkt oder fühlt, einen Einfluß auf ihn hat. Manchmal zeigt sich die Wirkung oder die Frucht seiner Handlungen Jahre oder Lebenszeiten später, aber es gibt kein Entfliehen davor.

Das Gesetz des Karma beherrscht alle Umstände des Lebens, bis alle Schulden bezahlt oder kassiert sind. Das hat nichts mit Determination zu tun, da wir in jedem Moment frisches Karma schaffen und altes ernten. Es ist ein sehr strenges Gesetz, und niemand kann den Leiden oder Freuden entkommen, die er selbst verursacht hat.

Einer meiner Gründe, auf die Erde zu kommen, war der, einiges von meinem Karma auszugleichen. Ich mußte die Lektion des Mitfühlens lernen und einige zurückgelassene lose Fäden meiner früheren Erdenleben zusammenknüpfen. Das Leben auf der Venus war selig, und ich hätte leicht beschließen können, dort zu bleiben. Aber mir wurde klar, daß ich, wenn ich mein Leben auf der Venus voll ausgelebt hätte, nur das Unvermeidliche hinausgezögert hätte. Vielleicht wäre ich auf der Erde wiedergeboren worden. Wenn ich zurückschaue, bin ich froh, den Entschluß gefaßt zu haben, den Rest dieses Lebens auf der Erde zu verbringen, trotz all der Leiden und Nöte, die ich durchmachen mußte.

Es ist nicht ungewöhnlich für unsere Leute hierherzukommen, um ihr Karma auszugleichen. Entweder sie wollen karmische Schuld mit hier lebenden Menschen bereinigen, mit denen sie in vergangenen Leben Beziehungen hatten, oder sie benötigen ein paar negative Erfahrungen wie Krieg oder Armut. In unserem Sonnensystem kann man diese Erfahrungen sonst nirgendwo mehr machen.

Meine Ankunft hier als Kind war anders und einzigartig. In eine neue Gesellschaft aufgenommen zu werden ist nicht nur schwierig, sondern auch gefährlich. Ein Erwachsener, der auf der Erde landet, kommt hier durch Training und Erfahrung vorbereitet an, aber ich mußte in eine Erdenfamilie ohne deren Wissen eingeschleust werden. Mithilfe der meinem Volk zur Verfügung stehenden Mittel war der Plan erfolgreich. Ich bin sicher, es gibt Familien, die von uns wissen und die angeboten hätten, mich aufzuziehen, aber ich wurde karmisch zu dieser einen besonderen Familie hingezogen.

Als Jugendliche wagte ich es nie, ein Wort über die Venus fallenzulassen, weder in meiner Familie, noch gegenüber meinen besten Freunden. Bevor ich die Venus verließ, wurde ich mehrfach gewarnt, wie dumm und gefährlich dies sein würde. Die Menschen wüßten noch nicht einmal, daß es überhaupt Leben auf der Venus gibt. In euren Filmen scheinen die Astronauten auf anderen Planeten immer nur Monster, böse Diktatoren und kriegerische Mächte zu finden, was eher wie das klingt, was unsere Raumschiffe auf der Erde finden.

Ich bin sicher, ein Psychiater wäre gerufen worden, meine überreifen Imaginationen zu therapieren, um „das arme Kind aus seiner Phantasiewelt zu befreien". Später im Leben wäre die Erklärung raffinierter ausgefallen, wenn ich den Fehler gemacht hätte zu plaudern. „Es gibt keinen Zweifel, daß sie nur ein verwirrtes Kind aus den hintersten Wäldern von Tennessee ist. Ihre emotional leidvolle Kindheit drängte sie dazu, in einer Traumwelt einen Ausweg zu finden. Die Venus steht für ein Phantasieland des Glücks, einen Ort, neuen Sinn im Leben zu finden." Jetzt, wo ich anfange, meine Geschichte zu erzählen, höre ich das oft. Es berührt mich nicht, weil ich weiß, daß es aus einem beschränkten Verständnis kommt.

In der Stadt Retz hörte ich zum ersten Mal von der Möglichkeit, auf der Erde zu leben. Ebenso sehr, wie ich einiges an Karma abarbeiten wollte, sollte ich, indem ich das Schweigen über meine Gegenwart breche und von unserer Bruderschaft der Planeten erzähle, eine spezielle Mission für unser Volk erfüllen. Ich würde später im Leben zur Enthüllung weiterer Details kontaktiert werden.

Ich wurde ausgewählt, in diesem Rampenlicht zu stehen, weil die Geschichte unseres Volkes nicht nur oberflächlich durch Erscheinungen am Himmel oder landende Raumschiffe vermittelt werden sollte. Dies kann angegriffen, durch anderes wegerklärt oder vertuscht werden, wie das ja immer in der Vergangenheit geschah. Die Nachrichtenübermittlung sollte nicht so schockierend sein, wie dies der Fall wäre, wenn ein Insasse aus einem Raumschiff direkt in eine öffentliche Versammlung treten würde. Das behindert zu sehr die Möglichkeit der freien Wahl und kann in einem Kulturschock gipfeln. Stattdessen sollte die wahre Geschichte von jemandem erzählt werden, der nicht wie ein Außerirdischer wirkt, der plötzlich aus dem Weltall auftaucht.

Ich gefährde keinerlei Geheimmission, indem ich zugebe, auf der Venus geboren zu sein. Ich bin kein Wissenschaftler mit irgendwelchem Geheimwissen über Raumschiffe oder Magnetkraft. Heute besteht meine Aufgabe darin, diese Biographie zu schreiben. Dies tue ich in dem ernsthaften Bemühen, unseren Lebensweg mit euch zu teilen.

Weil ich so viel Zeit hier verbracht habe, ist es für die Leute einfacher, mich als wirklich menschliches Wesen anzunehmen und zu verstehen. Ich kann mich sehr leicht mit den Menschen auf der Erde identifizieren, und sie können sich noch leichter mit mir identifizieren. Viele der Schmerzen und Qualen, die ich durchgemacht habe, gleichen denen, die andere in ihrem Leben auch erlitten haben.

Als ich mich erstmals entschied, die Venus zu verlassen, betrachtete ich meine Zukunft eher als ein Abenteuer. Die spirituellen Führer in Retz warnten mich natürlich, kein einfaches, vergnügliches Dasein zu erwarten, aber die Aufregung, zu einem anderen Planeten zu fliegen, erfüllte mich. Das Leid, von dem ich gehört hatte, erschien mir nicht real. Wir sind uns der Schmerzen, der Armut und der Kriege auf der Erde bewußt, doch damals waren dies nicht meine persönlichen Erfahrungen. Es war mehr wie bei einem Wohlhabenden aus dem Westen, den die Hungersnot in Asien kaum berührt, weil sie nicht in seinem persönlichen Erfahrungsbereich liegt.

Als ich in jener Nacht in Nevada aus unserem Raumschiff stieg, war ich mir meiner Sache sehr unsicher, mir war unwohl zumute angesichts der Dinge, die da kommen würden. Ich war froh, daß ich damals nicht wußte, wie schlimm Karma sein kann, sonst hätte ich mich wohl auf der Stelle umgedreht und wäre zurück nach Hause gegangen. „Engel weinen nicht" war eine meiner frühen Titelideen für dieses Buch, weil es in unserem Leben so viel Freude gibt, daß wir kaum weinen, außer natürlich, wenn wir an die Erde oder unsere vergangenen Leben dort denken. Seit ich hier bin, habe ich viel geweint, so viel, als ob mein Leben aus nichts anderem bestanden hätte.

Mein Leben hier war voller Abenteuer und Faszinationen. Auf der anderen Seite war es für mich eine wertvolle Erfahrung, unter Menschen zu sein, die sich wirklich um mich sorgten und mich liebten. Hierher zu kommen bedeutete, alles, was ich kannte und liebte, zu verlassen, ein Leben voller Kreativität und Frieden. Nachdem mich mein Onkel in Arkansas zurückgelassen hatte, um nach Hause zurückzukehren, war ich allein, eine Fremde in einem fremden Land.

Aus Erfahrung habe ich gelernt, wie wirklich Karma ist. Mein Leben hier war eine gigantische Menge Karma, in diese eine Lebensspanne gedrängt, so daß ich für immer damit abgeschlossen habe. Wenn die Leute nur wüßten, wie gewiß all ihre Missetaten sie eines Tages einholen werden, wer könnte da noch bewußt einen anderen Menschen verletzen? Füge anderen nur das zu, was du dir von ihnen zufügen lassen würdest, denn alles, was du anderen antust, wird beizeiten dir angetan werden. Das ist eine große Lehre, die ich mit euch teile.

Ich bin heute nicht verbittert. Die Vergangenheit liegt hinter mir und ich versuche, das Glück des gegenwärtigen Momentes zu genießen. Die Welt hat mich nur so behandelt, wie ich sie einst behandelt habe, und jeder wächst durch seine Erfahrungen, durch die guten oder schlechten. Ich für meinen Teil habe die einfache Lektion des Mitfühlens gelernt, so wie jedes andere Individuum auf jedem anderen Planeten seine Lektionen lernt. Mein Leben auf der Erde beweist, daß die bloße Tatsache, auf einem höher entwickelten Planeten geboren zu sein, nicht bedeutet, von den Lektionen meiner Vergangenheit entbunden zu sein.

Vor weniger als ein paar Jahrzehnten wären die Menschen nicht bereit gewesen, die Gedanken dieser Autobiographie zu akzeptieren. Es wäre für jeden von uns nutzlos gewesen, viel zu erzählen, und die, die es taten, bedauerten es. Es ist der neue Grad des Bewußtseins oder der Erkenntnis, der dieses Buch nun möglich gemacht hat. Und je nachdem, wie die Öffentlichkeit auf mich reagiert, werden sich vielleicht mehr von uns offenbaren.

Abgesehen von unseren individuellen Gründen, hier zu sein, sind wir sehr besorgt über das Bewußtsein der Menschen auf der Erde. Das hat mit ihrem fundamentalen Verständnis vom Leben und vom Universum zu tun und mit dem Bewußtsein des Selbst in allem.

Natürliche Kräfte wie Telepathie und Hellsichtigkeit, in die wir eingeweiht sind, wurden noch vor wenigen Jahren allgemein nicht akzeptiert. Esoterische Themen wurden meistens in kleinen, privaten Gruppen studiert. Bücher mit okkulten Inhalten wurden wenig beachtet und häufig von den Unwissenden verlacht. Die Medien sträubten sich, übersinnliche Phänomene ernst zu nehmen. Die natürlichen Fähigkeiten des Menschen wurden entweder für satanisch oder für nichtexistent erklärt, wirklich ein trauriger Zustand.

Unsere besondere Aufmerksamkeit geht in der heutigen Zeit dahin, einen Teil zur geistigen Erweckung auf der Erde beizutragen. Politische und soziale Reformen sind nicht unsere direkten Ziele. Nach dem Verständnis der Venusier ist der Lebenswandel auf der Erde nur ein Abbild der geistigen Entfaltung oder des Bewußtseins der Menschen als Individuen. Der Grund für das Leben im physikalischen Universum ist kein anderer als das spirituelle Erwachen, und kein Teil des Lebens existiert unabhängig von diesem überall gegenwärtigen Schema.

Unser Verständnis von Spiritualität entspricht wahrscheinlich nicht dem, das ihr erwarten würdet. Es muß nicht unbedingt bedeuten, ein religiöser Eiferer zu sein oder das Leben eines offensichtlichen Heiligen zu leben. Unsere spirituelle Lehre ist eine planetarische Lehre, die tatsächlich eine fortschrittliche Form von Wissenschaft darstellt. Auf der einen Seite bietet sie ein umfassendes Verständnis von Leben, Tod, Gott und Jenseits und all den zahlreichen Themen, die religiöse und spirituelle Pfade auf der Erde zu ergründen suchen. Wir ermöglichen jedem Individuum, sich durch direkte Erfahrung selbst davon zu überzeugen, wie das Leben nach dem Tod beschaffen und was jenes Wesen, das ihr Gott nennt, wirklich ist. Auf der anderen Seite umfaßt unsere Lehre das Verständnis des physischen Universums und seiner Gesetze, das sich in den Wundern unserer phantastischen Technologie widerspiegelt.

Wir waren immer an spirituellen Wegen, an Religionen und den okkulten Schulen interessiert, die auf der Erde entstanden. In vergangenen Zeitaltern waren wir mit daran beteiligt, indem wir geistige Führer hierher sandten, um die herum sich später Religionen ausbildeten. Viele der Pfade sind heute beschränkt in der Freiheit, Weisheit und Liebe, die sie ihren Anhängern bieten, aber wir können nicht einen von ihnen kritisieren, weil jeder Pfad Anhänger eines bestimmten Bewußtseinsgrades anzieht, und diese Grade sind nicht alle gleich. Wenn ein Weg das anbietet, was ein Individuum braucht und es befriedigt, dann ist es für dieses eine Individuum ein guter Weg.

Wenn ein Mensch spirituell reift, lernt er, daß ihn alle konventionellen Religionen und Wege nicht befriedigen, weil etwas Lebendiges fehlt. Ich hatte dasselbe Problem, als ich auf die Erde kam. Es frustrierte mich, in solch einem jungen Körper zu stecken, aber den Kopf voll mit Wissen zu haben, das jenseits des Verständnisses vieler Menschen liegt. Ich fand es schwierig, Dinge zu unterdrücken, die für mich sehr natürlich waren, zum Beispiel das Gedankenlesen. Es gab eine Zeit, als ich mich sehr zurückhalten mußte, nicht all meinen Freunden und sogar den Leuten auf der Straße zu erzählen, daß sie wie Schlafende durch ihre Leben wandelten.

Weil meine spirituelle Erziehung so ganz anders war als die

Lehren, die mir auf der Erde angeboten wurden, übernahm ich keine einzige von ihnen. Als Kind in Tennessee wurde ich in einer protestantischen Kirche erzogen, die mir sehr primitiv erschien. Ich wurde desillusioniert und verletzt durch die Beschränktheiten der spirituellen Lehren der Religionen, denen ich in diesem Land begegnete.

Die Venusier leben in jedem Bereich des Lebens im Einklang mit den geistigen und natürlichen Gesetzen, konsequenter als die Menschen nach ihren selbstgemachten Gesetzen leben. Das ist ein sehr grundlegender Unterschied zwischen den anderen Planeten und der Erde. Persönliche Erfahrung ist das „entscheidende Etwas", das konventionellen, irdischen Religionen und Lehren fehlt.

Bevor ich die Venus verließ, wurde mir von den Beschränktheiten geistiger Lehren erzählt und davon, daß ich keine Erfüllung finden würde. Aber mir wurde versprochen, daß ich eines Tages auf der Erde die universalen Lehren finden würde, die auf der Venus „Om-Notia Zedia", Gesetze der Höchsten Gottheit, genannt werden. Der Name würde ein anderer aber die Lehre dieselbe sein, und sie würde auftauchen, wenn die richtige Zeit gekommen sei und die Leute reif sein würden. Diese Lehre hat auf der Erde existiert, seit der Planet kolonisiert wurde, und sie wurde unter vielen verschiedenen Namen gelehrt, manchmal öffentlich, manchmal nur vertraulich von einem zum anderen weitergegeben. Während der Zeit von Lemuria und auch von Atlantis wurde sie in die Öffentlichkeit getragen, doch die meiste Zeit war Tarnung nötig wegen der Freiheit und Bewußtheit, die diese Lehre bietet. Organisierte Religionen und Herrscher halten sie für gefährlich für ihren Wohlstand und ihre Selbsterhaltung. Aus diesem Grund wird sie meistens durch diese Autoritäten in irgendeiner Form unterdrückt.

Pythagoras war ein Meister jener Lehre, die er heimlich unter dem Deckmantel der Philosophie lehrte. Jesus lehrte sie als die Weisheit der Liebe. In Tibet sind diese uralten Lehren seit

Tausenden von Jahren, ja seit der ersten Kolonisierung bekannt. Dann kam eine Zeit, als sie erfolgreich durch mächtige Religionen unterdrückt wurden und erneut auf die Erde gebracht werden mußten. An entlegenen Orten im Himalaja wurden die Grundlagenwerke behütet, und dort befinden sie sich bis heute. Wenn es noch einen weiteren Faktor gibt, der für den Fortschritt der Menschen auf Tythania verantwortlich ist, ist es diese Wissenschaft, die wir Gesetze der Höchsten Gottheit nennen. Sie hat es uns ermöglicht, die tiefsten Geheimnisse des Universums von Raum und Zeit, Materie und Energie zu ergründen. Wir haben einige der tiefsten und grundlegendsten Mysterien des Menschen selbst entdeckt, die des Geistes und des Bewußtseins. All dies spiegelt sich in den Wundern des Lebens auf der Venus wider, Wunder, die es mit den Science-Fictions und Utopien der Erde aufnehmen können.

Wir haben keine Kriege oder Armut, kennen keine Krankheiten. Die Lebensspanne erstreckt sich auf Hunderte von Jahren. Das physische Altern hört zwischen 20 und 30 Jahren auf. Unsere Städte sind klein, einfach gestaltet und frei von Kriminalität. Vor langer Zeit revolutionierte die Magnet- und die Sonnenkraft unser Leben.

Der Raum enthält eine unserer größten Herausforderungen. Wir sind ein Volk, das nach Wissen hungert. Das Universum ist so geschaffen, daß es immer noch mehr zu lernen gibt. Unsere Raumschiffe, von denen einige kilometerlang sind, sind nicht durch Schwerkraft, atmosphärische Reibung oder die sogenannte Lichtgeschwindigkeit beschränkt. Andere Planeten in diesem Sonnensystem sind nur ein paar Tage entfernt. Eine Reise zwischen den Sonnensystemen geht sogar noch schneller vonstatten.

Als Individuen sind die Venusier sehr wohl der wirklichen Kräfte des Geistes und Bewußtseins gewahr. Was ihr psychische Kräfte nennt, sind für uns Kinderspiele. Telepathie ist für uns die übliche Art zu kommunizieren, wir können auch in die Zukunft schauen, uns an vergangene Leben erinnern oder Objekte durch

Gedankenkraft bewegen. Viele von uns haben gelernt, vorwärts oder rückwärts in der Zeit zu reisen. Jeder, der solche Kräfte anwenden will, muß die geistige Reife mitbringen, für die Kraft selbst verantwortlich zu sein. In einem Leben auf einem negativen Planeten ist es sehr leicht, Kraft zu mißbrauchen, und alle Menschen auf der Erde, die ohne Kenntnis und Weisheit mit solchen Kräften umgehen, werden für ihre Fehler noch viele Leben lang bezahlen. Ich benutze diese Kräfte nie, außer in höchster Not, und selbst dann muß ich sehr vorsichtig sein.

Wir haben die Existenz anderer Universen jenseits des physischen entdeckt, und wir haben gelernt, diese nach Belieben zu besuchen. Auf der Venus ist dies zu einer regelrechten Wissenschaft geworden.

Einige eurer Autoren auf der Erde haben sie Paralleluniversen genannt. Solche Seinswelten gibt es tatsächlich auf verschiedenen Raum-, Zeit-, Materie- und Energiekoordinaten. Es gibt auch Welten jenseits von Raum, Zeit, Materie und Energie. Indem wir sie entdeckt und erforscht haben, gelang es uns, das Mysterium, das Tod genannt wird, zu enträtseln. Er bedeutet für den einzelnen nicht mehr als eine Transformation in eine dieser anderen Welten, und er ist ein sehr natürlicher Teil im Leben eines jeden Individuums. Hier auf der Erde bleibt der Tod deshalb ein Mysterium, weil einfach so wenige diese Wirklichkeits- und Seinsebenen entdeckt und erforscht haben und zurückgekehrt sind, um davon zu berichten.

So liegt die große Herausforderung für den Menschen auf der Erde darin, die Mysterien des Lebens zu enthüllen. Ich hoffe, dieses Buch offenbart euch eine größere Vorstellung von der Welt, in der ihr lebt und eine größere Vorstellung von euch selbst als Individuum.

Es stört mich nicht, wenn ihr euch entscheidet, mein Leben auf der Venus als Phantasie zu bezeichnen. Jede Schöpfung des Menschen, alles Menschengemachte, das ihr um euch herum seht, wurde zuerst in der Phantasie geboren. Die Vorstellungskraft ist die mächtigste Fähigkeit im Menschen und der Schlüssel zur Erschaffung von Realität. Mit seiner Kreativität ist der Mensch genauso ein Schöpfer wie Gott selbst es ist.

Kapitel 2 – Die Gesetze der Höchsten Gottheit

Bedeutung dieser Gesetze – Wie mir die Lehren geholfen haben – Was die Seele ist – Ebenen jenseits der physischen – Geist und Schöpfung auf den unteren Welten – Die vielen Körper des Menschen – Evolution in der physischen Welt – Das Wachstum der Seele als Mensch – Karma – Die Seele entdeckt eine Lehre – Seelenreise – Ein Mitarbeiter Gottes werden – Selbst- und Gottesverwirklichung – Eine universale Lehre auf allen Planeten – Die Lehre der niederen Welt – Die Venus wird astral

Die Venus ist einer der älteren, weiter entwickelten Planeten in unserem Sonnensystem. Unser Volk ist so alt, daß meine Vorfahren die Erde in ihrer Entwicklung beobachten und den grünen Planeten erforschen konnten, als er erstmals bewohnbar wurde. Seitdem sind wir geistig, kulturell und technologisch als Zivilisation und als Individuen bis zu einem für die Menschen auf der Erde unvorstellbar hohen Grad gewachsen. Das Leben auf der Venus ist so radikal anders, daß es sinnlos wäre, gleich in die Geschichte meines Lebens einzusteigen, sogar solch einfache Dinge wie meine Geburt oder meine Heimat zu erwähnen, ohne diese Kapitel über unsere Kultur und unsere Geschichte vorauszuschicken.

Wenn wir sagen, daß der grundlegende Unterschied zwischen den Tythaniern (Venusiern) und den Menschen der Erde in der individuellen Selbsterkenntnis jedes einzelnen liegt, so besteht dazwischen immer noch eine Welt von großen Unterschieden. Das Wachstum eines Planeten über Millionen von Jahren hängt davon ab, inwieweit geistig erweckt und bewußt das Volk wird.

Wann auch immer wir Venusier über unsere Kultur, unsere Technologie oder irgendeinen Bereich unseres Lebens sprechen, gilt unsere Hochachtung stets unserer planetarischen Wissenschaft oder Lehre, die „Gesetze der Höchsten Gottheit" genannt wird. Durch diese fortschrittliche Form der Wissenschaft, in der Spiritualität und Wissenschaft zwei Seiten einer Medaille darstellen, sind wir in so vieler Hinsicht gewachsen.

Nur durch Kenntnis dieser Wissenschaft können die Menschen auf der Erde das venusische und mein eigenes Leben verstehen lernen. Ohne die Gesetze der Höchsten Gottheit würde die Venus heute so wie die Erde sein.

Als Kind wurde ich wie jedes Kind und jeder Erwachsene auf der Venus tief in die Grundlagen der Gesetze eingeführt, weil die Lehre vor langer Zeit als wahrer Weg entdeckt wurde, der das Verständnis des ganzen Planeten erschließt. Erst später im Leben auf der Erde sollte ich feststellen, wie wertvoll die Gesetze der Höchsten Gottheit wirklich sind und wie glücklich ich mich schätzen darf, eine gründliche Unterweisung in dieser Lehre erhalten zu haben.

Dadurch, daß ich vom Karma und dem Sinn des Lebens in der physischen Welt wußte und die Welten jenseits des physischen Universums kannte, fiel es mir sehr viel leichter, die Alpträume meines Lebens auf der Erde durchzustehen. Während meines Lebens auf der Venus hatte ich die nötige emotionale Stärke gewonnen, mit den bevorstehenden Härten fertig zu werden. Ich war reifer, das Leben und meine eigenen Schwierigkeiten zu verstehen und anzunehmen.

Doch kann jeder auf der Erde, der sich dieser Lehre öffnet, über die Probleme der physischen Welt hinauswachsen. Kurz bevor ich die Venus verließ, wurde mir von der Zukunft dieser Lehre erzählt. Eines Tages werden auf der Erde die Gesetze der

Höchsten Gottheit als das anerkannt werden, was sie wirklich sind. Die Samen sind schon ausgesät worden. Unser Volk beabsichtigt, mehr und mehr darauf Einfluß zu nehmen, daß dies Wirklichkeit wird.

Durch das Studium der Gesetze der Höchsten Gottheit gelangt man zu einem wahren Verständnis von sich selbst, dem wahren ICH, was so zu einer lebendigen Erfahrung für jeden einzelnen wird. Viele verschiedene Ideen können euren Geist erfüllen, wenn ihr euch fragt, „Wer bin ich?“ Auf der Erde gibt es darauf genauso viele Antworten, wie es Menschen gibt. Es ist diese Vorstellung des Selbst, die solch eine Welt von Unterschieden im Leben des Menschen ausmacht, ob er auf der Venus, auf der Erde oder auf irgendeinem anderen Planeten irgendeiner Galaxie lebt. In die vollständige Selbsterkenntnis hineinzuwachsen, was und wer du wirklich bist, erweist sich als der Sinn des Lebens in diesem physischen Universum und auch in verschiedenen anderen Universen. All die Erfahrung, die ein Individuum durch zahllose Leben hindurch haben kann, findet ihren Höhepunkt in einem völligen Erwachen und einer totalen Bewußtheit über das, was es wirklich ist. Die Gesetze der Höchsten Gottheit sind eine spirituelle Lehre, die, wenn auch unter verschiedenen Namen, immer sowohl geheim als auch öffentlich auf jedem Planeten existiert hat. Sie war für diejenigen da, die bereit waren, das Ziel ihrer vielen Versuche und Erfahrungen in Form ihrer Inkarnationen zu erreichen.

Jedes Individuum auf jedem Planeten ist Seele – nicht mehr und nicht weniger. Ich verwende dieses Wort „Seele“, weil der venusische Begriff dafür nur ein Wort für euch wäre. Auf der Erde wurde das Wort „Seele“ lange Zeit von Religionen und spirituellen Philosophien verwendet, und das kommt dem nahe, was ich meine. Wie auch immer, aufgrund der Gesetze der Höchsten Gottheit machen wir nicht Halt dabei, nur zu sagen, “Ich bin Seele” oder es lediglich zu glauben. Wir wissen es durch bewußte Erfahrung im Seelenkörper, indem wir unsere mächtigsten Sinne und Fähigkeiten nutzen, die ihm innewohnen.

Die Seele ist so wirklich existent, daß niemand bis zum Tod warten sollte, um ihre Realität kennenzulernen. Sie kann jederzeit erfahren werden. In der physischen Welt wird der Sitz der Seele gewöhnlich an einem Punkt zwischen und hinter den Augen des physischen Körpers vermutet. Jedoch kannst du als Seele auch lernen, dich von deinem physischen Körper zu lösen, während er noch lebt, so daß du einige Meter, ja Kilometer vom Körper entfernt oder in einer der Welten sein kannst, die die Religionen Himmel nennen.

Seele ist eine Einheit von Bewußtheit. Sie kann wissen, sein und sehen. Viel mehr kann nicht über ihre grundlegende Natur gesagt werden, außer in Bezug auf ihre Qualität: Seele ist ein Abbild des Wesens namens Gott. Wenn du deine Augen schließt und sehr still dasitzt, abseits vom Lärm und allen Ablenkungen, wirst du einen Punkt im Körper finden, an dem du am meisten bewußt bist. Gewöhnlich ist das ein Punkt im Zentrum des Kopfes hinter und zwischen den Augen, der von physischen Wahrnehmungen, Geräuschen, Bildern, Gedanken und Gefühlen getrennt und sich gleichzeitig dessen bewußt sein kann. Wir haben ein unbeschreibliches Etwas, das alle Dinge beobachten und das eine Person fälschlicherweise für sich selbst halten kann. Dieser losgelöste Beobachter ist die Seele, das wirkliche DU.

Wenn du die Augen schließt und dir das Bild eines Freundes vor dein geistiges Auge rufst, so ist es die Seele, die das Bild betrachtet. Der Verstand schaut nicht, weil er nur das Werkzeug ist, um ein Bild zu formen und zu projizieren.

Ein anderer Weg zur Erfahrung der Realität von Seele geht etwa so: Wenn ich mit einem Freund spreche, sind dann die Worte, die aus meinem Mund kommen, Ich? Natürlich nicht! Aber wenn ich sorgfältig beobachte, wie ich spreche, und mir jedes Wortes, das über meine Lippen kommt, voll bewußt bin, werde ich bemerken, daß etwas diesen Worten zuhört.

Es ist kein Gedanke, sondern eine Einheit von Bewußtheit. Warum ist es kein Gedanke oder der Verstand? Weil ich einen bestimmten Gedanken, wie „Ich frage mich, ob es einen Unterschied zwischen Geist und Seele gibt", klar denken und mir seiner bewußt sein kann, während er durch meinen Geist zieht. Das stille Etwas, das Gedanken beobachtet, die vom Verstand produziert werden, und das weiß, daß es Gedanken sind, ist die Einheit der Bewußtheit, die wir Seele nennen. Sehr oft verwechseln wir die Gedanken mit der Einheit von Bewußtheit, die sie beobachten kann. Wir können einen Gedanken denken, wie „Ich bin mir voll meiner Gedanken bewußt", ihn für wahr halten und vergessen, daß es nur ein Gedanke ist. Dieser Vorgang kann auch bewußt von der Seele beobachtet werden. Die Bewußtheit und die Verstandeswelt eines Menschen sind zwei verschiedene Dinge.

Bei weitem der beste Weg herauszufinden, daß du Seele bist, besteht darin, den Körper in Seelenform zu verlassen, während du weiterhin lebendig bist. Man nennt dies außerkörperliche Erfahrung, und sie beweist, daß du etwas jenseits des physischen Körpers bist.

Es ist nutzlos, sich zu fragen, wie alt du als Seele bist, weil die Seele selbst außerhalb von Raum und Zeit existiert. Wenn du die vielen Leben vor diesem zusammenzählst, bist du leicht viele Millionen Jahre alt. Während all dieser Leben bist du ein Individuum geblieben, und du wirst auch nach deiner letzten physischen Inkarnation weiterhin ein Individuum sein. Die physischen Körper, Persönlichkeiten, Umgebungen und Erfahrungen haben sich vielleicht verändert, aber es gab immer die reale Bewußtheit, das wirkliche Du, das Lektionen lernt und sich geistig entfaltet. Lernen, Wachsen und Erwachen waren in erster Linie der Grund für die Seele, vor Äonen von Jahren in die physische Welt zu kommen.

Die Reise der Seele zur physischen Welt umfaßte viele andere Welten jenseits der unseren. Dies sind die sogenannten Paralleluniversen, von denen ich sprach, die die Venusier und viele andere Völker entdeckt und erforscht haben. Für die Menschen von der Venus sind diese Existenzebenen die letzten unerforschten

Welten, die die Antworten auf alle Mysterien des Lebens beinhalten.

Auf der Erde wurden Bücher über andere Welten geschrieben, und die Menschen haben sich über sie gewundert, seit sie überhaupt fähig sind, sich zu wundern. Aber wenige haben das Geheimnis entdeckt, diese Welten in ihrem physischen Leben bewußt zu besuchen. Aber das wird sich in naher Zukunft ändern. Diese Welten einmal bewußt zu erfahren könnte deren Realität beweisen, doch wer sie niemals erfährt, für den bleiben sie vage und irreal.

Jede dieser Welten oder Ebenen hat eine unterschiedliche Vibrations- oder Schwingungsrate. Die Materie in der Welt jenseits der physischen befindet sich auf einer so hohen Frequenz, daß jemand, der dort lebt, leicht durch Mauern, Berge und sogar Menschen hindurchgehen könnte. Die höchsten Töne hier, die von den irdischen Wissenschaftlern nicht feststellbar sind, stellen auf der Ebene jenseits des physischen Universums die niedrigsten Töne dar. Das erklärt, warum die Existenz dieser Welten auf der Erde mehr eine religiöse als eine wissenschaftliche Angelegenheit persönlicher Erfahrbarkeit darstellt.

Die jenseitigen Welten haben sehr viel mit der physischen Welt gemeinsam, aber sie sind alle sehr viel schöner und himmlischer. Sie haben ebenfalls alle Arten von Menschen, Städten und Dörfern, Tieren, Pflanzen, Bergen, Ozeanen, Wüsten und Sonnenuntergängen; doch in jeder nur vorstellbaren Weise sind diese Welten bei weitem viel schöner als die am weitesten entwickelten Planeten hier. Die Farben sind nicht von dieser Welt, so strahlend und atemberaubend schön, daß sie nicht mit Worten zu beschreiben sind. Das Universum, gerade einen Schritt jenseits von unserem, ist so wundervoll, daß viele Menschen, die dort nach dem „Tod" leben, irrtümlicherweise glauben, es sei der ultimative Himmel.

Ich gebrauche eine euch vertraute Analogie, um zu erklären, wie diese Welten beschaffen sind. Nehmen wir zunächst eine

Zentrifuge, ein wissenschaftliches Instrument, das Flüssigkeiten in hoher Geschwindigkeit verwirbelt. Wenn wir eine Mischung aus Wasser, Schlamm, Sand und Steinen nehmen und sie bei hoher Geschwindigkeit in der Zentrifuge verwirbeln, werden sich die schweren Materialien entsprechend ihres Gewichtes am äußeren Rand sammeln. Wenn wir zum Zentrum schauen, werden wir immer weniger grobe Materie sehen, bis wir im innersten Bereich nur noch Luft finden.

Die äußerste Schicht kann als das physische Universum gedacht werden, das dichteste und materiellste aller Universen. Wenn wir uns dem Zentrum zuwenden, finden wir immer feinere und noch feinere Materieschichten. Diese entsprechen den Welten von Raum und Zeit, in denen sich alles auf den höheren Frequenzen befindet. Für eine dort lebende Person sind die Dinge so wirklich und fest wie für uns in der physischen Welt. Das liegt daran, daß dort die Sinnesorgane sich auf denselben höheren Frequenzen befinden. Beispielsweise können unsere physischen Sinne keine Objekte und Menschen dort wahrnehmen, weil diese Sinne nur für den Gebrauch im physischen Universum geschaffen wurden.

Das absolute Zentrum der wirbelnden Flüssigkeit, das nur noch aus Luft besteht, kann mit den rein geistigen Welten jenseits von Raum und Zeit verglichen werden. Diese Welten sind die Heimat der Seele und des Wesens, das die Religionen Gott nennen, die ultimative Wirklichkeit. Die Seele stammt aus den reinen, positiven, geistigen Welten jenseits von Raum und Zeit, aber sie wurde in diesen kosmischen Ozean als ein unbewußtes Atom geboren.

In Wirklichkeit ist die Höchste Gottheit Leere. Sie hat keine Beziehung zu irgend etwas außerhalb von sich selbst. Darum kann nichts über sie gesagt werden. Aber sie kann erfahren werden. Am besten sagt man: „Sie ist einfach!"

Von der Höchsten Gottheit geht die Erhaltung und Schaffung des Lebens aller Welten einschließlich der physischen aus. Das ist der wahrnehmbare Lebensstrom des Geistes. Materie und Energie sind in unserer physischen Welt nichts anderes als universale Energie, deren Schwingungen heruntertransformiert wurden. Innerhalb dieses Ozeans von Geist existiert die Seele; sie ist ein Teil des Geistes. Als unbewußtes Atom, als das sie zuerst erschaffen wurde, wußte die Seele nicht, wer sie war, warum sie existierte, was für eine Kraft es ist, die sie beherrschen kann, und was die Höchste Gottheit ist. Sie schlief in diesem Ozean von Geist und mußte irgendwie gewahr werden, daß sie überhaupt existierte.

Um der Seele die Möglichkeit zum Erwachen zu geben, schuf die Höchste Gottheit die Welten der Form, wo das Gegenteil von Geist existiert, das wir Kal oder negative Kraft nennen. Dort in der Polarität konnte die Seele geprüft und geläutert werden, bis sie bewußt wurde. Dort konnte sie die zum Erwachen nötige Erfahrung machen, um dann ein bewußtes, vom Körper Gottes getrenntes Atom zu werden, das noch immer ein Teil von ihm ist. So wird sie dann für alle Ewigkeit ein Individuum bleiben.

Die Seele existiert in ihrem Urzustand in den reinen, positiven, geistigen Welten, wo es keine Materie, keine Energie, keinen Raum und keine Zeit gibt. Dort existiert nicht eine Spur der negativen Kräfte. Diese Welten sind sehr real, aber es ist fast unmöglich, sie mit Worten zu beschreiben, weil sie sich jenseits des Reiches des Verstandes und seiner Funktionsweise befinden. Um sie zu erkennen, muß man sie selbst erleben.

Die dichteren Welten sind mit negativen und positiven Kräften geschaffen worden, wodurch eine Polarität als Schule für die Seele entstand. In diesen Welten der Polarität von positiv und negativ verbleibt die Seele nur zeitweise, bis die Schulung vervollständigt ist und die Seele sich erhebt. Die niedere Welt mit dem höchsten Grad von Geist ist die Ebene, in welche die Seele auf ihrem Weg hinunter in die physische Ebene vor Äonen von Jahren zuerst eintrat. Diese himmlischste Ebene der niederen Welten nennt man die ätherische Ebene. In spiritueller Terminologie ist das der Übergangsbereich zwischen den dichteren Welten und den höheren geistigen Ebenen.

Als die Seele mit diesen dichteren Welten in Berührung kam, mußte sie sich selbst mit Hüllen oder Körpern schützen. Der beste Schutz für die Seele ist auf der niederen Ebene ein Körper, der aus den auf dieser Ebene natürlich vorhandenen Materialien gemacht ist.

Der erste Körper, den ihr annahmt, ist mehr oder weniger eine klare Hülle oder Licht, das die Seele umgibt. Auf der Erde ist sie als Unterbewußtsein bekannt, eines der mächtigsten Werkzeuge der Seele in den dichteren Welten. Die grenzenlosen Ressourcen des menschlichen Unterbewußtseins existieren auf der ätherischen Ebene, auf der viele Heilige und Mystiker das kosmische Bewußtsein erlangten. Als eine Welt des Seins ist sie so real wie die physische Ebene, in vieler Hinsicht sogar viel realer. Auf der ätherischen Ebene gibt es Menschen, Städte, wundervolle Landschaften und Aussichten, die auch von den Bewohnern physischer Planeten wahrgenommen werden können, die die Kunst beherrschen, den Körper zu verlassen.

Die nächstniedrigere Ebene, die die Seele auf ihrem Weg ins physische Universum betritt, nennt man die Mentalebene. Diese ist ebenfalls eine Welt wunderbarer Anblicke und Klänge, von denen einige in der religiösen Literatur der Erde überliefert sind. Euer heiliger Prophet Johannes ist jemand, der die Mentalebene während einer außerkörperlichen Erfahrung besuchte. Er beschrieb in seiner Apokalypse, was er dort sah, einschließlich der großen Stadt namens Kailash (das himmlische Jerusalem). Auf dieser Ebene befinden sich die Himmel vieler Weltreligionen.

Um in dieser verfeinerten Dichte zu existieren, muß sich die Seele mit einem gröberen Körper schützen, der Mentalkörper oder Verstand genannt wird. Unser Verstand ist eigentlich dieser Körper, und seine Energie erscheint als Gedanke. Jeder von uns hat diesen Körper, er ist ein Werkzeug der Seele, um in den niederen Welten zu operieren. Er hat kein eigenes Leben, sondern ist von der Energie abhängig, die ihm die Seele gewährt.

Direkt unterhalb der Mentalebene befindet sich die Kausalebene, in der die Seele den noch gröberen Kausalkörper annimmt. Er erlaubt der Seele, sich an vergangene Leben in den niederen Welten zu erinnern. Einige Lehren auf der Erde nennen ihn den Saatkörper, weil die karmische Saat unserer Handlungen hier eingepflanzt ist, um später zu reifen.

Auf der Kausalebene befindet sich eine Region, die oft als Akasha bezeichnet wird. Obwohl die wahren Akasha-Aufzeichnungen wirklich jenseits der niederen Welten existieren, haben diejenigen, die die Kausalebene besuchen, die Chance, von unseren vergangenen Leben auf den Ebenen unterhalb der kausalen zu lernen. Der berühmte amerikanische Seher Edgar Cayce tat genau dies. Er sah diese Aufzeichnungen bei seiner Erforschung vergangener Leben. Jedermann kann innerhalb einer bestimmten Zeit lernen, die Kausalebene aufzusuchen, und Fakten über seine eigenen vergangenen Leben auf der Erde und auf anderen Planeten erfahren.

Unterhalb der kausalen Schwingungsebene befindet sich die Ebene, die im physischen Leben des Menschen die größte Rolle spielt, die Astralebene. Sie liegt dort, wo du als Seele den Astralkörper angenommen hast und damit die Fähigkeit, das zu registrieren, was ihr Gefühl nennt. Aus diesem Grund wird die Astralebene auch als Gefühlsebene bezeichnet. Wenn eine Person Gefühl erfährt, handelt es sich dabei wirklich um eine Energie, die durch den Astralkörper fließt. In jedem Leben ist euer Astralkörper ein exaktes Duplikat eures physischen Körpers, er sieht nur schöner aus.

Die Astralebene ist ebenso wie die anderen Welten von Raum und Zeit eine sehr reale Welt. Tatsächlich existierte alles, was wir in der physischen Welt kennen, wie Menschen, Berge, Bäume, Häuser und Städte, zuerst in der Astralwelt. Die physische Ebene wurde nach dem Vorbild der astralen erschaffen, jedoch weniger farbig und leuchtend. Die Menschen, die auf der Astralebene leben, verfügen über Kräfte wie Telepathie, können Dinge durch den Geist manifestieren und ohne Fahrzeuge oder Werkzeuge mit phantastischen Geschwindigkeiten reisen. Der Astralkörper ist leuchtend und hat keine physischen Schmerzen, wie wir sie hier auf der physischen Ebene kennen. Das erklärt, warum manchmal der Astralkörper mit der Seele verwechselt wird.

Mit all diesen Körpern versehen betrat die Seele die unterste Ebene, um mit den Erfahrungen zu beginnen, die eines Tages dahinführen würden, ein bewußter Mitarbeiter der Höchsten Gottheit zu werden. Wir alle kennen diese Ebene als das physische Universum, in dem die Seele die physische Hülle oder den Körper annahm, der hier zum Überleben nötig ist, und um mit ihren Erfahrungen zu beginnen.

Am Anfang, als du zuerst die physische Ebene betreten hast, hattest du nicht sofort die Form eines Menschen. Damit die Seele alle möglichen Erfahrungen sammeln kann, die jeder braucht, um sich zu vervollkommnen, ist es nötig, jeden Bewußtseinszustand zu erfahren, den die physische Welt bietet.

Die ersten Erfahrungen, die du als Seele machtest, oder die erste Bewußtseinsebene, in der du lebtest, war die des Mineralzustandes. Zugegeben, Mineralien scheinen nicht sehr bewußt zu sein (in dem Sinne, wie wir normalerweise über sie denken). Aber sogar die scheinbar beschränkten Erfahrungen, die der mineralische Zustand ermöglicht, sind für die gerade erwachende Seele nötig, um ihre physische Existenz zu begreifen. Am Anfang verharrten die meisten von uns lange Zeit im Mineralzustand, je nachdem welche Erfahrungen wir benötigten. Natürlich warst du niemals wirklich ein Mineral oder Stein, aber du als Seele hast solche Körper auf deinem Weg zur Vervollkommnung bewohnt.

Zwischen den Leben gibt es eine Zeitspanne, in der du dich entsprechend deinem Bewußtseinsgrad auf einer Ebene über der physischen befindest. Ganz am Anfang gehen die meisten Seelen zur Astralebene, in der sie eine Weile bleiben, bis sie wieder im physischen Universum reinkarnieren.

Nach dem mineralischen Zustand und der Bewußtseinserfahrung auf dieser Ebene sammelt die Seele Erfahrungen im Pflanzenzustand. Als Pflanze kann die Seele den Sonnenschein, den Wind und den Regen fühlen und als Nahrung für die höheren Lebensformen dienen. Nach vielen Leben und Toden als Moos, Blume, Gemüse und Baum auf der Erde und auf anderen Planeten ist die Seele zum nächsten Schritt bereit. Sie beginnt ihre Leben im tierischen Bewußtseinszustand.

Als Individuum wird die Seele Körper bewohnen, die zu ihrer Natur oder Individualität passen. Seele ist die Lebenskraft im Tier, aber sie bleibt immer ein einzigartiges Individuum. Sie verbringt sehr lange Zeit im tierischen Bewußtseinszustand, wo sie von einer Art zur anderen fortschreitet, vom Insekt zum Reptil, zum Vogel, zum Säugetier. Diese Leben finden nicht bloß auf der Erde, sondern auf vielen verschiedenen Planeten statt.

Die letzte Stufe physischer Entfaltung und die höchste Stufe, die die Seele in der physischen Welt erreichen kann, ist die des Menschen. Dies ist der göttliche Höhepunkt der Evolution im physischen Universum und die Form, die die Seele benutzt, um ihre letzten Erfahrungen hier zu machen. Als Mensch muß die Seele durch jede mögliche Erfahrung gehen. Eine Lebensspanne ist nur ein winziges Quäntchen Zeit in der Evolution, ein viel zu kurzer Moment in der physischen Welt für alles nötige Lernen und Wachstum. Dem Menschen auf der Erde gelingt es nicht einmal, einen vollen Zyklus von 144 Jahren in einer Inkarnation zu vollenden.

Die Seele reinkarniert über Millionen und Abermillionen von Jahren als Mensch, um alle nötigen Erfahrungen zu sammeln. Historie ist nicht die Geschichte unserer Vorfahren, es ist die Geschichte unserer eigenen Leben, weil wir unsere Vorfahren sind. Jeder von uns hat viele verschiedene Charaktere, männliche und weibliche, in vielen verschiedenen Rassen auf mehreren Planeten und in fast unzählbaren Verhältnissen und Situationen gelebt. Jedes Mal, wenn wir zurückkehren, kommen wir mit einem neuen Körper und einem neuen Verstand.

Kontinuierlich werden neue Seelen geschaffen, in der Form, daß die unteren Welten weiterleben. Die Höchste Gottheit verwendet diesen Plan von konstantem Leben, um durch ihre Geschöpfe zu leben und niemals zu vergehen.

Es ist zu unserem eigenen Wohl, daß die Erinnerungen an unsere vergangenen Leben für uns verborgen sind. Wenn ein Mensch mit so vielen Erinnerungen überschüttet würde, könnte er leicht in einer Irrenanstalt enden. Diese Erinnerungen sind ein Teil des Wissens der Seele, dessen wir uns nicht sehr bewußt sind, bis wir reif genug sind, damit umzugehen.

Jeder, dem das Glück zuteil wird, sich an die Erfahrungen in der jenseitigen Welt von Zeit und Raum zu erinnern, weiß, daß die niederen Welten viel zu wünschen übrig lassen. Warum also bleiben wir als Seele an die niederen Welten so lange gebunden? Um uns so lange wie möglich hier zu binden, uns zu reinigen und zu vervollkommnen, wurde die negative Kraft etabliert. Ihr Instrument ist das Gesetz des Karmas, das uns, wie das Gesetz der Schwerkraft, hier fesselt, noch bevor wir überhaupt gewahr werden, daß es existiert. Niemand würde bestreiten, daß das Gesetz des Karmas unsichtbar ist, aber je länger jemand sich dessen nicht bewußt ist, wie wirklich es ist, desto länger wird er an die physische Welt gebunden sein.

Christus bezog sich auf das Gesetz des Karmas, als er sagte, „was ihr gesät habt, das werdet ihr ernten". Die geistigen Führer fast jeder Religion oder eines spirituellen Pfades auf Erden lehrten dieses universale Gesetz, und auch heute wissen viele Menschen auf der Erde vom Karma, besonders im Osten.

Es wurde einmal gesagt, daß der Verstand ein nützlicher Diener, aber ein schrecklicher Herrscher sein kann. Die dichteren Körper sollten immer unter der Kontrolle der Seele sein, aber allzu oft ist dies nicht der Fall. Anstelle der Herrschaft des höheren Geistes über den Verstand kann die Kal-Kraft überhand nehmen, so daß der Mensch den fünf Leidenschaften Zorn, Eitelkeit, Wollust, Gier und Bindung an materielle Dinge verfällt. Solange dies geschieht, wird die Seele durch das Erschaffen karmischer Schuld an die niederen Welten gebunden sein; solange du eine Schuld zu bezahlen hast, mußt du wiedergeboren werden.

Über den gesamten Zeitraum der vielen Inkarnationen als Mensch ist die Seele in das Gewebe des Karmas verstrickt. Du warst arm und reich, mächtig und schwach, berühmt und unbekannt, gesund und verkrüppelt, scharfsinnig und schwerfällig; doch es kommt eine Zeit, in der sich die Seele einem Zustand der Ausgeglichenheit in der physischen Welt annähert. Während er sich hier in seinen Inkarnationen entwickelt, beginnt der einzelne ernsthaft nach Antworten dafür zu suchen, warum er existiert, warum er hier ist, wohin er geht und welche die stärkste Kraft jenseits der physischen Welt ist. Er stellt fest, daß die herkömmlichen Wege ihn nicht länger befriedigen. An diesem Punkt fängt der Mensch an, sich der Person innerhalb seiner selbst, seiner Gefühle, Gedanken und Intuitionen bewußter zu werden. In seiner Suche nach Wahrheit beginnt er dann vielleicht bald, die Ebenen jenseits des Physischen zu erforschen.

Die Seele fühlt sich mit den heutigen Religionen nicht mehr länger wohl, weil es nicht genug Wahrheit und nicht genug Antworten in ihnen gibt. Als Seele bist du in der Lage, Dinge jenseits der physischen Welt zu ergründen, wenn du zum Beispiel eine spirituelle Lehre entdeckst, die dich über die Seele und deine Existenz vor deiner ersten Inkarnation in der physischen Welt aufklärt. Wenn dir diese Lehren bewußt werden, wirst du sehen, daß du fähig bist, das Seelenreisen zu erlernen. Bei dieser Kunst und Wissenschaft verläßt du zeitweise den physischen Körper, um im Seelenkörper einige oder alle der Welten jenseits des physischen Universums zu besuchen und zu erforschen. Das entspricht etwa dem, was die Religionen als Himmel vor dem Tod bezeichnen; nur diese Erfahrung kann jedem Individuum das Leben nach dem Tod beweisen.

Seelenreise ist das Hauptcharakteristikum der Gesetze der Höchsten Gottheit, wodurch sie sich von anderen Lehren unterscheidet. Das ganze System basiert auf persönlichen Erfahrungen auf den Ebenen jenseits dieser Ebene. Anstatt an ein Leben nach dem Tod zu glauben oder es zu erhoffen, kann der Mensch unabhängig vom physischen Körper Leben erfahren und Orte aufsuchen, die er schließlich nach dem Tod des physischen Körpers bewohnen wird. Er wird den einfachen Unterschied zwischen Tod und Seelenreise erkennen.

Bei der Seelenreise kehrt er zu seinem lebendigen, bewohnbaren Körper zurück. Im Falle des Todes kann er nicht zurückkehren, weil der physische Körper aus einigen Gründen nicht mehr funktionsfähig ist. Anstatt an Reinkarnation nur zu glauben, weiß das Individuum nach dem Besuch höherer Ebenen und der Erinnerung an eigene vergangene Leben, daß es sie wirklich gibt.

Mit diesem bewußten Wissen ist es möglich, das Karma vergangener Leben auszugleichen. Wenn jemand erfährt, daß der physische Körper nur ein Vehikel ist, um Lektionen zu lernen, erreicht er einen Punkt, an dem es nicht mehr nötig ist, in den dichteren Welten zu inkarnieren. Du hast die Wahl, noch vor dem physischen Tod ein bewußter Mitarbeiter des Schöpfers zu werden.

Die physische Welt ist nicht der einzige Ort, an dem die Seele ihr Karma ausgleichen muß. Auch auf den astralen, kausalen und mentalen Ebenen hat die Seele gelebt und karmische Schuld erzeugt. Bei ihrer Reise aufwärts klärt die Seele zuerst ihre unvollendeten Angelegenheiten in den niederen Welten. Wenn sie sich in der ersten der rein geistigen Welten jenseits von Raum und Zeit auf der sogenannten Seelenebene fest etabliert, ist sie von den Fesseln des Karmas und der Reinkarnation befreit.

Hier findest du Selbstverwirklichung, die erste volle Verwirklichung deines Seele-Seins. Mehrere Welten über der Seelenebene befindet sich jene höhere geistige Ebene, in der das Gottesbewußtsein erreicht wird. Hier wird die Seele gewahr, daß sie selbst und die Höchste Gottheit ein und dasselbe sind. Hier hat die Seele totale Bewußtheit, ein Zustand, der bereits erreicht werden kann, während du noch physisch hier lebst. Sogar dort ist das Wachstum der Seele noch nicht abgeschlossen. Jenseits davon existieren noch viele andere Ebenen. Die ganze Ewigkeit hindurch gibt es immer eine weitere Stufe zu erklimmen.

Die Gesetze der Höchsten Gottheit, das ist unser Name für eine Lehre, die auf jedem Planeten und auf jeder Ebene existiert. Die Venus hat kein Monopol darauf, aber wir erkennen sie als unsere planetarische spirituelle Lehre an. Sie entspringt jenseits der dichteren Welten, um jenen Seelen zu helfen, die bereit sind, sich zu entwickeln.

Es gibt eine unglaubliche Anzahl von Lehren in der dichteren Welt, die das Ziel verfolgen, das Bewußtsein der Seelen, die weitere Erfahrungen in den dichteren Welten machen müssen, an ihre begrenzte Ebene anzupassen. Sie wurden eingeführt, um die Seele an die dichteren Ebenen zu binden, bis sie stark und bewußt genug sind zu entkommen. Diese Lehren haben eine sehr begrenzte Wahrheit und erfüllen ihren Zweck gut. Sie sind so vielfältig wie die vielen Bewußtseinsebenen der dichteren Welten.

Jedes Individuum muß aufpassen, sich nicht von einer solchen Lehre gefangennehmen zu lassen, die ihr inneres Bedürfnis nach Wahrheit nicht befriedigt. Der Sucher muß auch darauf achten, daß er die unteren Ebenen innerhalb der Welt des Karmas nicht mit den wahren geistigen Welten verwechselt. Die Astralebene ist heute von vielen bevölkert, die glauben, sie sei der ultimative Himmel, so viel schöner ist diese Ebene als die physische Welt.

Jeder Planet, dessen Volk im Einklang mit den geistigen Gesetzen lebt, weist Bedingungen auf, die den Menschen auf der Erde als geradezu himmlisch erscheinen. Die Venus ist das, was sie ist, durch das Bewußtsein der Menschen, die dort leben. Das gleiche trifft auf die Erde zu. Seelen mit viel negativem Karma ziehen sich gegenseitig auf einem Planeten an, um negative Erfahrungen möglich zu machen.

Ich sage nicht, daß die Erde ein komplett negativer Planet ist. Sie ist durch eine positive Neigung zum Leben auch ausgeglichen. Jeder Planet oder jede Ebene in den dichteren Welten, auf denen du existierst, kann je nach deiner eigenen Einstellung für dich negativ oder positiv sein, weil diese durch die Kraft deiner Gedanken deine persönliche Welt erschafft. Alles hängt vom Grad deiner Bewußtseinserkenntnis ab.

Wie ich bereits erwähnte, war die Venus auch einmal ein sehr negativer Planet wie heute die Erde. Mehrere Millionen Jahre lang wuchs das Volk der Venus bis zu einem Punkt in seiner Entfaltung, der nicht einzigartig ist, sondern den Menschen auf der Erde nur deshalb einzigartig erscheint, weil sie sich dieser Dinge nicht bewußt sind. Unser geistiges und technisches Wachstum gestaltete sich so positiv, daß unsere ganze Zivilisation nicht länger auf der physischen Ebene existieren mußte. Während der physische Planet Venus lebendig blieb, gelang dem ganzen Volk mit seiner Kultur der Aufstieg zur Astralebene.

Kapitel 3 – Tythania wird mündig

Ursprung des Lebens im physischen Universum – Kosmische Zyklen – Jeder Planet ist zu einer bestimmten Zeit negativ – Warum die Geschichte der Venus so lebendig ist – Das Goldene Zeitalter der Venus – Die Zeiten werden schlechter – Das Leben unter der Erde – Das Werk von Zadrian – Verfallene Städte und Kriege – Die Gesetze der Höchsten Gottheit – Der Anfang – Wachstum als ein neues Volk – Übergang in die Astralwelt – Physisches Karma des venusischen Volkes – Der physische Körper kann manifestiert werden – Der physische Planet Venus existiert weiter – Mein Leben auf der Astralebene

Hier im physischen Universum ist es nicht so leicht zu lernen, woher das Leben selbst kommt. Es hat eine sehr sehr lange Geschichte. Bevor die Erde kolonisiert wurde, gab es auf anderen Planeten in unserem Sonnensystem hochentwickelte und fortschrittliche Zivilisationen. Und bevor dieses Sonnensystem entstand, gab es andere Sonnensysteme in dieser Galaxis mit Planeten, auf denen uralte Zivilisationen lebten. Die Erde ist wie ein Baby, das gerade anfängt, die riesige Welt zu entdecken, in der es lebt.

Die irdischen Wissenschaftler arbeiten heute wie besessen daran herauszufinden, woher das Leben kommt. Dasselbe taten vor Tausenden und Millionen von Jahren die Wissenschaftler auf Planeten, die viel älter sind als die Erde, aber sie mußten feststellen, daß ihre Mühe vergebens war.

Leben kann nicht hier im physischen Universum geschaffen werden. Jedoch kann es, wenn die Bedingungen stimmen, von den jenseitigen Welten hierher kommen. Nur wenn wir das Gott-Bewußtsein haben, können wir um das Woher und das Warum des Lebens wissen.

Als die Menschen von Tythania ihre eigene Vergangenheit und die Geschichte anderer Planeten studierten und analysierten, fanden sie heraus, daß alles gar nicht so chaotisch ist, wie es scheint. Das Leben auf den Planeten folgt natürlichen Gesetzen so sicher wie alles in der Natur. Das Wachstum eines Planeten und seines Volkes durchläuft natürliche Zyklen und Zeitalter, genau wie das Wachstum eines Individuums sich stufenweise vollzieht. Der Verlauf der Zeitalter vermittelt eine Vorstellung von der Lebensform, die ein Planet durchmacht. Zuerst ist das Goldene Zeitalter, das auf der Erde mit der mythischen Zeit von Adam und Eva im Paradiesgarten in Verbindung gebracht wird. Von allen Zeitaltern ist dies das schönste. Es entspricht dem inneren Bewußtsein der Menschen von Schönheit und Unschuld. Das Leben während dieser Zeit ist friedlich, und die Erde bringt alles Nötige hervor, um ein angenehmes und glückliches Leben zu führen. Es gibt keine menschengemachten Gesetze, weil das Individuum durch einen inneren Sinn geistiger Gerechtigkeit geleitet wird. Weder Kriege noch die kleinsten Streitigkeiten spielen zu dieser Zeit eine Rolle im Leben der Menschen.

Das Goldene Zeitalter des Menschen geht direkt ins Silberne Zeitalter über, in dem sich eine negativere Lebensart auf dem Planeten ausbreitet. Hier kehren sich die Elemente gegen den Menschen, und sicherer Schutz entscheidet über Leben und Tod. Die Spaltung zwischen den Menschen und die Konflikte nehmen zu und zerstören das sichere Leben des Goldenen Zeitalters, und wenn der Planet in das nächste Zeitalter eintritt, wird das Leben noch viel negativer. Dieses Silberne Zeitalter ist (auf der Erde) mehrere hunderttausend Jahre kürzer als das Goldene. Jedes neue Zeitalter ist kürzer als das vorherige (was dem Kürzerwerden der Tage entspricht, von dem die Propheten in eurer Bibel reden).

Das nächste ist das Kupferzeitalter, in dem das Positive und das Negative zum ersten Mal gleich sind. Die fünf Leidenschaften wachsen, und jede Gruppe oder jeder Familienclan, dem es besser geht als anderen, ist Gegenstand des Angriffs. Wenn menschengemachte Gesetze jeden Lebensbereich durchdringen, reißen die Herrscher die Rechte und Privilegien an sich, die natürlicherweise jedem Individuum gehören. In weniger als einer Million Erdenjahren geht das Kupferzeitalter ebenfalls zuende.

Das vierte und negativste aller Zeitalter bricht für die nächsten paar Hunderttausend Jahre an. Es heißt bezeichnenderweise Eisenzeitalter oder Kali Yuga (negatives Zeitalter). Dunkelheit und Niedergang sind während dieser Zeit weit verbreitet, in den Straßen floriert das Verbrechen. Die Menschen werden zu Millionen dahingeschlachtet, und die Städte werden in sinnlosen und brutalen Kriegen, die den ganzen Planeten überziehen, komplett ausgelöscht. Dies kann bald ausufern in interplanetarische Kriege und schwere Verwüstungen durch nukleare Kriegführung und ein Grassieren schwarzer Magie. Ein Planet in diesem Zustand wird zu Recht gemieden und isoliert, denn er stellt eine Gefahr für alle anderen dar.

Glücklicherweise endet dieses Zeitalter nach Ablauf des ganzen Zyklus, der auf der Erde viereinhalb Millionen Jahre dauert. Wenn diese negative Stufe überwunden ist, tritt der Planet in einen Ruhezustand ein, bis er wieder ausgeglichen für weiteres Leben ist. Dann entfaltet sich ein neues Goldenes Zeitalter, und das Leben beginnt erneut in einem weiteren Zyklus von Zeitaltern.

Die Venusier erfuhren durch ihre Studien über die Vergangenheit ihres Planeten, daß er tatsächlich zahllose Zyklen durchlaufen hat. Aber die Muster waren dieselben – vom Goldenen Zeitalter zum Eisernen, eine Pause und dann Rückkehr zu einem weiteren Goldenen Zeitalter. Als wir das erste Mal die Menschen von Mars und Saturn in diesem Zyklus trafen, stellten wir fest, daß beide Planeten sich in ähnlichen Zyklen entwickelt hatten. Die Erde unterliegt dem kosmischen Zyklus der Zeitalter wie zahllose andere Planeten, die die Raumfahrer der Bruderschaft besucht haben.

Nicht alle Planeten befinden sich zur selben Zeit im gleichen Zeitalter, die Erde trat kürzlich ins Eisenzeitalter ein, während die Venus wieder ins Goldene Zeitalter kommt. Die Geschichte unserer Vergangenheit beginnt am Anfang des letzten Goldenen Zeitalters. Eigentlich fing die überlieferte Geschichte der Venus mehrere Zyklen vor diesem Goldenen Zeitalter an, aber meine Erinnerungen reichen nur bis dahin zurück.

Die Geschichte der Venus ist farbig und aufregend, aber so ist wohl die Geschichte jedes Planeten, einschließlich derer der Erde. Der wahre Wert dieser Geschichte liegt wahrscheinlich in der Tatsache, daß unsere Vergangenheit der euren so beeindruckend ähnlich ist, weshalb ich sie hier einfüge. Wir hatten einst dieselben Probleme, die die Erde heute plagen. Wir hatten Kriege, verfallene Städte, Straßenkriminalität, moralischen Verfall, Ausbeutung und Sinnlosigkeit im Alltag unserer Bürger. Die Art, wie die Venusier diese Berge von Problemen und die Periode der Hoffnungslosigkeit und der Zweifel überwanden, wird vielleicht uns auf der Erde für die kommenden Jahre und Jahrzehnte ermutigen. Die Geschichte unserer Vergangenheit wird auch erklären, wie die Venus dazu kam, den einzigartigen Platz einzunehmen, den sie heute in eurem physischen Universum darstellt, und wie und warum ich dort geboren wurde.

Das letzte Goldene Zeitalter der Venus war, wie jedes Goldene Zeitalter, eine sehr friedliche und ausgeglichene Zeit. Die Menschen waren alles andere als primitiv oder brutal. Viel Zeit wurde in Gärten investiert, und die meisten Bedürfnisse wurden aus der reichhaltigen natürlichen Umgebung gestillt. Gemüse und Früchte wuchsen im Überfluß in dem tropischen Klima.

Kurz vor dem Ende dieses Goldenen Zeitalters kam eine kritische Phase, als sich für eine Reihe von Jahren die Wasserdampfhülle des Planeten verminderte und sich häufig Trockenheitsperioden und katastrophale Dürren über das ganze Land ausbreiteten. Die Sonne war in dieser Zeit besonders heiß, bis sich eine schwerere Wolkendecke entwickelte. In einigen Regionen grassierte eine merkwürdige Seuche, die mysteriösen Strahlen der Sonne zugeschrieben wurde.

All dies beängstigte die Menschen ohne Ende, bis sie in einer Massenhysterie überall auf dem Planeten die Dörfer verließen und unterirdische Kolonien gründeten. Fast ein Jahrhundert lang wagte sich niemand nach oben, denn dies hätte unter den feindlichen Strahlen der sengenden Sonne den sicheren Tod bedeutet.

In dieser Ära war die Venus technisch bereits ausreichend entwickelt, um das Leben unter der Oberfläche annehmbar zu gestalten. Die Kolonien waren meistens flächig angeordnet und so niedrig, daß man sich nur zu Fuß fortbewegen konnte. Kleine Wasserkraftgeneratoren, die an unterirdische Ströme angeschlossen wurden, und einfache Sonnenkraftwandler lieferten Energie. Sie wurde sparsam für Licht und Belüftung verwendet, um Nahrung anzubauen, zu konservieren und zu kochen. Die Leute hatten kein Fernsehen, kein Radio und keine sonstigen elektrischen Geräte, weil die Energie knapp war. Das Leben unter der Oberfläche war primitiv, aber annehmbar, die Menschen waren froh, daß sie überhaupt lebten.

Obwohl dieser Zustand weniger als ein Jahrhundert andauerte, war es dennoch für alle Menschen eine lange Zeit. Sie betraf mehrere Generationen. Es gab viele Familien, in denen Eltern und Großeltern bereits unterirdisch gelebt hatten und auch dort geboren worden waren. Die jüngeren Familien waren diejenigen, die an der Reise zurück an die Oberfläche teilnahmen. Die Furcht vor der Sonne stammte nicht aus ihrer eigenen Erfahrung, sondern aus der der älteren Generation. Nun kam es den jungen Leuten vor, als sei es vielleicht nur ein Aberglaube der Alten gewesen, der die Venusier unter die Oberfläche getrieben hatte.

Doch auch mit dem Verdacht, daß die Angst vor der Sonne

dumm und primitiv war, wagte sich zunächst niemand heraus, um nachzusehen, ob es wahr sei. Und dann wurde jemand mit dem Auftrag geboren, die Menschen hinauszuführen. Sein Name war Zadrian, und er wurde später sehr bekannt. Er muß ein geistig sehr entwickeltes Individuum gewesen sein, weil er so stark an seinem Glauben festhielt, daß das Leben unter der Oberfläche närrisch und völlig unnötig sei. Um zu beweisen, daß es nicht zum Tode führe, sich hinaus in die Sonne zu wagen, schockierte Zadrian seine Familie und seine Freunde, indem er seine Kolonie verließ und so lange auf der Oberfläche lebte, daß jeder dachte, er sei tot. Eines Tages kehrte er zurück. Zum Erstaunen der Menschen war der Rebell Zadrian sehr lebendig und offensichtlich bei bester Gesundheit. Er hatte einen schöneren und strahlenderen Teint bekommen und war nicht mehr so blaß wie vorher. Zadrian brachte auch Gemüse mit, das unter der Sonne gewachsen war, um zu zeigen, wieviel reichhaltiger natürliche Nahrung war.

Es gab in dieser Zeit keine Kommunikation zwischen den einzelnen Kolonien, und so begann Zadrian mit seinen mutigeren Anhängern, viel zu reisen, um den Menschen der Venus zu zeigen, wie gut die Sonne wirklich war. Er war in vieler Hinsicht wie Christus. Alle Arten von romantischen Geschichten, Erzählungen und Sagen entstanden im Andenken an ihn, nachdem die Menschen zur Oberfläche zurückgekehrt waren, weil sie gemerkt hatten, daß er recht hatte.

Zadrian war in diesem großartigen Zeitalter einer der ersten geistigen Führer der Venus. Nachdem die Venusier zur Oberfläche zurückgeführt worden waren, übernahm er im Leben der Menschen die Rolle eines spirituellen Meisters. Vieles von dem Wissen, das er über den Schöpfer und das Universum lehrte, bildete den Anfang ihrer Gesetze der Höchsten Gottheit. Dies war Zadrians eigenes, persönliches Wissen, das ihn seine Eltern gelehrt hatten, die zuerst dagegen gewesen waren, unter die Oberfläche zu gehen, sich aber schließlich der übrigen Zivilisation angeschlossen hatten.

Zadrian lehrte die Menschen, daß sie keine menschengemachten Gesetze benötigten, sondern vielmehr die Gesetze des Schöpfers. Ich weiß von drei Prinzipien, die Zadrian lehrte. Eines forderte, dem Boden alles zurückzugeben, was immer man ihm entnahm. Ein anderes lehrte, jedes Individuum vielmehr als Seele statt als Persönlichkeit in einem Körper zu betrachten. Das dritte bestand darin, niemanden zu verdammen, ehe man nicht selbst dessen Erfahrungen gemacht hatte.

Über die Zyklen der Zeitalter hinweg erblühten die Zivilisationen und vergingen wieder, Wissenschaften entwickelten sich, brachen zusammen oder wurden mit ihnen zerstört. Als das wissenschaftliche Know-how wuchs, wurde die Bindung an das geistige Gesetz schwächer und schwächer, und das Leben wurde immer negativer. Unter den Menschen entwickelten sich Spaltungen und Kriege, so schrecklich, wie sie die Erde in modernen Zeiten noch nicht gesehen hat. Die Ausbeutung der unteren Klassen wurde so intensiv, daß diese keine andere Wahl hatten, als eine Revolution von planetarischen Ausmaßen zu planen.

Die Venus besaß eine einheitliche Rasse von hellhäutigen Menschen, so daß es niemals Rassenvorurteile und -konflikte gab, auch keine nationalen Konflikte. Tatsächlich hatten sich damals auf der Venus keine Nationen ausgebildet. Jede größere Stadt war das Zentrum einer Region. Kriege wurden meistens zwischen einzelnen Städten oder Stadtbünden ausgetragen. Obwohl es über Tausende von Jahren hinweg mehrere Versuche gab, eine planetarische Regierung zu bilden, scheiterten sie. Meistens wurden sie durch die ständigen Konflikte zwischen diesen Stadtstaaten zunichte gemacht, die jeden Ansatz zu einem einheitlichen Regierungssystem vereitelten.

Die Kriege, die die Venusier plagten, wurden durch die verschiedenen Haltungen der Menschen ausgelöst, und natürlich wie auf der Erde durch Machtgier. Weil es keine Staaten gab, waren die Kriege viel begrenzter als auf der Erde. Die machthabenden Gruppierungen einer Stadt waren nie damit zufrieden, ihre eigene Stadt und Region zu beherrschen, und immer wieder gelang es ihnen, als Vorspiel einer Kriegserklärung einen Konflikt mit den benachbarten Stadtstaaten zu schüren.

Die Venus entwickelte schnell höchst fortschrittliche Formen von Energie und Technologie. Kurz nachdem die Menschen wieder an die Oberfläche zurückgekehrt waren, entdeckten sie die Magnet- und Sonnenkraft. Zadrian selbst spielte eine große Rolle dabei, sein Volk zum Kontakt mit Nachbarplaneten zu motivieren, und nach einer kurzen Zeit meisterten die Venusier die Raumfahrt. Kernenergie und Atombomben waren eine Folgeerscheinung des Wachstums auf dem Planeten. Aus der Verzweiflung heraus hatten einige Städte diese Waffen gegeneinander angewandt, riesige Areale ihres wundervollen Landes wurden zerstört.

Die Venus wurde schließlich von einer kleinen Gruppe wohlhabender Leute regiert. Genau die gleiche Situation haben wir heute auf der Erde. Für diese kleine Elitegruppe war das Leben ein Spiel, Gewinner war der, der die längste Zeit das meiste Geld und die meisten Menschen kontrollieren konnte. Die Schachfiguren waren natürlich die riesige Mehrheit derer, die den unteren Gesellschaftsschichten angehörten.

Ein Blick in eine venusische Stadt der Vergangenheit gibt uns ein besseres Bild dieser traurigen Zeiten. Insgesamt waren die Städte wunderbar entwickelt, aber Straßen, Gebäude, Parks, alles wurde auf einer Reihe unterschiedlicher Stockwerke angelegt. Die arme, ungebildete Arbeiterschicht lebte auf der untersten Ebene, die vergleichbar war mit den schlimmsten Slums der Erde, weil sie so dunkel und trist war. Nur selten konnte das Sonnenlicht bis zu den untersten Etagen durchdringen. Im Laufe der Zeit verschlechterte sich das Leben für die unglücklichen Massen in jeder Hinsicht. Kleine Revolutionen waren seit Jahren immer wieder versucht worden, aber keine war erfolgreich, weil die Menschen unabsichtlich weiter das Spiel mitspielten, das die herrschenden Klassen mit ihnen trieben.

Eine stille Revolution der Arbeiterklasse in jeder Stadt des Planeten gleichzeitig wurde schließlich als einziger Ausweg erkannt. Die Menschen waren ihres Schicksals überdrüssig und gelobten, daß auch sie kein Recht hätten, andere zu beherrschen, wenn sie mit ihrem geheimen Plan erfolgreich sein würden. Aber ihre Pläne sollten viele Jahre harter Arbeit und Opfer für die große Sache kosten. Eine planetarische Bewegung kann sich eben nicht über Nacht entwickeln.

Die Arbeiterklasse begann eifrig, die Regierungen mit Leuten zu unterwandern, die ihrer Sache loyal gegenüber standen und denen man vertrauen konnte. Ihre Hoffnung bestand darin, ihre selbst ausgesuchten politischen Führer in die höchsten Ämter zu wählen, Individuen, die sich von der Macht abwenden und das Volk in die Freiheit führen würden. Es dauerte sehr lange, die richtigen Kandidaten aufzustellen und sie in vielen verschiedenen Kampagnen auf ihrem Weg in die höchsten Ämter zu unterstützen.

Schließlich kam der Tag, an dem genügend Schlüsselpersonen gewählt worden waren, der Tag, auf den alle ungeduldig gewartet hatten und der in der Geschichte schlicht „der Anfang" genannt wird. An diesem unvergeßlichen Tag schafften die angesehensten Führer der Venus die Regierung und die Militärkräfte ab, während die Menschen in den Städten all ihr Geld auf die Straßen und in die Mülleimer warfen oder es freudig verbrannten. An diesem ersten glorreichen Tag zogen die Leute überall scharenweise aus den Städten, nahmen nur ihre Sachen, Lebensmittel und die Saat für den Anbau mit. Für immer verließen sie ihre verkommenen Städte, ihre Habe, ihre Häuser, ihre Fahrzeuge und alles, was für die alte Lebensart stand.

Ihre Absichten waren einfach – nämlich aufs Land zu ziehen, wo jeder einzelne für sich selbst arbeiten und für sich und seine Familie sorgen würde. Die Entschlossenheit dieser Menschen, ihr Mut und ihr Vertrauen, mit dem sie die Sicherheit ihrer Häuser für ein unsicheres neues Leben aufgaben, war bemerkenswert.

Viele Leute zögerten natürlich zu gehen, weil sie an ihren täglichen Gewohnheiten hingen. Gleichzeitig wurde ihnen klar, daß sie kaum in den verwüsteten Städten bleiben konnten.

Die Reichen und Mächtigen waren in einer schlechten Lage. Statt irgendeine Art sozialer Struktur aufrecht zu erhalten und sich um eine Umverteilung des Reichtums und der Macht zu bemühen, hatte sich die Unterschicht vom alten Lebensstil komplett abgewendet, ohne die Absicht zurückzukehren. Sie schuf ihr eigenes neues Spiel, das die Mächtigen nicht spielen konnten und auch nicht wollten. Über Nacht hatte die Oberschicht der Venus alles verloren.

In der ganzen venusischen Geschichte hat kein Tag das Gesicht des Planeten so komplett und dramatisch verändert wie dieser. „Der Anfang" brachte die Venus auf den Weg, eine astrale Zivilisation und ein wichtiges Zentrum eures physischen Universums zu werden. Bis dahin hatten Kriege, Revolutionen und Staatsstreiche die Macht nur verlagert. Eine Gruppe von Machtsuchern ersetzte die nächste und ließ den allgemeinen Lebenswandel und das politische und wirtschaftliche System unverändert. Aber nun war alles anders.

Das Bewußtsein der Menschen selbst hatte sich verändert und über einen langen Zeitraum hin gesteigert. Indem das Volk der Venus den materiellen Annehmlichkeiten und dem sicheren, etablierten Weg den Rücken kehrte, bewies es eine Transformation seiner grundlegenden Haltung und seines Verständnisses. Die Gier und die Bindung an die Materie nahmen ab.

Die oberen Klassen wurden allein gelassen. Ohne ergebene Massen und ohne Regierungsorgane waren sie raus aus dem Geschäft. Ohne Fabriken und ohne Dienstleistungen waren die Mächtigen so arm wie alle anderen. Ohne Angestellte und große Märkte scheiterte das Business. Alles veränderte sich drastisch, als die meisten Menschen zur einfacheren Selbstversorgung übergingen und ihr angesammeltes technologisches Wissen und die Produktionsmittel mitnahmen.

Die Städte waren fast völlig verlassen. Obwohl einige Abtrünnige versuchten, ihre eigenen Kolonien zu gründen, waren sie viel zu wenige, und die Kolonien wurden wieder aufgegeben. Die verbleibende Oberklasse einschließlich der besiegten Führer wußte, was zu tun war. Diese Leute entschlossen sich, den Planeten zu verlassen.

Der Plan bestand darin, einen passenderen Planeten zu kolonisieren, und natürlich waren sie froh, daß die Erde ein solch üppiger grüner Ort war, der außerdem nicht allzu weit weg lag. So wurde die Erde der nächstliegende Kandidat, die abreisenden Venusier aufzunehmen. Unter den gegebenen Umständen wurde das Gerede ignoriert, daß die Erde ein unausgeglichener Planet sei. Bald schafften Raumschiffe die ersten der venusischen Aristokraten zur Erde, Menschen, die nicht länger in der umgewandelten venusischen Gesellschaft leben konnten.

Ähnliche Ereignisse veranlaßten früher oder später Menschen auf anderen Planeten, ebenfalls auf die Erde auszuwandern. Einige kamen aus diesem Sonnensystem, andere von außerhalb. So stellen die Menschen auf der Erde heute eine Mischung dar aus den aristokratischen Abtrünningen von der Venus und den friedlichen Bewohnern jener Kolonien, die später hier von der Bruderschaft der Planeten errichtet wurden, wie die atlantische, die lemurische, die aztekische etc. Doch als diese friedlichen und fortschrittlichen Kolonien auf der Erde aufblühten, wurden sie von den alten aristokratischen Gesellschaften angegriffen, die wieder einmal die Herrschaft übernehmen wollten.

Das venusische Volk, dessen Vision von einem besseren Leben es aufs Land führte, erwartete eine schwierige Zeit. In vieler Hinsicht glich es den Pionieren, die Amerika besiedelten und große Not in Kauf nehmen mußten, um die Lebensart zu erreichen, die sie suchten. Was diese Menschen durchmachten, unterschied sich nur wenig von einem normalen Wachstumszyklus, der auch anderen Planeten geläufig ist. Während der eher primitiven Anfänge lebten die Leute sehr einfach auf dem Land, wo sie die nötige Nahrung anbauten und sich um ihre eigenen Bedürfnisse kümmerten. Dann fand eine Art spezialisierter Industrialisierung statt, die das Leben komplexer und wieder negativer machte. Als schließlich die neue Technologie weiter entwickelt worden war, kehrten die Menschen aufs Land zurück, ohne dabei wieder ins Primitive abzugleiten. Die natürlichere Technologie und die natürliche Lebensart führte zu einer fortschrittlicheren, individuelleren technischen Kreativität als die komplexe, künstliche Technologie, die die Erde heute hat.

Durch ihre Revolution entgingen die Venusier einem Leben mit wenig oder gar keiner Freiheit. All ihre Lebenszeit einem Unternehmer zu opfern, war nichts anderes als eine Form von Sklaverei, wie sie feststellten, und es war weder sinnvoll noch erfüllend. Die Wirtschaft war so spezialisiert, daß nur wenige eine Befriedigung aus ihrem Beruf ziehen konnten. Und es gab auch keine große Auswahl bei der Art von Arbeit, die man bekommen konnte. Das lag an den Ausbildungsrichtlinien, die die Gesellschaft aufgestellt hatte. Die meisten aus den ärmeren Schichten genügten entweder den Richtlinien nicht, oder sie erhielten nie eine ihren Fähigkeiten entsprechende Arbeit. Es waren so viele menschengemachte Gesetze geschaffen worden, daß das geistige Gesetz so wenig bekannt war wie heute auf der Erde. Das Leben erschien wie ein Meer von Geboten und Verboten, in dem die Menschen wie Treibholz ziellos hin und her geworfen wurden.

Im neuen Leben kämpfte jede Familie in erster Linie für sich selbst, indem sie eine Parzelle Land bewirtschaftete, gerade groß genug, um ihre eigenen Nahrungsbedürfnisse zu stillen. Zunächst wurde eine Art Tauschhandel praktiziert, weil einige zwangsläufig manche Dinge besser machen konnten als andere. Noch nahm man sich vor, die Spezialisierung auf ein Minimum zu beschränken und für Unabhängigkeit zu kämpfen. Es wurden Schulungen abgehalten, die jedem die grundlegenden Sachkenntnisse vermittelten, so daß nach einer Weile jede Familie in der Lage war, den Großteil ihrer eigenen Bedürfnisse selbst zu decken. Innerhalb eines Jahrzehnts hatten sich unabhängige Dörfer über den ganzen Planeten ausgebreitet.

Genügend Nahrung zu erzeugen war wahrscheinlich die größte Schwierigkeit. Jede Familie war stark damit beschäftigt zu lernen, das Land produktiv ohne Dünger oder chemische Mittel zu kultivieren. Das Getreide wuchs in den ersten Jahren nicht immer so gut, und selbst venusische Technologie konnte Hungersnöte nicht lindern.

Für größere Dorfprojekte schlossen sich die Männer zu Arbeitsgemeinschaften zusammen. Hier gab es Werkzeuge und Anlagen, um kleine Luftfahrzeuge und andere Apparate zu bauen, für die sie ihr Wissen und ihre Kraft vereinen mußten. Fertigungsstraßen und Manufakturen durften nicht mehr entstehen. Selbst die Raumschiffe wurden individuell von einem einzelnen oder von wenigen Leuten konstruiert. Schließlich bauten computerisierte Maschinen ein Raumschiff automatisch. Physische Arbeit wurde in der neuen Lebensweise nicht verachtet, weil die kreative Arbeit jedem einzelnen ein Gefühl der Erfüllung vermittelte. Jede Familie hatte ihr eigenes Haus selbst oder im Rahmen einer Arbeitsgemeinschaft gebaut, in der alles Nötige hergestellt wurde. Auf jeder Ebene des Lebens war das Individuum äußerst wichtig, weit wichtiger als die modernen Annehmlichkeiten, die die Menschen aufgegeben hatten, um der Sklaverei zu entgehen. Niemals wurde eine einzige Handlungsmaxime zur Richtlinie erhoben, weil dies immer zu Konflikten zu führen schien und persönliche Individualität nicht förderte.

Das neue Leben auf der Venus war so anders als das frühere, daß es leicht ein ganzes Buch füllen würde, es ausgiebig zu beschreiben. Als wichtigster Gedanke ist festzuhalten, daß diese neue Lebensart nur das höhere Bewußtsein der Menschen widerspiegelte. Es kann niemandem aufgezwungen werden, der nicht dazu bereit ist.

Niemand besaß Land oder bezahlte Steuern in der neuen venusischen Gemeinschaft. Wenn eine Familie umziehen wollte, ließ sie ihr Haus und ihr Land für eine andere Familie zurück. Es wurde nie wieder eine Zentralregierung errichtet, weil sie nur fruchtbaren Boden für Machtgier und menschengemachte Gesetze geschaffen hätte. Es wurden auch keine Gesetze erlassen, keine Polizeiwachen benötigt oder Geld gedruckt. Zu dieser Zeit gab es auf der Venus keine Form von Währung.

Ich weiß nicht, ob solch eine Lebensform auf der Erde je existiert hat. Vielleicht gelegentlich in Form experimenteller Kommunen oder anderer Ansätze. Ich weiß, daß ein Großteil des Erfolges des neuen Lebens auf der Venus vom Verständnis und den gelebten universellen Gesetzen der Höchsten Gottheit herrührte. Es gab weniger Gier, Zorn, Eitelkeit und Bindung an materielle Dinge als je zuvor. Das Selbstverständnis jedes einzelnen als unsterbliche Seele und das Wissen, viele Male zu leben, trug sehr zu einem ruhigen, ausgeglichenen Leben bei. Das Bewußtsein, daß der Aufenthalt in der physischen Welt nur zeitlich begrenzt ist, ließ es einfach absurd erscheinen, für Besitztümer oder mehr Land zu kämpfen. Statt dessen wurde freudig geteilt, wenn eine Familie fand, sie sei mit mehr materiellen Dingen gesegnet als eine andere. Die persönliche Einstellung zu diesen Dingen hatte sich lange vor jenem Tag des „Anfangs" geändert, doch die tradierten Strukturen und Gesellschaftssysteme hatten die Menschen zurückgehalten.

Das Leben in den venusischen Dörfern nach dem „Anfang" war niemals primitiv, nur einfach und natürlich. Die fortschrittlichsten Technologien existierten bereits und mußten nur verfeinert und angewendet werden, wie der Gebrauch von Sonnen- und Magnetkraft für alle Energiebedürfnisse. Scheibenförmige Flugmaschinen mit all ihren hervorragenden Fähigkeiten wurden für die Erforschung des Alls eingesetzt. Es gab Kommunikationsgeräte, die Daten aus entlegenen Regionen sammelten und sogar fremde Sprachen in unsere planetarische Sprache übersetzten. Der Bergbau wurde durch Werkzeuge perfektioniert, die die Bodenschätze magnetisch an die Oberfläche beförderten. Dies ist nur ein Beispiel für die Technologie, über die alle verfügten. Unser technisches Wachstum kam nicht zum Stillstand, sondern wurde mehr zum Diener als zum Meister.

Die größte Herausforderung wurde die Erforschung des Weltraums, um immer mehr über dieses große Universum zu lernen. Aber Weltraumfahrt war in unserem Fall nicht wenigen Wissenschaftlern und Astronauten vorbehalten. Die Neutralisierung der Schwerkraft durch die venusischen Raumschiffe ermöglichte jedem einzelnen Menschen die Weltraumfahrt. Es entstand eine Kommunikation zwischen den Planeten, und Freundschaften oder Bruderschaften entwickelten sich, um allen zu helfen, die Geheimnisse des Universums zu ergründen. Die Raumfahrt erweiterte auf der physischen Ebene den Horizont unseres Volkes gewaltig. Dies trug in den Jahrhunderten, bevor das Leben des Planeten astral wurde, viel zu unserem Wachstum bei.

Durch Beobachtung der Gesetze der Höchsten Gottheit wurde die geistige Entfaltung größer als je zuvor. Mehr und mehr lernten die Individuen, allein durch Willenskraft Ebenen jenseits der physischen zu besuchen, was im Leben jedes einzelnen einen großen Einschnitt bedeutete. Sie wurden sich mehr und mehr ihrer Identität als Seele bewußt und damit des begrenzten Raumes, den die physische Ebene im Seelenleben einnimmt. Dieser hohe Bewußtseinszustand der Venusier führte zu einer sehr positiven Lebenshaltung, als der Planet in sein jüngstes Eisenzeitalter eintrat. Statt äußerst negativ wurden die Lebensschwingungen so positiv, daß sie den Planeten auf eine andere Ebene hoben. Als dies geschah, wurde die Venus ein ganz besonderer Planet. Unsere Hauptstadt Retz ist noch immer die Hauptstadt unseres neuen Universums.

Die Venusier erwachten nicht plötzlich eines Tages auf der Astralebene. Der Übergang geschah stufenweise und sehr allmählich, und er erstreckte sich über mehrere Jahre. Ich muß euch daran erinnern, daß alles, was ich über die Vergangenheit der Venus sagte, vor Millionen von Jahren stattfand und hier stark zusammengefaßt ist.

Als die Menschen geistig weiter wuchsen, lebten sie immer weniger für die physische Welt und ihr physisches Vergnügen. Die Kommunikation erfolgte immer mehr auf geistigem Wege, und das Bewußtsein der Menschen erreichte mehr und mehr das Niveau der Astralebene. Spirituell und technologisch erlangten die Venusier ein Verständnis, bei dem sie die Kontrolle über Leben und Tod in ihren eigenen Händen fühlten. Als sich ihr Bewußtsein immer mehr den astralen Ebenen anpaßte, empfanden sie nicht mehr dieselbe Bindung an ihren physischen Körper und dessen Dichte. Schließlich beschlossen die meisten Tythanier hinüberzugehen, ihren physischen Körper aufzugeben und ihr Leben auf der astralen Dichteebene fortzusetzen. In diesem Prozeß, bei dem die Zivilisation eine Dimension höher stieg, blieb das Volk der Venus weiterhin das Volk der Venus. Die Rasse erlosch nicht, und die Menschen hatten nach der Transformation die gleiche Form und die gleiche Erscheinung wie vorher. Erinnert euch, daß der Astralkörper ein exaktes Duplikat der physischen Form ist, nur weniger dicht und von dauerhafterer Form.

Die Kultur blieb dieselbe wie zuvor. Die Menschen behielten ihre Gewohnheiten, ihre Sitten, die Denkart, den Kleidungsstil, die Architektur und die Sprache bei. Die Städte und Landschaften waren genauso wie sie sie auf der physischen Ebene zurückgelassen hatten, nur strahlender und schöner. Meine eigene Stadt Teutonia existierte in der astralen Wirklichkeit, wie alles andere auch, als exaktes Gegenstück der physischen. Unsere Freundschaft und unser Kontakt mit den anderen physischen Planeten ging weiter, und unser Interesse an der Erde blieb, von kleinen Veränderungen abgesehen, bestehen. Wir lernten, unsere Verdichtungsstufe zu kontrollieren.

Obwohl es schien, als ob das venusische Volk verschwunden war, nachdem es die physische Ebene verlassen hatte, setzte es sein Leben lediglich freiwillig auf der Astralebene der Venus fort. Auch seine Angehörigen haben karmische Schuld in der physischen Welt und müssen eines Tages die Astralebene für die Wiedergeburt auf der physischen Ebene verlassen, um die offenen Rechnungen zu begleichen.

Der Wechsel in die feinere Dichte ist für die Zivilisation nur vorübergehend, ein Weg, um die letzten Jahre des dichten, negativen Eisenzeitalters in einer positiven Lebensart zu verbringen. Heute kehrt die Venus zurück in ein neues Goldenes Zeitalter, und der physische Planet wird wieder von Menschen kolonisiert, die die Astralebene verlassen.

Viele von denen, die ihre physischen Körper aufgaben und während des großen Umbruchs auf die Astralebene wechselten, leben heute dort, ein Vorteil ihrer langen Lebensspanne. Diese Menschen können nicht mehr zur physischen Ebene zurückkehren, es sei denn, sie sterben auf der astralen und werden in der physischen wiedergeboren. Ihre Kinder und Enkel jedoch, die auf der Astralebene geboren wurden, müssen dort nicht sterben, um in die physische Welt zu gelangen. Sie brauchen nur ihren physischen Körper zu manifestieren. Wenn sie sich einmal in der physischen Welt befinden, können sie nicht mehr in der astralen leben, ehe der physische Körper stirbt, weil sie, wenn er einmal manifestiert wurde, dafür verantwortlich sind, ihn zu erhalten.

In diesem Leben wurde ich auf der astralen Venus geboren und aufgezogen, zu einer Zeit, als die meisten Menschen und das Leben astral waren. Als kleines Kind verringerte ich meine Schwingungen, um meinen physischen Körper zu manifestieren, der natürlich ein Duplikat meines Astralkörpers ist. Mit meinem Onkel und einem Begleiter verließ ich den physischen Planeten Venus, um auf der Erde zu leben. Die Geschichte meiner frühen Jahre auf der Venus beschreibt unsere Astralkultur, und während dieser Jahre lernte ich viel über die Kulturen auf den physischen Planeten.

Wenn ich auf der physischen Venus geboren worden wäre und sie im selben frühen Alter verlassen hätte, hätte ich dieses Buch nicht schreiben können. Wieviele Menschen können sich an ihre früheste Kindheit gut genug erinnern, um darüber in Einzelheiten zu schreiben? Die Geschichte meines Lebens ist aufgrund der lebhaften Erinnerung an diese frühen Jahre ungewöhnlich. Dadurch, daß ich auf der Astralebene geboren wurde und lebte, habe ich ein fast fotografisches Gedächtnis. Die Astralebene entspricht einem höheren Bewußtseinsgrad als dem normalerweise auf physischen Ebenen üblichen, und die Menschen, die dort leben, haben auf jedem Gebiet des Seins größere Macht. So war es für mich keine große Leistung, mich klar an das zu erinnern, was geschah. Tatsächlich kann ich mich sogar gut an meine Zeit im Mutterleib erinnern!

Kapitel 4 – Meine ersten Lebensjahre

Im Mutterleib – Die karmische Verbindung zu meinen Eltern – Geburt – Meine Mutter stirbt – Die erste Umgebung – Meine Tante und mein Onkel nehmen mich auf – Meine neue Heimat und der erste Tag – Spiel – Der Garten – Tempel des Lernens – Tempel der Künste – Onkel Odin – Spirituelles Leben – Eine überraschende Geburtstagsparty

Es gab im Mutterleib zunächst reichlich Platz. Ich war nur ein kleiner Keim, und Dunkelheit und Wärme erfüllten meine Welt. Als Seele war ich selbst die einzige Lichtquelle, und obwohl ich nicht wirklich sehen oder hören konnte, war ich mir der neuen Welt bewußt, die ich betreten hatte. Ich erinnere mich gut an meine ersten Tage und Wochen im Schoß meiner Mutter Shawik-Echo Lei auf der Venus.

Es ist ein wunderbares, friedliches Gefühl, diese Sicherheit, Teil eines anderen Wesens und dennoch gänzlich von ihm getrennt zu sein. Ich wußte, wie sehr ich von meiner geliebten Mutter abhängig war. Sie versorgte mich mit der nötigen Energie, die ich für den Kraftakt der Geburt brauchen würde.

So wissend und doch so hilflos zu sein ist eine seltsame Erfahrung. Als Seele verfügt jeder von uns über grenzenloses Wissen und grenzenlose Fähigkeiten. Aber wenn wir uns einmal unsere Familie und den Körper, in dem wir leben wollen, ausgesucht haben, werden wir erstmal hilflos, sobald wir in ein neues Leben hineingeboren werden. Weil der neue Körper neue Glieder, neue Sinne und ein neues Gehirn hat, die trainiert werden müssen, erfordert es sehr große Aufmerksamkeit und Energie, uns an ihn zu gewöhnen. Während wir lernen, unsere Stimmbänder zur Kommunikation in der Sprache unserer neuen Umgebung zu beherrschen, und lernen, die neuen Sinne und das neue Gehirn zu benutzen, ist unser seelisches Wissen gewöhnlich im Unterbewußtsein verborgen.

In seltenen Fällen sind bei einigen Genies das Unterbewußtsein und das Bewußtsein nicht voneinander getrennt, so dass kleine Kinder machmal das Wissen aus vielen Leben haben. Später im Leben hat jedes Individuum Zugang zu diesem Wissen, aber anfangs ist es verschüttet. Auf der Astralebene war ich dem Seelenbewußtsein einen Schritt näher, so dass mir meine Erinnerung an diese frühen Momente erhalten blieb.

Als sich mein neuer Körper entwickelte, hatte ich viel Zeit, über all die Dinge, die ich wußte, nachzudenken. Als Seele erinnerte ich mich an den Anfang, als ich das erste Mal in die dichteren Welten gesandt wurde, und an die schier unendlich vielen Leben als Mineralien, Pflanzen und Tiere. Dann waren da die fast zahllosen Leben als menschliches Wesen beiderlei Geschlechts, in jeder vorstellbaren Situation und auf vielen verschiedenen Planeten. Zwischen diesen Millionen von Leben auf der physischen Ebene lagen viele andere jenseits des Physischen.

Ich könnte ohne Ende fortfahren zu erzählen, an was ich mich als Seele erinnerte, aber am meisten dachte ich über meine neue Familie nach. Ich hatte sowohl meine Mutter als auch meinen Vater ausgewählt, weil ich früher schon einmal mit ihnen zusammen gewesen war. Und es war mir bestimmt, wieder mit ihnen zusammenzusein, um meine geistigen und seelischen Bedürfnisse zu erfüllen.

Wir drei hatten früher zusammen auf der Venus gelebt, aber nun sollte ich ihr erstes und einziges Kind werden, Omnec Onec. In der Vergangenheit waren meine neue Mutter und ich Schwestern, und die Venus war ein junger Planet, der danach strebte, die

Kriege zu beenden. Krankheiten und Seuchen plagten die Menschen in diesen turbulenten Jahren, und meine neue Mutter war mit einer schrecklichen, unheilbaren Krankheit geschlagen. Um sie am Leben zu erhalten und sie mit meiner eigenen Energie medial zu heilen, nahm ich das Karma ihrer Krankheit auf mich und starb an ihrer Stelle.

Mein Vater in diesem neuen Leben auf der Venus war früher Arzt und mein Geliebter. Er nahm es meiner Mutter übel, dass sie lebte und ich starb. Aus Trauer über meinen Verlust hungerte er sich zu Tode. Meine Schwester – und jetzt meine Mutter in diesem neuen Leben – liebte ihn ebenfalls. Am Ende verlor sie beide Menschen, die ihr so lieb waren.

In diesem Leben auf der Venus liebten sie sich als Mann und Frau. Damit bekam er die Chance, sein damals erlittenes Leid auszugleichen. Auch sie konnte diesmal einen Teil ihres Lebens mit ihm teilen, wonach sie sich in jenem vergangenen Leben so gesehnt hatte.

Nun werde ich ihr geboren. Als Ausgleich dafür, dass ich mein Leben damals für sie hingab, wird sie nun ihr Leben für mich hingeben und bei meiner Geburt sterben. Es ist ihr Schicksal und ihre Wahl, diese alte Schuld aus der Vergangenheit auszugleichen. In diesem Leben wird er die verlieren, über deren Leben er damals grollte, und die haben, die er so liebte und damals verlor. Als gefühlvoller Mann wird er sich nach meiner geliebten Mutter verzehren und sich von mir ab- und seiner Arbeit zuwenden. All diese Dinge wußte ich als Seele.

Ich dachte oft an meine neue Mutter, als ich in ihrem Schoß heranwuchs. Ich fühlte die warme Liebe, die sie für mich hegte, und als ich anfing mich zu bewegen, spürte ich ihre Freude. Auch die warme Liebe meines Vaters strahlte zu mir aus. Ich hörte ihre gedämpften Stimmen und konnte ihre Hände spüren, als ich strampelte und zappelte.

Ich schmolz in der unbeschreiblichen Freude dahin, mit dem Kosmos eins zu sein. Der Rhythmus des Universums durchfloß mich, dieser Lebensstrom von Licht und Klang, der von der Höchsten Gottheit ausströmt, um alles Leben und alle Form zu nähren. Es ist eine besondere Zeit im Mutterleib, weil die Seele frei in die jenseitigen Ebenen reisen kann.

Die Zeit verging, und ich wuchs heran. Täglich konnte ich spüren, wie ich äußerlich mehr und mehr Mensch wurde. Der Raum um mich wurde so eng, dass ich mich kaum bewegen konnte. Es war fast unmöglich, sich auszustrecken. Die Töne von außen klangen gedämpft, aber der Herzschlag und der Atem meiner Mutter waren mir sehr nahe.

Als meine Zeit herauszukommen nahte, empfand ich gemischte Gefühle von Freude und Traurigkeit. Ein Gefühl von Glück überkam mich, gleichzeitig auch Furcht vor der neuen Erfahrung. Aber die Wahl war getroffen und die Zeit gekommen.

Plötzlich überfiel mich Bestürzung, hinaus in die Lichter und Töne zu treten, der Schock, neu, isoliert zu sein und eine Identität zu haben. Fremde, lächelnde Gesichter begrüßten mich, aber ich erkannte und liebte diese neue Familie sofort. Ich war angekommen, weinend, weil ich nicht alles vermitteln konnte, was ich fühlte und wußte, und weil ich so klein und hilflos war. Meine Mutter hielt und stillte mich, ich fühlte mich warm, gewollt und geliebt.

Als ich dort in ihren Armen lag, wußte ich, dass sie nicht lange bei mir sein würde. Ihre Ruhe und ihr liebender Blick sagten so viele Dinge. „Ich liebe dich von Herzen, aber ich muß dich verlassen. Ich werde nicht bei dir sein, um die Freuden und Leiden deines Lebens zu teilen. Die Wahl wurde so getroffen, dass du leben wirst und ich mein Karma ausgleichen kann."

Wie ich mich so warm, gewollt und geliebt fühlte, fiel ich in einen friedlichen, erholsamen Schlaf. Als ich meine Augen wieder öffnete, war ich allein in einem Bett. Verschwommen nahm ich meinen Vater wahr, der in einiger Entfernung auf und ab ging. Er kam mir nicht nahe. Mutter war nirgends zu sehen. Ihre letzten Worte, bevor ich eingeschlafen war, schossen mir durch den

Kopf. „Paß' gut auf mein Baby auf", sagte sie zu meinem Vater. Ich hatte zunächst nicht ganz mitbekommen, dass meine Mutter schon hinübergegangen war, aber als Seele wußte ich dies alles.

Meine Erinnerungen als kleines Baby sind größtenteils verschwommen, dann gibt es kleine Abschnitte, die sehr klar sind. Indem ich diese Stückchen zusammensetze, erhalte ich in meinem Kopf ein Bild von diesen frühen Tagen.

Neben meinem Bett stand eine Fremde, eine Nachbarin, die mich stillen und mich versorgen sollte. Sie war die einzige, die mich in meinem neuen Heim in Teutonia auf der Venus begrüßte.

Im ganzen Raum um mich herum fühlte ich eine bedrückende, disharmonische Atmosphäre. Hoch über mir wölbte sich die kuppelförmige Decke. Im Zentrum befand sich eine Blumenskulptur in Form eines Lotussstraußes, und alle Arten von feinen aber komplizierten Blütenmustern umgaben die Kuppel und dehnten sich aus bis hinunter zu den Wänden meines runden Schlafzimmers. Mein schalenförmiges Bettchen hing an einem goldenen, blumenverzierten Seil von der Decke herunter. In der Nähe befand sich ein offenes Fenster mit Blick auf den süß duftenden Garten. Ein sanfter Luftzug wiegte langsam das Bettchen hin und her.

Ich genoß all diese neuen Eindrücke. Vögel sangen in einem goldenen Käfig in der Nähe meines Bettchens. Eine der letzten Bitten meiner Mutter war es, dass Vögel in meinem Raum leben sollten. Über mir flogen oder hingen automatische Spielzeuge bewegungslos in der Luft und erzeugten herrliche Klänge.

Jeden Tag kam die Amme, um mich zu versorgen. Ich fühlte Pflicht anstelle von Liebe. Ich schätze, sie war so distanziert, weil ich nicht zu ihr gehörte. Als Baby spürte ich diese Kälte, und ich bin sicher, dass alle Babys in der physischen Welt die wahren Gefühle der Mutter wahrnehmen.

Oft konnte ich die Stimme meines Vaters in der Ferne hören, aber nie erhaschte ich einen flüchtigen Blick seines Gesichtes. Ich hatte ihn nur einmal kurz nach meiner Geburt gesehen, doch nach diesem ersten Tag des Schmerzes und Verlustes näherte er sich mir nie mehr. Ich hatte das sichere Gefühl, dass ich die Hauptursache für die Disharmonie war, die ich spürte. Manchmal, wenn ich in den Garten gebracht wurde, konnte ich die Maschinen aus dem Labor meines Vaters hören, aber ich sollte ihn niemals sehen.

Eines sonnigen Morgens legte mich die Amme auf eine weiche Decke in den Garten, so dass ich die Schmetterlinge und Vögel und die wunderschönen Blumen dort genießen konnte. Doch ich war viel mehr an einem vertrauten Klang interessiert – der Stimme meines Vaters.

Er und zwei andere Stimmen besprachen, was mit mir geschehen sollte. Als neugeborenes Baby merkte ich nicht, dass dies meine Tante und mein Onkel waren, aber ich erkannte meinen Namen, der so oft zwischen ihnen fiel. Erst später in meinem Leben erfuhr ich, was passiert war.

Arena, die Schwester meiner Mutter, und ihr Mann Odin besuchten Vater und besprachen, was aus mir werden solle. Vergrämt über den Tod meiner Mutter, hielt mein Vater mich für alles verantwortlich. Er erklärte Arena und Odin, er wolle sich emotional nicht an mich binden und keinerlei Gefühl für mich aufbringen. Es war schwierig genug, dass er meine Mutter verloren hatte, aber wenn er sich an mich binden würde, wäre es die immer gleiche Geschichte.

Mein Vater konnte es nicht ertragen, sein Kind, das seiner verlorenen Liebe so sehr glich, aufwachsen zu sehen. Und weil er sich ihr gefühlsmäßig so stark verbunden fühlte, billigte er die selbstlose Wahl meiner Mutter nicht. Natürlich war das seinerseits sehr egoistisch, und das gab er auch zu. Ich war nur ein Kind, keine Gefährtin, so betrachtete er es.

Er erklärte meiner Tante und meinem Onkel, er habe keine Zeit, sich selbst dem Aufziehen eines Kindes zu widmen, weil ein Kind viel Liebe und Pflege brauche. Er war Wissenschaftler und mußte seine Arbeit tun, für mich zu sorgen, das wäre zuviel.

Wenn ich schon keine Mutter hatte, hielt er es für das beste, wenn sie mich aufnehmen und erziehen würden wie ihr eigenes Kind. Meine Tante und mein Onkel waren natürlich überglücklich, mich zu bekommen, weil sie selbst keine Kinder hatten.

Ich war fest eingeschlafen, als Arena in den Garten kam und mich ins Haus brachte. Verschwommen erinnere ich mich, wie sie mich auf ihren Armen trug und ich sanft in die Decken meines Bettes gehüllt wurde, während sie meine Sachen einpackte.

Als ich meine Augen öffnete, sah ich ein lächelndes Gesicht über mir. Arena beugte sich über mich, und ihr rötlich-goldenes Haar fiel in sanften Wellen über ihre Schultern. Ich fühlte mich wie ihr eigenes Kind, als ich in ihr freundliches, liebevolles Gesicht und ihre grünen, lachenden Augen schaute. Meine Tante war eine sehr schöne Frau, die meiner Mutter sehr ähnelte.

Mit seinem silbrig-blonden, schulterlangen Haar und seinen fast türkis funkelnden Augen war mein Onkel Odin ein sehr gutaussehender Mann. Er war groß und stattlich, mit einer wunderbar fröhlichen Ausstrahlung, männlicher, aber Arena sehr ähnlich.

Arena hob mich immer so liebevoll hoch und drückte mich fest an sich. Seit meine Mutter mich am ersten Tag gestillt hatte, empfand ich zum ersten Mal ein Gefühl von Wärme und Liebe. Ich vermißte sie jetzt und wußte, dass sie gegangen war, doch ich verstand all die Veränderungen nicht, die da vor sich gingen.

All meine Spielsachen und Kleider, sogar mein Bettchen wurden eingepackt. Ich nahm wahr, dass ich das Haus und meinen Vater verließ, den ich so sehr liebte. Ich erinnere mich, wie ich aus der Haustür hinausgetragen wurde und zum letzten Mal meine familiäre Umgebung sah. Als ich beim Luftfahrzeug meiner Tante und meines Onkels ankam, hörte ich meinen Vater aus der Ferne Aufwiedersehen sagen. Meine Amme gab mir einen Abschiedskuß auf die Wange, und das war alles.

Zu dritt stiegen wir in das Gefährt und hoben ab. Normalerweise werden auf der Astralebene keine Fahrzeuge benötigt. Wir reisen dort durch Gedankenkraft, indem wir unsere Aufmerksamkeit auf den Zielort richten und dort erscheinen. Aber wenn mehrere Leute zusammen reisen, geht manchmal einer verloren, weil er am falschen Ort oder zum falschen Zeitpunkt dort ankommt. Darum reisen Gruppen lieber zusammen in einem Fahrzeug und kommen gemeinsam am selben Ort und zur selben Zeit an. Es ist außerdem eine schönere Erfahrung, zusammen die Landschaft zu genießen, als einfach allein irgendwo zu erscheinen.

Unser Luftfahrzeug war ein erstaunlich einfaches Raumfahrzeug, das wie eine durchsichtige Glasblase mit Sitzen aussah. Weil mein Onkel das Fahrzeug durch Gedankenkraft antreiben und lenken konnte, gab es keine Maschinen oder Steuerungen, bloß eine einfache, glänzende Kugel.

Als sich unser Fahrzeug über die bunten Bäume erhob, erhaschte ich den letzten Blick vom Grundstück meines Vaters. Im Zentrum unseres Hauses gab es eine elegante, weiße, leicht erhöhte Kuppel, unter der ich in jenen ersten Wochen meines Lebens geschlafen und gespielt hatte. Mit den beiden Seitenflügeln rechts und links erinnert es mich heute an das Weiße Haus in Amerika, obwohl der Baustil unserer Kuppel etwas mehr türkisch angehaucht war. Das große Grundstück hatte eine Menge prächtiger bunter Bäume und Blumen, die hervorragend arrangiert waren. Zur linken Seite befand sich das Labor, in dem mein Vater arbeitete. Es sah aus wie eine in allen Regenbogenfarben schillernde Glasblase mitten zwischen den Büschen und Bäumen des Gartens.

Ich verliebte mich sofort in das Haus meiner Tante und meines Onkels, als ich es erblickte. Es sah genauso aus wie ein aufgehender Mond am Horizont oder wie ein Kreis, der vom Boden aufsteigt. Es hätte nicht einfacher entworfen sein können – eine flache, milchig blauweiße Kuppel, umgeben von kunstvollen Gärten mit exotischen Bäumen, farbenprächtigen Blumen, Statuen und Springbrunnen.

Am Ende eines steinernen Fußpfades lag der Haupteingang, ein zierlicher Bogen, auf jeder Seite mit zwei kleineren Bögen verbunden. Diese kleineren Eingänge führten direkt zu den Schlafzimmern. In der Eingangshalle standen, nach links und rechts geschwungen, schulterhohe, weiße, schmiedeeiserne Gitter, mit Efeu und violetten und weißen Blumen bewachsen. Sie teilten den Schlafbereich vom Wohnzimmer ab. Die Gitter selbst waren kunstvoll in Blätter- und Blumenmustern geschmiedet.

Im Zentrum des Raumes befand sich eine runde Feuerstelle, die in den purpur-blau-weißen, feinen Marmorfußboden eingelassen war. Wie ich später lernte, wechselte die Farbe der umstehenden, geschwungenen Sofas von Tag zu Tag, je nach Stimmung und Vorliebe meiner Tante. In anderen Teilen des Raumes standen glänzend gefärbte Sofas aus Pelzen oder anderen weichen Materialien.

Der musikalische Wasserfall und Fischteich unseres Wintergartens befand sich am hinteren Ende des Raumes. Dort standen exotische Bäume, die den Fischen Schatten spendeten, und niedliche kleine Vögel hüpften lieblich singend durch die Zweige. Unser Haus sah aus, als ob die Natur selbst hereingeholt worden wäre. Überall konnte man Pflanzen, Blumen und Vögel sehen, um die sich meine Tante Arena kümmerte.

Im Erdgeschoß lagen nur das Wohnzimmer und die beiden Schlafzimmer zu jeder Seite. Darüber konnte man den runden Marmorfußboden des Eßzimmers sehen. Links von unserem Wintergarten führte eine marmorierte Jadetreppe zu einer Empore, die um die ganze Innenseite des Hauses herumlief. Nach oben, zur zweiten Etage hin, war gerade so viel Platz, dass ein Mann aufrecht darunter stehen konnte. In bestimmten Abständen überspannten das Ganze kleine orientalische Brücken aus dunkelrotem Holz.

Die Etage wurde von einer hüfthohen Wand aus demselben dunkelrot glänzenden Holz gesäumt, dekoriert mit Pflanzen, Figurinen und geschmackvoller Keramik. Ein Tisch mit fünf Sitzgelegenheiten aus geschnitztem und mit Intarsien versehenem Holz vervollständigte die Einrichtung. Meine Tante liebte Einfachheit und Eleganz.

Unsere kuppelförmige Decke, die unten in den geschwungenen Wänden mündete, bot einen sensationellen Anblick. Von innen sahen die Wände und die Decke aus wie durchsichtiges Glas, sie boten einen immerwährenden Ausblick auf unsere Gärten, die farbigen Wolken und die nahen Berge. Direkt über dem Tisch mit den Stühlen war im Zentrum unserer Kuppeldecke ein rechteckiges Mosaik aus buntem Fensterglas eingelassen. Wenn man hinunterschaute, bestand die zweite Etage ebenfalls aus durchsichtigem Glas, doch vom Wohnzimmer unterhalb war nur eine Decke aus purpur-blau-weißem Marmor zu sehen.

Jedes Möbelstück unseres Hauses war ein Schmuckstück, exquisit und einzigartig, von den Kunstwerken selbst ganz zu schweigen. Der ganze Ort bot ein Fest für die Sinne, mit so viel Schönheit und Harmonie, dass Worte nicht ausreichen, es zu beschreiben.

Die Gespräche, die meine Tante und mein Onkel an diesem ersten Tag über mich führten, zeugten von tiefem Mitgefühl. Sie konnten die Gefühle meines Vaters nicht verstehen, aber sie erkannten an, dass er ein unabhängiges Individuum war und dass sie keine Vorstellung davon hatten, wie er fühlte, es sei denn, sie machten dieselbe Erfahrung durch. Sie akzeptierten seine Entscheidung, und sie freuten sich herzlich darüber, ein Kind aufziehen zu dürfen.

Die Tatsache, dass ich zu Arenas Schwester gehörte, machte einen großen Unterschied aus, und obwohl meine Tante und mein Onkel sehr glücklich waren, mich zu haben, waren sie auch traurig, dass ich sowohl meinen Vater als auch meine Mutter verloren hatte. Zur selben Zeit wußten sie sehr wohl, dass dies alles eine karmische Angelegenheit war und dass sie ihr Allerbestes geben würden, für mich zu sorgen und mir ein gutes Leben zu bieten.

Mein neues Schlafzimmer befand sich in der Nähe des Wasserfalls, und mein schalenförmiges Bettchen hing von der Rauchglasdecke an einer goldenen Kette herunter. Es bestand aus einer Art rosa Weidengeflecht, und eine Kette von blauen und gelben Blumen mit grünen Blättern umrankte alles von oben bis unten. Tante Arena hatte für mich eine neue Decke zurecht gemacht, die sich wie Daunen anfühlte und weich wie eine Wolke war. Sie war überall mit kleinen Tierchen und Blumen bestickt, die die Farbe wechselten. Bevor sie mich hinlegte, gab sie mir einen köstlichen Fruchtsaft, und ich erinnere mich, wie ich bei himmlischen Melodien, die sie für mich auf ihrer goldenen Harfe spielte, in einen friedlichen Schlaf fiel.

Normalerweise ist es hier wirklich nicht nötig, Kinder zu stillen oder zu füttern, obwohl es ihnen Spaß macht und ihnen ein Gefühl von Geborgenheit vermittelt. Die Menschen auf der Astralebene absorbieren alle lebensnötige Energie direkt aus dem Äther, normalerweise während der Ruhephase. Das funktioniert, weil der Astralleib aus einer viel leichteren Energieschwingung besteht als der physische. Dennoch nehmen wir bei besonderen Gelegenheiten ausgiebige Mahlzeiten zu uns. Als Volk haben wir unsere Vorlieben von der physischen Ebene mitgebracht, einschließlich des geschmacklichen Genusses an gutem Essen.

Die meisten venusischen Kinder sind in den ersten fünf Jahren neben einer Menge Spaß und Spielen damit beschäftigt, die Grundlagen des Lebens zu lernen. (Mit fünf Jahren meine ich die Zeitmenge, die ein venusisches Kind braucht, um wie ein fünfjähriges Erdenkind auszusehen. Wenn ich von Alter oder von Jahren rede, müßt ihr berücksichtigen, dass ich nur versuche, euch eine Vorstellung zu vermitteln – sie entspricht nicht den irdischen Zeitkonzepten der Physik und Mathematik.) Es ist die Pflicht der Eltern, diese Grundlagen zu Hause zu vermitteln, ehe das Kind beginnt, die Tempel des Lernens zu besuchen. Tante Arena widmete einen Teil jedes Tages dafür, mich über unsere Kultur und die Gesetze der Höchsten Gottheit zu unterrichten. In sehr frühem Alter lernte ich unser Alphabet und unsere Sprache, das Zahlensystem und auch einfache Fertigkeiten.

Zunächst spielte ich wie die meisten Kinder mit Lernspielen. Ich hatte Spaß am Zeichnen, daran, aus Papier Dinge auszuschneiden und mit Buchstaben zu spielen. Meine Tante half mir beim Zählen und dabei aus den verschiedenen Buchstaben Wörter zusammenzusetzen. Auf diese Weise lernte ich sehr schnell.

Meine Spielsachen beinhalteten alle grundlegenden geometrischen Formen aus vielen verschiedenen Materialien und Farben, ebenso viele verschiedene Formen von Bauklötzen, aus denen ich kleine Städte bauen konnte. Die Klötze bestanden aus einer Vielzahl schöner Hölzer, Metalle und Kristalle. Onkel Odin unterrichtete mich oft und brachte viele interessante Dinge wie Magnete oder Lernspielzeuge mit nach Hause, an denen ich Griffe bewegen, Knöpfe drücken und Kurbeln drehen konnte und die alle Arten von Geräuschen erzeugten und viele Dinge in Bewegung setzten.

Als ich das Alter von zwei bis drei Jahren erreichte, widmete ich mich mehr kreativen Beschäftigungen und Fertigkeiten. Meine Tante zeichnete Bilder, die ich ausmalen konnte. Doch bald malte ich selbst und fertigte Holzschnitzereien mit Werkzeugen an, die mich nicht verletzen konnten. Ich spielte auch gerne mit zwei Puppen, die die positiven und negativen Kräfte in unserer Welt darstellten.

Sehr früh begann ich, sowohl Harfe als auch ein klavierähnliches Instrument zu spielen, und seitdem ist Musik immer ein lebendiger Teil meines Lebens geblieben. Weil ich mehr als alles andere das Tanzen liebte, freute ich mich immer, wenn meine Tante während ihrer Unterrichtsstunden Musik spielte. Dann konnte ich all die neuen Bewegungen üben, die ich im Kopf hatte. Es war nicht zu übersehen, dass Tanzen meine Lieblingsbeschäftigung war. Ich konnte stundenlang vor unseren Musikgemälden sitzen oder zu selbstkomponierter Musik tanzen.

Unsere Musikanlage sah aus wie ein Lautsprecher, der in die Decke des Wohnzimmers eingelassen war, aber sie war alles andere als ein gewöhnliches Gerät. Indem man an eine bestimmte

Symphonie oder ein bestimmtes Musikstück dachte, begann sie zu spielen und badete das ganze Haus in Klang. Sie war komplett gedankenkontrolliert und durch den Geist gesteuert.

Der Garten, der unser Haus in einem gigantischen Kreis umzog, war eine meiner Lieblingswelten. An einer Stelle hatten meine Tante und mein Onkel Bäume, Sträucher und Blumen von vielen Teilen der Venus und unserer Nachbarplaneten versammelt. Sie besaßen alle Formen, Größen und Farben. Die Vielfalt des Lebendigen war absolut wunderbar.

Einen bestimmten Baum mochte ich besonders. Er sah aus wie ein orientalischer Fächer, der aus einer Wurzel vier Stämme trieb. Die Stämme waren abwechselnd leuchtend grün und leuchtend blau, und die Blätter waren im natürlichen Zustand leuchtend gelb. Zusammen mit dem blühenden Wein, der von den Zweigen herunterhing, sah die ganze Pflanze aus wie ein riesiger Fächer. Ich spielte fast jeden Tag darunter. Ich liebte sie sehr, und manchmal kletterte ich hinein und tat so, als wäre ich ein Vogel.

Merkwürdig anzusehende Bäume gehörten zum allgemeinen Anblick in unserem Garten. Einige von ihnen sahen wie große Blumen aus, andere hatten Stämme, Zweige und Blätter, alle in derselben Farbe, wie Gelb, Blau oder Rot. Manche Blumen sahen genauso seltsam aus wie die Bäume, die Federn ähnelten, und sie verströmten köstliche Düfte, während sie sich im Wind wiegten. Sonnenblumen, Rosen, Tulpen und viele andere den Erdenmenschen vertraute Pflanzenarten wuchsen ebenfalls in unserem Garten.

Ich verbrachte viel Zeit draußen bei den Vögeln und Tieren, fütterte sie und versorgte sie gut. Ich fand immer neue Vögel und Insekten als Haustiere. Sie wuchsen, um mich zu lieben, und ich wuchs, um sie zu lieben.

Früchte und Gemüsearten wuchsen frei zwischen den Sträuchern, Blumen und Bäumen. Dies ist ein Überbleibsel aus der physischen Ära, als jede Familie ihre eigene Nahrung anbaute. Meine Lieblingsfrucht, die ich, soweit ich mich erinnere, die ganze Zeit aß, war die köstliche Yunya. Sie schmeckte wie eine Mischung aus Birne und Kirsche, nur viel fruchtiger.

Ich liebte es, nahe dem gurgelnden und plätschernden Wasser aus dem Springbrunnen in unserem Hinterhof zu sitzen, der Tag und Nacht von innen hell erleuchtet war. Er sah aus wie vier leuchtende Pilze übereinander, jeder mit gewellten Rändern und der obere kleiner als der untere. Klares Wasser schoß ganz oben aus einer lotusstraußförmigen Skulptur heraus, wurde auf der nächsten Stufe gelb, auf der nächsten purpurn. Auf der untersten Ebene wurde es leuchtend orange. Herrlich!

Über einer freien Rasenfläche war die besondere Schaukel, die mein Onkel mir gemacht hatte. Sie hing nicht von irgend etwas herunter. Immer wenn der Wind blies, schwang diese schwebende Schaukel sanft vor und zurück. In gewisser Weise erschien sie wie eine Hängematte mit ihrer schönen, weißen Spitze. Meine Freunde und ich vergnügten uns viele Spielstunden lang mit diesem besonderen Geschenk meines Onkels Odin.

Meine erste Freundin war ein Mädchen namens Zemura, die etwa denselben Bewußtseinsgrad hatte wie ich. Jeden Tag brachten ihre Eltern sie zum Spielen vorbei. Wichtiger als das Alter ist auf der Venus der Bewußtseinsgrad, der nur gefühlt, aber nicht gesehen werden kann. Spielgefährten oder Freunde verbringen ihre Zeit zusammen und genießen ihre gegenseitige Begleitung, wenn sie dieselben inneren Qualitäten teilen.

Die Spiele, die wir zusammen spielten, glichen denen, die die meisten Kinder spielen, waren jedoch kunstvoller. Im Garten konnten wir ganze Miniaturstädte manifestieren, komplett mit kleinen Menschen und Fahrzeugen. Durch unsere Gedanken konnten wir sie sich bewegen, sich unterhalten und sogar sich selbst anziehen lassen. Die Gebäude, die wir errichteten, waren so detailliert ausgearbeitet, dass die ganze Stadt ein Duplikat irgendeiner wirklichen Stadt auf der Venus oder auf den anderen Planeten darstellte. Nichts wurde vergessen. Es gab dort Gärten, Flüsse, Boote und Brücken, Tiere und alles, was eine wirkliche Stadt haben kann.

Weil wir auf der Astralebene lebten, konnten Zemura und ich uns leicht unsichtbar machen, unsere Körperform in Blumen oder Bäume verwandeln oder Verstecken spielen. Wir machten uns ganz klein und spielten, Elfen zu sein, erfanden Geschichten über unser kleines Volk. Die neuen Erfahrungen, die im Leben vor uns lagen, waren fast unbegrenzt. Ich erinnere mich, wie ich einen riesigen Schmetterling erschuf, auf seinen Rücken kletterte und über die ganze Nachbarschaft flog, nur um zu sehen, wie das ist.

Als wir älter wurden, hatten meine Freundinnen und ich immer mehr Interesse daran, unsere Eltern nachzuahmen. Wir spielten Familie, putzten uns heraus, gaben Parties, bei denen alle tanzten und sangen, wie es bei unseren Eltern war. Weil jede von uns in irgendeiner Weise kreativ und talentiert war, nahmen wir alle an der Vorstellung teil.

Immer wenn wir spielten, versuchten wir etwas Neues zu lernen oder unsere Talente zu entwickeln. In unseren Rollenspielen dachte sich eine von uns eine Idee aus, und eine andere führte sie aus, tanzte oder rezitierte ein Gedicht, das die Idee auszudrückte. Als mein Onkel Bücher über die Geschichte verschiedener Planeten mitbrachte, verkleideten wir uns mit vielerlei Kostümen und Haartrachten, um jene Zeitalter vorzuführen. Die Kleider, die wir schufen, waren Nachbildungen wirklicher historischer Vorbilder.

Unsere geistige Macht über die Materie macht Spiele wie diese sehr wohl möglich. Materie existiert auf der Astralebene in einer solch hohen Schwingung, dass unsere Gedanken sie bewegen, verändern oder direkt aus der Energie manifestieren können. Immer wenn wir Familie spielten, manifestierten wir ein richtiges Haus und putzten uns mit Kleidern heraus, die wir genauso schufen, wie wir sie in unserer Vorstellung visualisiert hatten.

Kindern wird diese schöpferische Fähigkeit gewöhnlich genauso beigebracht, wie den Kindern auf den physischen Ebenen das Gehen, das Lesen und das Schreiben. Ich war noch sehr klein, vielleicht zwei oder drei Jahre alt, als meine Tante anfing, mir die

Disziplin des Schaffens beizubringen. Ich sollte mir im Geiste ein exaktes Bild vorstellen, mit allen korrekten Dimensionen, Farben und Texturen, und ich sollte mich beschränken, nicht zu viele Dinge zu manifestieren.

Ich kann nicht sagen, dass wir auf der Astralebene Dinge aus dem Nichts schaffen. Wir gebrauchen unsere Gedanken, um freie Energie in was auch immer wir uns wünschen zu verwandeln, und es erscheint nur wie Magie, weil die Dinge, die wir manifestieren, wie aus dem Nichts heraus auftauchen. Dieselbe Macht der Gedanken über die Materie gibt es auch in der physischen Welt, aber dort erscheint sie nicht als magisch, weil sie einen viel langsameren Schöpfungsprozeß darstellt und rohe Materialien und Arbeitsaufwand erfordert.

Mir wurden diese vielen großen Verantwortlichkeiten beigebracht, die mit Kräften wie diesen einhergehen. Weil all meine Handlungen gutes oder schlechtes Karma erzeugen, wenn sie nicht im Namen der Höchsten Gottheit getan werden, paßte ich auf, dass meine Schöpfungen nicht in das Leben irgendeines anderen eingriffen.

Auf meinem Hängebett zu liegen und dem Wasserfall im Wintergarten zuzuhören war eine meiner Lieblingserfahrungen. Er erzeugte einen hypnotisierenden, melodischen Klang, als ob Wasser über eine Harfe rinnen würde. Ich wurde nie müde, den immer wechselnden Melodien zuzuhören oder in den immer vorhandenen Regenbogen im Nebel zu starren, den der Wasserfall produzierte.

Durch die durchsichtigen Wände meines Zimmers hindurch konnte ich in der Ferne die purpurroten Kumli-Berge und unseren üppigen, farbenprächtigen Garten sehen. Dies war für mich mehr als ein einfaches Schlafzimmer. Es war meine eigene Welt, in der ich allein sein und meinen Gedanken und Gefühlen nachhängen konnte. Viele der Möbel hatte ich selbst entworfen und manifestiert, als ich ungefähr fünf Jahre alt war. Den purpur-blau-weißen Marmorfußboden meines Zimmers bedeckte ein Teppich, der aussah und sich anfühlte wie Gras und mit kleinen gelben und blauen Blumen verziert war. Als ein besonderes Geschenk hatte mir mein Onkel Odin einen kleinen Naturholztisch in der Form eines Baumes geschnitzt. Kunstvoll geschnitzte und handbemalte grüne Blätter umrahmten die runde Oberfläche, und der stabile Fuß war in Form eines Baumstammes ausgearbeitet.

Jedes unserer Schlafzimmer hatte seine eigene Badewanne, und natürlich wurde mir erlaubt, meine eigene zu entwerfen. Es war eine runde, eingelassene und mit Muscheln verzierte Wanne. Im Zentrum des Bodens befand sich ein Seestern. Die Wasserhähne hatten die Form goldener Fische, die Wasser spieen. Eine sternförmige Düse an der Decke diente zum Duschen.

Das Tollste von allem war der lebendige Baum, der in einer Ecke meines Zimmers wuchs. Als er noch im Garten stand, liebte ich ihn so sehr, dass ich ihn hereinholte, und er wuchs hier sehr gut. So wie unser Volk nicht essen muß, brauchen die Bäume nicht in der Erde zu wurzeln, weil sie ebenfalls die notwendige Energie direkt absorbieren. Er sah fast aus wie eine gewundene Eiche mit dunklen grünen Blättern und purpurfarbenen Blüten, die himmlisch dufteten. Ich genoß viele Stunden auf der kleinen weißen Schaukel, die von den Zweigen herunterhing. Bäume sind für die Venusier ein Symbol des Lebens, weil dort, wo ein Baum wächst, auch ein Mensch leben kann.

Lernen hat immer einen unschätzbaren Teil meines Lebens ausgemacht. In der venusischen Gesellschaft ist das etwas, das unabhängig vom Alter jeden Moment eines Tages im Leben jedes einzelnen stattfindet. Wir haben keine Schulsysteme wie die auf der Erde, die mehr den Fließbändern einer Fabrik gleichen, die fertige Produkte ausstoßen. Lernen, wie wir es kennen, ist eine endlose Erfahrung im Wachstum eines Individuums als Seele. Venusische Kinder empfinden Ausbildung als Freude und Befriedigung statt als beschwerliche Arbeit. Weil wir hier auf der Astralebene von der Bürde befreit sind, unseren Lebensunterhalt zu verdienen, dreht sich unser Leben um Kreativität und Phantasie in den Künsten und Wissenschaften, und unser Ausbildungssystem spiegelt unsere Lebensart wider.

Für die Menschen in unserer Gegend ist Zentralteutonia ein Kulturzentrum und kein kommerzielles Zentrum. Kommerz hat im Astralleben keinen Platz. Ein Großteil der Stadt ist den Tempeln des Lernens geweiht, sie sind der Förderung der Künste und Wissenschaften gewidmet. Jedes Gebäude stellt selbst ein Kunstwerk dar. In jedem Tempel werden sowohl Kinder als auch Erwachsene von Meistern auf ihrem selbstgewählten Gebiet geleitet. Fortgeschrittene Studenten sind immer eingeladen, an der Führung der neueren Studenten mitzuwirken.

Jedes Kind kann frei entscheiden, wann es sein Studium in den Tempeln beginnen will. Allein das Kind hat das Recht, diese Entscheidung zu treffen und durchzusetzen, die Eltern dürfen sich nicht einmischen. Dem Kind obliegt die freie Entscheidung über die Auswahl der Themen und den Zeitpunkt des Lernens; es gibt keine Lehrpläne, Abschlußprüfungen oder die Verleihung akademischer Grade. Das Lernen in den Tempeln ist eine persönliche Angelegenheit.

Von allen Tempeln des Lernens war mir der Tempel der Künste am liebsten. Ich war fast fünf Jahre alt, als ich dort zu studieren begann. Man konnte mich beinahe jederzeit in der Etage antreffen, die der Tanzkunst gewidmet war. Tanzen ist seit einer meiner wichtigsten Inkarnationen als Hoftänzerin im Palast des Moses im alten Ägypten immer ein Teil meines Lebens gewesen. Ich besuchte natürlich viele verschiedene Tempel, doch keinen liebte ich so sehr wie diesen großen kuppelförmigen Tempel der Künste mit seinen Marmorsäulen und Marmorstufen ringsherum.

Jeder Morgen begann damit, dass ich mich aus meiner Ruhephase erhob, ehe ich in die Stadt ging. Schlafen oder Ruhen ist auf der Astralebene mehr oder weniger ein Ausruhen des Geistes, weil es keinen physischen Körper gibt, der müde wird. Wir konzentrieren nur unsere Aufmerksamkeit auf eine Sache, ein Wort, einen Gedanken oder ein Objekt, bis der bewußte Geist leer wird. Beim Aufwachen mußte ich immer zuerst entscheiden, welche Art von Person ich heute sein wollte. Wir versuchen, jeden Tag anders zu sein, weil es beschränkt und langweilig wäre, die ganze Zeit dieselbe Persönlichkeit zu haben.

An einigen Tagen liebte ich es, ein sehr quirliger, glücklicher Mensch zu sein, an anderen Tagen zog ich es vor, ruhig und zurückgezogen zu sein. Manchmal entschied ich mich, eine Prinzessin von königlicher Herkunft zu sein, und jeder sah mich so an, weil dies nicht nur ein Spiel war. Alle Menschen auf der Venus versuchen, ihre Persönlichkeit täglich zu wechseln, um das Leben interessanter zu machen und sich durch solche Erfahrungen nicht selbst zu beschränken. Jeden Tag wählte ich ein Kleid, das zu meiner neuen Identität paßte, ich mochte immer sehr weibliche, leichte und weiche Kleider. Nur meine Vorstellung beschränkte mich in den Designs, Materialien und Stilen. Ich konnte die Sonne tragen, ein Kleid, das wie Sonnenschein aussah, oder ein Kleid, das wie Sternenlicht oder wie das Wasser eines Baches aussah, das über wundervolle Steine fließt. Es ging nur darum, das zu manifestieren, was ich im Kopf hatte.

Selten aß ich, bevor ich zu den Tempeln der Künste aufbrach. Gewöhnlich manifestierte ich mich direkt vor den Marmorstufen, obwohl ich an manchen Morgen, wenn ich in der Stimmung für eine Veränderung war, lieber durch den Ort spazierte, über die Talbrücke in die Stadt ging und unterwegs die Aussicht und die Geräusche genoß.

Im Inneren des Tempels gab es mehrere Stockwerke, jedes für eine der vielen Künste, so dass die Schwingungen jeder Etage einem bestimmten Thema entsprachen. Auf jeder Ebene gab es eine große runde Halle, die mehreren Hundert Menschen Platz bot. Das war die Hauptlernzone, während man in den kleinen Studienräume um die Halle herum allein arbeiten oder nachdenken konnte.

Im Parterre konnten wir Grundlagenkunst oder das Manifestieren von Gefühlen, Ideen und Bildern auf Papier lernen. Das bedeutet nicht, dass wir dort nur sitzen und lernen, eine Skizze durch Gedankenkraft zu manifestieren. Im Tempel der Künste lernen wir genauso wie andere auf der physischen Ebene, mit unseren Händen kreativ zu sein und andere künstlerische Fähigkeiten zu erwerben. Im nächsten Stockwerk befand sich die Haupthalle, in der wir mit verschiedenen Werkzeugen und Materialien malen lernen konnten. Es gab auch ganze Etagen, die der Bildhauerei, der Kollagentechnik, dem Papierschneiden und -falten, der Holzschnitzerei und allen sonstigen Arten von Kunst gewidmet waren. Weiter oben lag die Tanzetage.

Jeder Tempel war entsprechend der Kunst oder Wissenschaft gestaltet, die in den verschiedenen Räumen und Etagen gepflegt wurde, um die passenden Schwingungen hineinzubringen.

Nach der Schule spielte ich mit meinen guten Freunden, wie die Kinder auf der Erde es auch tun, aber ohne Diskussionen und Streitereien. Eine unserer vornehmlichen Lieblingsbeschäftigungen bestand darin, lange Ketten aus farbigen und duftenden Blumen zu flechten und dann damit durch die Nachbarschaft zu ziehen und sie an Bäume und Häuser zu hängen. Unseren Nachbarn gefiel das genauso wie uns. In ein paar Tagen würden die Girlanden verschwinden, und wir konnten von neuem beginnen.

Besonders beliebt bei den Kindern waren Straßenumzüge, und natürlich warteten wir nicht auf eine besondere Gelegenheit, sie zu veranstalten. Jeder Tag erschien uns Kindern irgendwie als eine besondere Gelegenheit. Wir alle verkleideten uns dann mit fremdartigen Kostümen und brachten für einen großartigen Marsch durch die Nachbarschaft unsere Lieblingsmusikinstrumente mit, mit denen wir eine Menge harmonischen Lärm machten. Nachher ließen wir uns mit größtem Vergnügen ins Gras fallen und kullerten über die Wiesen.

Die meisten Kinder standen sehr im Einklang mit dem, was auf der physischen Ebene geschah. Wir liebten es, in möglichen historischen Scheinwelten zu spielen, die wir durch Willenskraft in allen Details erschaffen konnten.

Zu Hause entwickelte ich meinen Gesang, mein Tanzen und das Harfespielen weiter. Mit dem Tanzen ist es so wie mit jeder anderen Kunst – je mehr man sich in sie vertieft, desto mehr merkt man, wie viel man noch zu lernen hat. Es ist aber auch eine einzigartige Kunstform, weil Tanzen geistige Erfahrungen auf eine Weise ausdrücken kann, wie das in keiner anderen Kunst möglich ist. Und weil venusisches Tanzen keinen strengen Schritten und Regeln folgt, sondern eher interpretiert, gab es eine endlose Vielfalt von Kombinationen und Bewegungen, die ich meistern konnte.

Die Kunst, Kleider zu entwerfen, habe ich immer als eine der größten Herausforderungen empfunden. Die vollendete Arbeit kann jeden Moment des Tages genossen werden. Ich war sehr daran interessiert, Kleider zu entwerfen, die nicht aufgesetzt, sondern eher ausgleichend auf eine Person wirken. Derselbe Schnitt paßt nicht zu jedem, was mich inspirierte, mit verschiedenen Stilarten und Entwürfen zu experimentieren, um zu sehen, wie sie verschiedenen Leuten stehen würden.

In unserem Bewußtsein ist eine Haltung von Selbstlosigkeit anstelle von Selbstsüchtigkeit verankert, was natürlich jedes Gebiet unseres Lebens beeinflußt. In der Erziehung zeigt sich dies darin, dass einem Kind, das ein Kunstwerk oder eine Fertigkeit meistert, erlaubt wird, andere Kinder anzuleiten, die Anfänger sind. Ich hatte viele meiner Freunde im Tanzen angeleitet, während ich umgekehrt mein Harfespiel durch die Hilfe eines Freundes verbesserte.

Einmal in der Woche besuchte ich zusammen mit meiner Tante das Ideenseminar. Als eine Form kreativer Tätigkeit und gleichzeitig als Hilfe für Menschen in den begrenzteren physischen Ebenen gedacht, trafen sich die Frauen aus unserer Nachbarschaft jede Woche, um kreative Problemlösungen zu erarbeiten. Die Projekte bildeten jedesmal eine Herausforderung, die zum Beispiel darin bestand, eine neue Kleidermode für eine ganze Ära auf einem physischen Planeten zu entwerfen. Jede Frau mußte dabei alle Lebensfaktoren wie Klima, Tragbarkeit, moralische Werte und vieles andere berücksichtigen. Dann wurden die verschiedenen Ideen und Lösungen der nächsthöheren Klasse vorgestellt, und die besten oder Kombinationen daraus wurden zum Astralmuseum geschickt, wo alle neuen Erfindungen für den zukünftigen Gebrauch auf der physischen Ebene aufbewahrt werden. Die Erfinder der Erde und auch anderer physischer Ebenen besuchen das Museum entweder bewußt oder im Traum, wobei sie außerhalb ihres Körpers Lösungen für ihre Probleme erhalten.

Mein Onkel Odin hatte sein ganzes Leben der Wissenschaft geweiht. Dies war seine Liebe und sein Beitrag für die Menschheit, um das Leben für alle auf den schwierigeren physischen Ebenen einfacher zu machen. Es gibt viele wie ihn überall auf den Astralebenen, die helfen, die geistige Entfaltung in der physischen Welt zu fördern. Die Wahrheit ist, dass alle Erfindungen in eurem physischen Universum aus den großen Astralmuseen stammen. Die eigentliche Erfindung wird zunächst von Wissenschaftlern wie meinem Onkel gemacht, die auf der Astralebene leben und die Idee „von oben" herunterholen und sie auf ihrer Ebene vervollkommnen, von der sie dann vielleicht für die physische übernommen wird. Jede Veränderung des Dichtegrades erfordert Anpassung an die Bedingungen und Gesetze dieses Dichtegrades. In den dichteren Welten bedeutet Kreativität nichts anderes als Empfänglichkeit für das, was auf den feinstofflicheren Wirklichkeitsebenen bereits existiert. Dem liegt das geistige Gesetz zugrunde „wie oben, so unten".

Wenn mein Onkel zu Hause war, verging kaum ein Tag, an dem man ihn nicht an einem neuen Gerät basteln sah. Die meiste Zeit war er weg, er traf sich meistens mit Wissenschaftlern der Venus und entsprechender Ebenen anderer Planeten, die Ideen zu seinen Projekten beitragen konnten oder in ähnlicher Richtung arbeiteten.

Es war immer lustig, wenn er zu Hause war, weil er uns meistens als Versuchskaninchen für seine jüngsten Erfindungen benutzte. Das heißt, er testete sie immer erst zu Hause, ehe er sie ins Astralmuseum schickte. Unter seinen Projekten waren fortschrittliche Methoden, Sonnenenergie oder harmlose, eindringende Strahlung zum Kochen oder zur stromlosen Klimaregulierung im Haus zu nutzen, und viele andere Erfindungen, um das häusliche Leben zu erleichtern.

Das größte und bedeutungsvollste Unternehmen meines Onkels war ein Projekt, dem die Science-fiction-Autoren der Erde große Aufmerksamkeit widmeten und das die fortschrittlichen Zivilisationen unseres Sonnensystems noch nicht perfektioniert haben. Sowohl er als auch mein Vater haben größte Mühe in diese Sache investiert. Es handelt sich um ein physisches Teleportationssystem, das ohne irgendeinen Empfangsapparat einen lebenden Menschen sicher von einem Ort der physischen Welt zum anderen bringt, indem es vorübergehend dessen Schwingung auf eine astrale anhebt und sie dann wieder senkt.

Aufgrund unserer natürlichen Fähigkeit, per Gedankenkraft zu reisen, benötigt niemand auf der Astralebene eine solche Erfindung. Auf der physischen Ebene könnte dies jedoch das Transportsystem derart revolutionieren, dass unsere Konvois und Mutterschiffe dagegen überholt erscheinen würden.

Odin und mein Vater entwickelten das System so weit, wie dies auf der Astralebene möglich war, bis zu einem Punkt, an dem sie ihre Arbeit unter physischen Gesetzmäßigkeiten in der physischen Welt fortsetzen mußten. Das ist der Grund, warum mein Onkel sich zur selben Zeit, als ich zur Erde abreiste, entschlossen hatte, seine Schwingungen ebenfalls zu senken und auf dem physischen Planeten Venus zu leben. Er arbeitet jetzt noch immer daran, das System zu verbessern. Es erweist sich als ein viel schwierigeres Projekt, als er zunächst dachte, zum Teil deshalb, weil es auf der Astralebene viel leichter als auf der physischen ist, kreativ zu sein.

Ich freute mich immer darauf, wenn mein Onkel seine jüngste Erfindung mit nach Hause brachte, und natürlich fehlten auch nie die Nachbarskinder, sobald sie von einer neuen Erfindung bei uns hörten.

Odin strahlte Ruhe aus. Er war zurückhaltend, doch er hatte eine sehr aufrechte Körperhaltung, so magnetisch und imposant, dass ihr ihn auf der Erde für einen König gehalten hättet. Allein mit seiner Gegenwart zog er, wo immer er auch war, die Aufmerksamkeit der Menschen auf sich.

Stets hatte er ein schelmisches Blitzen in seinen Augen, als ob er jeden Moment in schallendes Gelächter ausbrechen würde. Er hatte einen großartigen Sinn für Humor. Er heckte immer lustige Scherze oder sonst etwas Komisches aus, verhielt sich jedoch ruhig dabei. Keiner wußte, dass er der Urheber war. Still stand er auf, stellte sich in eine Ecke und beobachtete die Verwirrung und Aufregung, die er gestiftet hatte, während er so tat, als ob er von nichts wüßte.

Mein Onkel hatte ein großes Herz, und er beschäftigte sich immer mehr mit anderen Menschen als mit sich selbst. Er war wahrscheinlich einer der unvoreingenommensten Menschen, die ich je gekannt habe. Er verlor nie seine Geduld, wenn etwas entzwei ging. Entweder er vergaß es, oder er machte es noch einmal neu, weil er wußte, dass er alle Zeit der Welt hatte.

Meine Tante war das genaue Gegenteil, sehr gefühlsbetont und mit vielen verschiedenen Dingen beschäftigt. Dank ihres Organisationssinnes mußte alles in rechter Ordnung sein, sonst regte sie sich auf. Mein Onkel war der Meinung, wir könnten uns ruhig mit etwas anderem beschäftigen, wenn einmal etwas nicht klappte; aber wenn es um Tante Arenas Projekt ging, wurde alles versucht, es zum Funktionieren zu bringen. Dies war in unserem Hause eine ungeschriebene Regel, um Harmonie zu bewahren.

An den Abenden saßen wir gewöhnlich alle zusammen um die Feuerstelle herum, um die geistigen Übungen der Gesetze der

Höchsten Gottheit zu praktizieren. Die Studienzeit, wie wir sie nannten, war eine Zeit, in der man sich geistigen Übungen widmete, und ohne sie war unser Tag niemals vollständig. Die geistigen Übungen sind wirklich die Grundlage für alle Tätigkeiten, weil sie der Seele Erfahrungen auf den höheren Ebenen ermöglichen, während die niederen Körper zurückbleiben.

Die geistig Reisenden oder die wahren spirituellen Meister sind diejenigen, die in der Seelenreise bewandert sind und Anfänger aus dem Körper herausgeleiten. Es gibt sie auf jedem Planeten und auf jeder Ebene, und sie sind gegenwärtig besonders aktiv auf der Erde, wo sie dringend gebraucht werden. Ein wahrer Meister ist der, der Seelen in die jenseitigen Welten führen kann und selbst auf der Ebene lebt, auf der er aktiv ist. Wenn einer jemandem hilft, den physischen Körper zu verlassen, sollte es ein Meister sein, der auf der physischen Ebene lebt.

Als Kind machte ich meine Erfahrungen oft mit Spielgefährten auf den Ebenen oberhalb der Astralebene. Doch diese Erfahrungen in den Welten jenseits von Raum und Zeit sind unmöglich in Worte zu fassen. Sie müssen von jedem Individuum auf eigene Weise gemacht werden.

Zu unseren geistigen Übungen gehörte es oft, unsere Aufmerksamkeit auf den Meister zu richten, bis er in der inneren Schau auftauchte. Anschließend sprachen wir über das, was wir gelernt hatten und welche Gedanken uns gekommen waren. Als Kind stellte ich die meisten Fragen und lernte dabei eine Menge über unsere geistigen Lehren.

Reinkarnation und Karma, Gotteserkenntnis, die Kal-Kraft (negative Kraft), Liebe, Gleichgültigkeit, Ausgeglichenheit und Nichteinmischung waren einige der Themen, über die wir sprachen, obwohl man jedes davon ein Leben lang hätte studieren können. Es kann das geistige Wachstum unterstützen, Ansichten auszutauschen, weil jedes Individuum einzigartig ist und einem einen neuen Aspekt einer Sache vermitteln kann.

Einer der besonderen Tage meines Lebens begann nicht mit

Freude, sondern mit Trauer. Ich hatte gerade mit einem der komplizierten Apparate meines Onkels gespielt, einer kleinen schwarzen Kiste, die Dinge levitieren konnte. Sie sollte für den eventuellen Gebrauch in der physischen Welt ins Astralmuseum geschickt werden. Irgendwie ging sie kaputt. Meine Strafe, die mir Onkel Odin zuteilte, bestand darin, den ganzen Tag allein und ohne zu spielen auf der Schaukel zu sitzen, bis ich ins Haus zurückgerufen würde. Meine Gefühle waren fürchterlich verletzt. Es war eines der wenigen Male, dass ich gemaßregelt wurde. Doch aus der Achtung und Liebe heraus, die ich für meinen Onkel empfand, tat es mir leid, was ich getan hatte, und ich erkannte, dass meine Strafe angemessen war.

Auf der Schaukel zu sitzen, ohne zu spielen, bedeutete, an nichts zu denken, weil ich dann schöpferisch gewesen wäre. Es war schrecklich! Stundenlang saß ich dort fast bewegungslos, konzentrierte mich auf das, was ich getan hatte, und fühlte mich unbeweglich und unglücklich. Oh, war ich erleichtert, als sie mich schließlich ins Haus riefen. Doch aus irgendeinem merkwürdigen Grund bat mich mein Onkel, die Augen zu schließen. Er führte mich an der Hand in die Mitte unseres Wohnzimmers, wo ich meine Augen wieder öffnete. Überraschung! All meine Freunde waren da, lachten und wünschten mir Glück zum Geburtstag. Was für ein wunderschöner Anblick – was für eine schöne Überraschung! Ich hatte meinen Geburtstag total vergessen und war so überwältigt und ergriffen, all diese freudestrahlenden Freunde zu sehen, dass ich sprachlos war.

Als ich mich umschaute, sah ich, dass das ganze Haus in ein mittelalterliches Schloß verwandelt worden war. Mein Onkel setzte mir eine funkelnde Krone aufs Haupt, zeigte auf den Thron und erklärte, dass ich die Königin des Landes sei und alle Anwesenden meine Untertanen. Ich durfte von meinem juwelenverzierten Thron aus über das königliche Fest präsidieren.

In meinem ganzen Leben auf der Venus habe ich nie eine schlichte, einfache Party erlebt. Wenn es zu einem Fest kommt, gehen unsere Leute alle aus sich heraus, um sich Extravaganzen auszudenken und zu erschaffen, und diese Geburtstagsparty machte da keine Ausnahme. Als Königin hatte ich schnell entschieden, dass mein Onkel der Hofnarr sein sollte. Meine Tante sollte die Hofdame sein, hauptsächlich, weil sie mich gewöhnlich bat, Dinge und Botengänge zu erledigen.

Das erste Gala-Ereignis war unser königliches Bankett mit einem gefüllten Spanferkel auf einer langen Tafel, die sich von einem Ende des Raumes zum anderen erstreckte. Wir haben es nie gegessen, aber als Bestandteil eines königlichen Banketts stellte ich mir immer ein Spanferkel mit einem Apfel im Mund vor. Zusammen mit all den spektakulär aussehenden Speisen und den goldenen Weinpokalen wirkte das Ganze wie aus einem Märchen, das es tatsächlich war.

Die besondere Musik, die ich angefordert hatte, traf aus der Stadt ein, und die Vorstellung begann. Unsere Tanz- und Gesangsspiele und alles, was die Königin begehrte, trugen zur Fröhlichkeit des Abends bei. Ich wählte sechs meiner Freunde aus, eine Akrobatik-Show vor dem Thron zu präsentieren, und eine andere achtköpfige Gruppe, einen Gesellschaftstanz vorzuführen. Alle Darbietungen waren großartig.

Nachher rannten wir in den Garten, um mein Geschenk zu suchen. Zwischen den Stengeln einer kleinen gelben Blume war unter den Blättern ein Ring versteckt, den meine Mutter bis zum Tag meiner Geburt getragen hatte. Als ich mit dem wertvollen Geschenk in meiner Hand so auf dem Gras kniete, überflutete mich eine Woge von Traurigkeit, die aber wieder verebbte, denn ich wußte, dass die Vergangenheit für immer vorbei war. Es war ein ungewöhnlicher, aber entzückender Ring. Emaillestreifen und Titaniumsplitter umgaben einen länglichen, dunklen, rotbraunen Karneol in einer Silberfassung. Weil meine Finger viel zu klein waren, trug ich ihn nah an meinem Herzen an einer Silberkette, die mir Onkel Odin um den Hals legte. Er erklärte, dass meine Mutter ihn ebenfalls in ihrer Kindheit als Geschenk ihrer

Mutter erhalten hatte. Von diesem Tag an trug ich ihn ständig, bis die Zeit kam, Teutonia und die Venus zu verlassen.

Als ich in dieser Nacht in meinem Bett lag, schwirrte mir der Kopf von all den wunderschönen Erinnerungen dieses ungewöhnlichen Tages. Ich sandte meiner Tante und meinem Onkel Gedanken von Liebe und Dankbarkeit dafür, dass sie solche Freude in mein Leben brachten, und dann merkte ich, dass meine Bestrafung nur ein Mittel gewesen war, mich während der Vorbereitungen draußen zu halten. Es dämmerte mir, dass ich eine große Lektion gelernt hatte: Man kann Freude nur annehmen, wenn man Trauer erfahren hat.

Dies war mein letzter Geburtstag auf der Venus.

Bild 4: Omnecs venusische Mutter Shawik
Sie verließ wenige Stunden nach Omnecs Geburt auf ihrem Heimatplaneten ihren Körper. (Zeichnung von Ruth Platner nach einer Vorlage der Autorin.).

Bild 5: Omnecs venusischer Vater Deashar
Zusammen mit seinem Schwager Odin arbeitet er an der Perfektionierung eines Gerätes zur direkten Materieübertragung von einem Planeten zum anderen. (Zeichnung von Ruth Platner nach einer Vorlage der Autorin.)

Kapitel 5 – Die Ebene der Venus

Ebenen im Vergleich – Astralkörper und Astralreisen – Der physische Tod – Astrales Leben und das Leben danach – Astrallandschaften und Unterebenen – Die niedere Astralebene – Die psychischen Kräfte des Menschen

Die Astralebene ist ein immenses Universum, sogar größer und riesiger als die physische Ebene mit all ihren Sonnensystemen und Galaxien. Die Venus ist nur ein Fleckchen innerhalb der vielen anderen Wirklichkeiten, auch in ihrer dichten physischen Erscheinungsform ist sie bloß ein kleiner Ausschnitt unserer beschränkten Wirklichkeit. Die Astralebene ist nur eine von vielen Ebenen geringerer Verdichtung.

Viele Individuen, die diese Welten bei außerkörperlichen Reisen erlebt haben, nannten sie Himmel. Die Lebensbedingungen sind so viel schöner und friedlicher dort, dass ihnen die Worte fehlten. Was sie in der Vergangenheit aufschreiben konnten, wird heute als religiöse, mystische oder spirituelle Literatur bezeichnet.

Die Astralebene existierte lange vor der physischen und wird sie überdauern. Die gewöhnlichsten Dinge, die hier in der physischen Welt bekannt und anerkannt sind, existierten zunächst dort. Natürlich gibt es auf der Astralebene vieles, das hier nicht existiert, aber alles, was hier existiert, hat dort sein Gegenstück.

Die Unterschiede zwischen den astralen und den physischen Ebenen bedürfen einiger Erklärung. Genauso wie Röntgenstrahlen eine höhere Frequenz haben als harter Stein, befindet sich die ganze Astralebene auf einer viel höheren Frequenz als die physische, und das ist der Grund, warum die Wissenschaftler auf der Erde ihre Existenz noch nicht bewiesen haben. Keines ihrer wissenschaftlichen Instrumente kann solch hohe Schwingungen aufspüren.

Weil Materie auf der Astralebene eine so hohe Frequenz hat, können diejenigen von uns, die dort leben, allein durch Gedankenkraft vollständige Kontrolle über sie gewinnen. Auf der Erde haben wenige Menschen die Fähigkeit entwickelt, Materie direkt durch den Geist zu beeinflussen. Auf der Venus ist die Herrschaft des Geistes über die Materie eine Lebensweise.

Jede Form oder Sache, die sich jemand auf der Astralebene vorstellen kann, vermag er durch bloße Gedankenkraft zu manifestieren. Dort ist dies ein Naturgesetz, so wie Schwerkraft ein grundlegendes Naturgesetz auf den physischen Planeten darstellt. Tatsächlich wandeln die Menschen die sie umgebende Energie in die Form der gewünschten Materie um. Das erschaffene Objekt erscheint dann an jedem beliebigen Ort, auf den die Person ihre Aufmerksamkeit lenkt. Häuser, Kleider, Möbel, Pflanzen, Speisen, Schmuck und alles Vorstellbare wird durch einen besonderen mentalen Prozeß erschaffen, der in jungen Jahren beherrscht werden muß.

Es gibt Grenzen. Diese Kraft wird keine Dinge zerstören oder sie zurück in Energie verwandeln. Dinge verschwinden nur dann, wenn die Person, die sie erschuf, die Astralebene verläßt, es sei denn, dass diese Dinge ursprünglich in der Absicht geschaffen wurden, nur vorübergehend zu existieren, so wie unsere Schlösser und unsere Bauernhöfe und die komplexen Kreationen, die nur zum Spielen gedacht sind. Wenn ich ein Spielzeug erschaffen hatte, das mich bald langweilte, konnte ich seine Form in eine andere Art von Spielzeug verwandeln, doch ich konnte es nicht berühren und mit einem Blitz verschwinden lassen. Wenn meine Tante Arena einen bestimmten Stuhl nicht mehr mochte, bestand ihre einzige Möglichkeit darin, diesem Stuhl eine neue Form zu geben. Sie konnte ihn nicht in einen Tisch oder irgend etwas anderes als einen Stuhl verwandeln.

Auf der anderen Seite scheint es, als ob die Dinge, die wir erschaffen, wie aus dem Nichts auftauchen. Für die Menschen auf der Astralebene ist dies so normal und so verbreitet wie auf der Erde das Autofahren.

Weil wir die Individualität jeder Seele achten, greift niemand in die Schöpfung eines anderen ein. Wenn ich den leuchtend blauen Baum vor dem Haus eines anderen nicht mochte, hätte ich nie daran gedacht, ihn zu verändern. Das wäre Einmischung gewesen, die karmische Verantwortung schafft.

Auch wenn wir mit Gedanken Materie erzeugen können, sind die Alltagsdinge auf der Astralebene nicht weniger real. Ein Marmorfußboden sieht aus und fühlt sich an wie ein Marmorfußboden, Haut fühlt sich wie Haut, Wasser wie Wasser an, Blumen duften wie Blumen, Honig schmeckt wie Honig usw.

Dinge zu bewegen ist natürlich sehr einfach, es ist nur eine Sache von Auswahl und Denken. Wenn ich wollte, konnte ich ein Glas Wasser über dem Tisch schweben lassen, nur indem ich es mental befahl. Es erforderte nicht mehr Anstrengung, ein großes Sofa in die Luft zu hieven, als das Bett zu schaukeln, auf dem ich lag.

Von Ort zu Ort zu reisen ist genauso einfach. Leute, die lieber zu Fuß gehen, tun dies. Wir können auch levitieren und in der Luft schweben oder durch die Luft gleiten, statt zu gehen, wenn wir es so wollen. Bei längeren Ausflügen reisen wir mit der Geschwindigkeit unserer Gedanken direkt zu unserem Ziel, was gewöhnlich so aussieht, als ob wir dort aus dem Nichts auftauchten. Wenn ich den Tempel der Künste in Teutonia besuchen wollte, konzentrierte ich mich bloß darauf, wo ich sein wollte. In einem Moment stand ich im Schlafzimmer, im nächsten Augenblick veränderte sich die Umgebung, und ich stand vor dem Tempel. Es ist sehr einfach. Ich weiß nicht, wie es funktioniert – es funktioniert einfach. (Die Menschen auf der Erde sagen dasselbe über Elektrizität.)

Die Geschwindigkeit der Gedanken ist viel schneller als die sogenannte Lichtgeschwindigkeit, die die physischen Wissenschaftler kennen. Wir können im Astralkörper so unglaublich schnell reisen, weil er aus verdichteter Energie besteht, vollständig unter der Kontrolle der Gedanken, wie alles auf dieser Seinsebene.

Der Astralkörper hat dieselbe Form wie der physische, nur dass er viel schöner ist. Er ist nicht bloß ein konturloser Lichtfleck, jedoch ist er, anders als der physische Körper, leuchtend, und er ernährt sich, indem er Energie direkt aus der Umgebung absorbiert. Obwohl es keine eigentlichen inneren Organe gibt, essen die Leute hier aus Gewohnheit und aus reinem Spaß daran. Die Nahrung verwandelt sich praktisch zurück in Energie, sobald sie heruntergeschluckt wird.

Durch die Kraft der Gedanken können wir leicht unsere äußere Erscheinung ändern oder uns komplett unsichtbar machen. Es gibt keine physischen Schmerzen oder Müdigkeit wie auf den physischen Planeten. Dies ist ein Grund dafür, warum Neulinge die Astralwelt als Himmel auffassen.

Die Farben in unserem täglichen Leben sind unbeschreiblich. Verglichen mit den leuchtenden, schwingenden Farben der Astralebene sind die Farben der physischen Welt blaß und dunkel oder bestenfalls trüb. Das matteste Rot der Astralwelt ist das strahlendste in der physischen. Viele Farben, die für uns selbstverständlich sind, gibt es nicht einmal auf der physischen Ebene.

Unsere Umwelt zu Hause hatte eine solche Menge herrlicher Farben, dass ich es nicht beschreiben kann. Genauso wunderbar ist die Tatsache, dass alles leuchtet. Materie ist auf der Astralebene leuchtend wie farbiges Glas, das vom sonnigen Glanz des Morgenlichts durchstrahlt wird. Der Himmel und die Wolken stellen ein Meer lieblicher Farben dar.

Der Astralkörper und die Astralebene sind auf der Erde nicht völlig unbekannt. Jeder, der in der physischen Welt lebt, besitzt neben mehreren anderen einen Astralkörper, wie es in den Gesetzen der Höchsten Gottheit gelehrt wird. Nur wenige Menschen haben Bücher über ihre Erfahrungen mit der Astralprojektion geschrieben, die eine begrenzte Form der außerkörperlichen Reise im Astralkörper darstellt. Der sicherere Weg, die höheren Ebenen zu besuchen, besteht darin, den Seelenkörper zu benutzen, der nicht wie der astrale auf irgendeinen Ort beschränkt ist. Doch natürlich beherrscht nicht jeder, der Astralprojektion praktiziert, die Seelenreise.

Jeder Mensch auf der physischen Welt erfährt den Astralkörper täglich, obwohl er vielleicht niemals in diesem Leben die wirklichen Städte und Menschen der Astralebene erblickt. Der physische Körper ist nicht in der Lage, Gefühle zu empfinden. Es gibt die physischen Sinne wie den Gesichts- und den Geruchssinn, doch diese sind nicht dasselbe wie Gefühle – Liebe, Haß, Freude, Schmerz etc. Alle mögen zustimmen, dass die Gefühle in unserem Leben sehr real sind, aber wo sind sie, und was sind sie?

Die Astralebene wurde auch die Gefühlsebene genannt und der Astralkörper aus gutem Grund der Gefühlskörper. Immer wenn wir ein Gefühl wahrnehmen, fühlen wir es tatsächlich durch unseren Astralkörper. Gefühle sind nichts anderes als verschiedene Arten von Energie, die durch diesen Körper fließt und unsere Gedanken und Handlungen beeinflußt. Die Astralebene ist ein Ort, an dem die Gefühle eine große Macht haben, und die Seele hat es meistens mit emotionalen Problemen zu tun. Es stimmt, dass jede physische Person eigentlich zum Teil auf der Astralebene lebt, sich aber normalerweise dessen nicht voll bewußt ist.

All dies gilt auch für Gedanken. Gedanken sind nicht etwas Vages, Unbestimmtes, sondern eine sehr reale Sache auf einer höheren Frequenz als die der physischen Materie und Energie, und sogar höher als die astrale Materie und Energie. Erinnert euch, dass der Geist tatsächlich auch ein Körper ist, Mentalkörper genannt, der auf der mentalen Ebene arbeitet, welche noch ein anderes, vollständiges Universum des Seins jenseits des Astralen darstellt. Der Mentalkörper ist eine bläuliche Hülle aus Licht, die die Seele umgibt. Immer wenn wir denken, erschafft dieser Körper Gedankenformen, die von den höheren Sinnen wahrgenommen werden können.

Gedanken sind nichts anderes als Energien, die durch und aus dem Mentalkörper herausfließen, ähnlich wie Radiowellen. Mit dem Mentalkörper lebt also jeder teilweise auf der Mentalebene, obwohl niemand bewußt die Städte, Menschen und Landschaften dort gesehen hat.

Wenn ihr die Astral- oder Mentalebenen bewußt mittels Seelenreise besuchen würdet, könntet ihr nicht nur eure eigenen Gefühle und Gedanken und eure astralen und mentalen Körper in voller strahlender Farbe sehen, sondern ihr wäret auch in der Lage, Wesen zu treffen, die einst auf der Erde lebten. Viele irdische Religionen haben den himmlischen Wohnsitz auf der Astral- oder Mentalebene angesiedelt.

Es könnte noch viel mehr über die Astralebene gesagt werden und über die Fähigkeit eines jeden, vor dem physischen Tod bewußt dorthin zu reisen. Wir alle haben dort einige Leben verbracht, und als Seele kennen wir diese Ebene gut. Die astrale ist immer noch eine der niederen Ebenen, obwohl sie vielen Menschen, die dort leben, wie der ultimative Himmel erscheint. Oberhalb der astralen gibt es mehrere andere Ebenen, die den unteren Ebenen ebenfalls wie der ultimative Himmel erscheinen, es aber nicht sind. Alles unterhalb der Seelenebene ist ein Teil der niederen Welten. Unser Ziel ist es, eine Ebene jenseits der Seelenebene zu erreichen, was in diesem Leben möglich ist, wenn wir gewillt sind, diese Mühe auf uns zu nehmen. Die Entscheidung steht jedem von uns offen.

Wahrnehmungen aus der Zukunft finden normalerweise entweder auf der Seelenebene oder auf der Kausalebene unter ihr statt. Die Seele kann sich über die lineare Zeit hinweg ausdehnen, um je nach Wahl die Zukunft oder die Vergangenheit zu fokussieren. Diese Erfahrung erscheint viel wirklicher als gewöhnliches

Träumen, auch wenn jemand es vielleicht nicht merkt, dass er in die Zukunft schaut, bis sie eintritt und zur Vergangenheit wird. Diejenigen, die psychisch wach sind, werden es wissen. Auf der Venus können wir 40 Tage im voraus mit ziemlicher Genauigkeit in die Zukunft schauen. Unsere Fähigkeit, zukünftige Ereignisse vorherzusehen, war sehr hilfreich bei den Vorbereitungen für meine Reise zur Erde.

Die Astralebene hat viele Ebenen und Unterebenen, die dem Bewußtsein der verschiedenen Individuen entsprechen. Sie gleichen eher einzelnen Regionen mit verschiedenen Bewußtseinsgraden als übereinander geschichteten Etagen. Das Venusleben findet normalerweise irgendwo in der Mitte zwischen niederer und höherer Astralwelt statt, weil die meisten noch an physischen Gewohnheiten und Gebräuchen und natürlich an ihrer ganzen Kultur hängen. Einige Regionen des Astralen werden von Menschen, die mit einer bestimmten religiösen Vorstellung vom Himmel sterben, dem himmlischen Paradies gleichgesetzt.

Wenn der physische Körper eines Menschen stirbt, erwartet den Verstorbenen ein Freund oder Verwandter, der vorher hinübergegangen ist. Er bringt ihn dann zu seinem Körper, um ihm zu zeigen, dass er nicht mehr auf der physischen Ebene lebt. Normalerweise wird dem Individuum dann zur Erholung ein Schlaf auf der Astralebene gewährt. Nach dem Erwachen wird er zu der besonderen Ebene gebracht, die er geistig verdient hat und die seinem Bewußtseinsgrad entspricht. All dies wird von einem Astralwesen bestimmt, das verantwortlich für die Verwaltung des Karmas ist. In einigen Fällen, zum Beispiel bei einem plötzlichen Tod im Krieg oder bei Selbstmord, kann jemand sofort nach dem Tod zur physischen Welt zurückkehren, auch wenn das bedeutet, in einem anderen Körper wiedergeboren zu werden. Selbstmörder werden wiedergeboren, um wieder vor die gleichen oder ähnliche Probleme gestellt zu werden, vor denen sie zu fliehen versuchten.

Wenn jemand eine Zeitlang auf der Astralebene bleiben soll,

wird er in einer heimischen und vertrauten Umgebung aufwachen. Er wird sich von Freunden und geliebten Menschen umgeben wiederfinden. Außerdem zeigt sich ihm der spirituelle Weg oder die Religion, der er in der Vergangenheit angehörte. Der Grund dafür ist der, dass sich die meisten Menschen, nachdem sie ihren physischen Körper verloren haben, emotional noch immer stark zur physischen Ebene hingezogen fühlen. Die Astralebene ist so beschaffen, dass sie sich wohlfühlen und sich nach und nach einleben können, indem sie sich durch Gedankenkraft ihr altes Heim erschaffen. Das ist sehr wichtig.

Menschen, die nicht realisieren, dass sie eine Seele sind, werden sich so zur physischen Welt hingezogen fühlen, dass sie sich vor den unbekannten, jenseitigen Ebenen fürchten werden.

Vielleicht glaubt das Individuum aufgrund der Schönheit und Harmonie dort, es habe den ultimativen Himmel erreicht. Menschen können sich leicht an die Astralebene binden, weil sie dort alles haben können, was sie wollen, so dass sie sich kaum in eine höhere Ebene vorwagen. Das geht solange weiter, bis ihnen schließlich klar wird, dass es noch mehr zu erleben gibt als ihren Astralhimmel.

In der religiösen Literatur der Erde gibt es Berichte von Städten auf der Astralebene, die die Autoren bei außerkörperlichen Erfahrungen bereist haben. Ein paar Tage bevor ich die Venus und die Astralebene verließ, nahm mein Onkel seine Familie mit auf einen Ausflug zu einer Stadt namens Sahasra-dal-Kanwal und anderen Orten der Astralebene. Ich kann nun verstehen, warum so viele Leute sie für das Paradies halten. Man kann dort alle nur vorstellbaren Umgebungen finden. Einige gleichen denen auf der Erde. Menschen mit ähnlichen Naturen und Vorlieben leben in denselben Gebieten. Außerdem gibt es dort wunderschöne Landschaften, die auf anderen physischen Planeten in unserem Sonnensystem existieren. Die unteren Astralebenen ziehen Seelen mit einem negativ entwickelten Bewußtseinszustand an. Man könnte sagen, dass dorthin nach dem Tod die schlechten Menschen für die Zeit zwischen den Leben gehen. Diejenigen, die die Hölle mit Feuer und Schwefel erwarten, können sie dort finden, obwohl dies nur vorübergehend ist. Die untere Astralebene ist auch die Heimat der scheußlichen Monster und teuflischen Kreaturen, die von den weniger entwickelten Bewußtseinsstufen erschaffen werden.

Fast jeder Aspekt der physischen Wissenschaften, die heute so beliebt auf der Erde sind, kann sehr einfach in Begriffen der Astralwelt erklärt werden. Die meisten psychischen Kräfte haben dort ihren Ursprung.

Telepathie, die Gedanken von Geist zu Geist sendet und überträgt, ist sowohl auf der astralen Venus als auch auf den entwickelteren physischen Planeten die verbreitetste Form der Kommunikation. Sie funktioniert, weil sich Gedanken wie Radiowellen verhalten. Jeder Mensch hat eine unsichtbare Barriere, die geheime Gedanken verbirgt. Diejenigen, die Gedanken lesen können, unterstehen dem geistigen Gesetz, das es verbietet, diese Barriere zu durchdringen.

Astralprojektion ist die Trennung des astralen vom physischen Körper, bei der der Astralleib vorübergehend an einen anderen Ort gelangt. Wenn man sie über einen zu langen Zeitraum praktiziert, ist sie eine gefährliche Übung. Am besten ist es, so schnell wie möglich von der Astralprojektion zur Seelenreise fortzuschreiten.

Levitation, die Bewegung von Objekten mit Gedankenkraft, ist natürlich eine Fähigkeit, die wir auf der Astralebene täglich ausüben. Sie kann aber auch auf der physischen Ebene erlernt werden, erfordert jedoch viel mehr Anstrengung und Disziplin.

Visualisierung ist eine weitere Kraft der Beherrschung von Materie durch den Geist. Wie auf der Astralebene erschafft sie die Welt jedes einzelnen. Alles beginnt mit Visualisierung, ehe es erschaffen wird. Der einzige Unterschied zwischen Visualisierung in der physischen und Visualisierung in der astralen Welt besteht darin, dass sie hier physische Anstrengung und physische Zeit erfordert.

Außersinnliche Wahrnehmung ist der Gebrauch unserer Extra-Sinne in den astralen, kausalen, mentalen, ätherischen und seelischen Körpern. Die Sinne des Seelenkörpers sind die mächtigsten von allen, und sie sind nicht, wie einige der anderen, auf irgendeine Ebene beschränkt. Wunder sind eigentlich eine Folge der psychischen und geistigen Kräfte, die in der physischen Welt angewendet werden.

Merkt euch jedoch, dass sowohl die physischen als auch die astralen, kausalen und mentalen Ebenen begrenzte Welten sind.

Bild 6: Tempelstadt Teutonia
Teutonia ist die venusische Stadt, in der Omnec geboren und aufgewachsen ist. Sie wurde in Erinnerung an einen brillanten deutschen Wissenschaftler benannt, der auf die Venus kam.

Kapitel 6 – Teutonia

Die märchenhafte Stadt Teutonia – Schmuck von Mutter – Tante Arena – Tythanische Kleider – Tanz des Universums – Pilgerreise nach Retz – Der Tempel der Weisheit – Eine besondere Begegnung

Meine Tante hielt stets ein paar besondere Überraschungen für mich bereit, damit ich immer etwas Neues hatte, auf das ich mich im Leben freuen konnte. Unser Besuch im öffentlichen Ballsaal war zum Beispiel ein solch besonderer Anlaß, den Tante Arena geplant hatte. Er sollte mir eine Vorstellung von unserer Kultur aus der Zeit vermitteln, als sie noch physisch war und die Menschen noch nicht von allein levitieren konnten.

Es war mein erster Ausflug ins Zentrum von Teutonia, kurz bevor ich die Tempel des Lernens besuchte. Obwohl unser Dorf nicht weit entfernt ist, behielt ich es als Kind meiner Tante und meinem Onkel vor, mich bei diesem Erlebnis zu begleiten. Allein hätte ich es nie gewagt, die Schönheit zu schauen, von der ich wußte, dass sie dort existierte.

Es lebt eigentlich niemand in der Stadt, und wie ich schon vorher erwähnte, gibt es weder in Teutonia noch in einer anderen venusischen Stadt auf der Astralebene Kommerz oder Industrie. Unsere Städte sind bezaubernde Kulturzentren, wie sie in euren Sagen und Legenden besungen werden.

Ohne eine klare Vorstellung davon, wie Teutonia aussieht, war ich von großer Vorfreude erfüllt, als wir uns auf den Ausflug vorbereiteten. Dazu gehörte für mich auch, mich das erste Mal festlich zu kleiden. Tante Arena brachte mir ein wunderschönes himmelblaues Kleid aus einem Jersey ähnlichen Stoff mit langen, fließenden Ärmeln, bedruckt mit weißen Schäfchenwolken. Auf der Brust befand sich die Sonne, die Strahlen von Licht und Wärme aussandte. Ich liebte es sehr!

Unser Spaziergang durchs Dorf auf dem Weg in die Stadt war ein Genuß für sich. Wir hätten uns auch einfach vor dem Tanzsaal manifestieren können, aber dann wäre das ganze Erlebnis nur halb so genußvoll gewesen. Der Himmel über uns hatte ein tiefes Orange mit einem Schimmer von Rosa.

Gemeinsam mit einigen meiner Freunde schwärmten wir von der märchenhaften Schönheit der benachbarten Häuser, jedes davon in einem einzigartigen Stil und umgeben von phantastischen Arrangements aus Bäumen, Sträuchern und Blumen. Wir hielten unterwegs oft an, um den Duft unserer Lieblingsblumen zu schnuppern und den lieblich zwitschernden Vögeln zuzuhören. Zusammen mit dem vertrauten Rauschen des Meeres genossen wir eine der schönsten Symphonien der Natur. Nachdem wir die Wiesen und ein kleines Waldgebiet durchquert hatten, kamen wir zu einer großen, orientalisch aussehenden, geschwungenen Brücke, die das Tal zwischen unserem Dorf und der Stadt überspannte. Unter uns rauschten wilde Wasser dem Meer entgegen.

Wie kann ich die Schönheit von Teutonia beschreiben, die mich bezauberte, als ich es das erste Mal erblickte! Unsere Städte muß man gesehen und erfahren haben, es reicht nicht, einfach über sie zu lesen. Die vielen Tempel des Lernens und die Museen in dieser weißen und pastellfarbenen Stadt waren für mich die ersten Gebäude mit mehr als zwei Stockwerken. Meine Aufregung steigerte sich, als wir durch die überall blühenden Gärten gingen und der Stadt langsam näherkamen.

Teutonia ist eine Ansammlung exotisch aussehender Gebäude in einer solchen Vielfalt von Baustilen, dass meine Sinne überwältigt waren. Türme, Kuppeln, Glaskugeln und Pyramiden waren großzügig verteilt. Die meisten Tempel waren in Pastelltönen gehalten, es gab auch einige aus Perlmutt mit Goldverzierungen. Andere bestanden aus verschiedenen glänzenden Metallen oder aus Kristall. Jeder war grandios und einzigartig.

Der Tanzsaal glich einem riesigen, bauchigen Parfümflacon, der auf einer goldenen Krone saß. Wir folgten einer engen Wendeltreppe zum Eingang und betraten die Vorhalle, in der uns Freunde und Nachbarn begrüßten, die sich dort versammelt hatten. Wir erhielten eine Schmuckklammer, mit der wir unsere langen, fließenden Kleider befestigten, damit sie uns beim Tanzen nicht um die Ohren flattern würden. Die Tanzhosen der Männer lagen im Ballonhosenstil eng an den Knöcheln an.

Den Ballsaal zu betreten war, als würde man sich in die Luft begeben und augenblicklich davonschweben. Es nahm mir den Atem. Ich fühlte mich, als ob ich im weiten Raum tanzen würde, zumal die Wände dieser riesigen Kugel aussahen wie der dunkelblaue Sternenhimmel, mit Sternschnuppen als Zusatzeffekt.

Die Ränder des Ballsaals säumte ein Balkon, auf dem Teutonias Musiker die himmlischste Musik spielten, die ich je gehört hatte. Auf dem Balkon gab es auch romantische Nischen mit Kerzenlicht, in denen Paare saßen und die Aussicht und die Klänge genossen.

Als große Tanzliebhaberin hoffte ich, dass der Abend niemals enden würde. Es war eines der erregendsten Erlebnisse meines Lebens, weil Tanzen ohne Schwerkraft die Kunst um eine wundervolle Dimension bereichert. Viele der Erwachsenen verhielten sich so, als wären sie wie ich zum ersten Mal im Ballsaal. Es war gut zu sehen, dass jeder seine eigenen Tanzbewegungen ausführte, ohne sich dabei bewußt zu kontrollieren. Einige der Paare hielten sich einfach nur aneinander fest und schwebten seitwärts und kopfüber im Raum. Andere waren damit beschäftigt, komplizierte Gesellschaftstänze aufzuführen. Die Kinder hatten Spaß dabei, alle möglichen akrobatischen Kunststückchen zu vollführen und sich in große Reigen einzureihen.

Onkel Odin erzählte mir, der Ballsaal sei vor dem großen Umbruch, als unsere Zivilisation noch physisch existierte, sehr beliebt gewesen, was ich gut verstehen konnte. Es war mir jedoch nie in den Kopf gekommen, beim Tanzen in der Luft davonzuschweben. Ich meine damit, dass wir auf der Astralebene nicht so ohne weiteres neue Erfahrungen ausprobieren, ehe sie uns vorgestellt werden oder ein besonderer Tag kommt, so wie dieser Abend im Ballsaal.

Weil wir in einer unbegrenzten Umgebung leben, müssen wir aufpassen, nicht zu viele Erfahrungen auf einmal zu machen, sonst würden wir uns sehr schnell in unserem Leben, das auf der Astralebene Tausende von Jahren dauern kann, langweilen; mein Onkel war weit über Tausend Jahre alt. Wir wurden immer ermutigt, die verfügbaren Fähigkeiten zu nutzen und so das Zusammenleben mit anderen Menschen zu genießen.

Während des Abends schloß ich mich meiner Tante und meinem Onkel und einer kleinen Gruppe Kinder an, die hinunter in die Krone des Gebäudes gingen. Hier befand sich das Instrumentenmuseum von Teutonia, in dem die vielfältigen Musikinstrumente ausgestellt waren, die die Menschen der Geschichte geschaffen haben. Einige davon waren sehr ungewöhnlich und sahen merkwürdig aus, aber auf jeden Fall konnte ich sehen, wie die Instrumente von heute sich entwickelt haben.

Auf dem Heimweg hielten wir an einem Museum an, in dem Erfindungen aus der physischen Ära ausgestellt waren. Ich blieb draußen, um die erleuchteten Tempel ringsherum zu bewundern. Es gibt keine Straßen in Teutonia. Wunderschöne Spazierwege schlingen sich um die Gebäude. Ich wartete auch draußen, als Arena und Odin die Bibliothek besichtigten. Dort wird die Literatur aufbewahrt, die von den Teutoniern in den letzten Jahrhunderten geschrieben wurde. Jeder, der in unserer Gegend lebte, konnte ein eigenes Buch hinzufügen.

Ich war sehr müde und fühlte, dass ich den Ballsaal besser in Erinnerung behalten würde, wenn ich draußen wartete und meinen Geist nicht mit noch mehr neuen Eindrücken überlud. Doch mein Interesse an der Stadt war geweckt worden, und später besuchte ich sie sehr oft, besonders den Tempel der Künste.

Ich war vom Tanzen in jener Nacht völlig hingerissen, und als ich meiner Tante erzählte, wie glücklich ich war, erwähnte sie, wie sehr auch meine Mutter das Tanzen geliebt hatte. Es war eine ihrer Lieblingsbeschäftigungen gewesen. Dies war das erste Mal, so erinnere ich mich, dass mir Tante Arena etwas über meine Mutter sagte. Vielleicht hatte sie Angst gehabt, schmerzvolle Erinnerungen in mein Leben zurückzuholen.

Ich erfuhr von Arena, dass ich viele Eigenschaften von meiner Mutter geerbt hatte – meine Figur, die Art mich zu bewegen, und die Form meiner Hände. Sie soll eine wunderschöne Frau gewesen sein. Ihre natürliche Anmut und die Art, wie sie sich gab, erregte immer Aufmerksamkeit. Meine Mutter hatte etwas an sich, einen bestimmten Ausdruck in ihren dunklen, moosgrünen Augen, der die Leute faszinierte. Und sie hatte dieselbe fürsorgliche Art wie mein Onkel Odin, der sich, wie sie auch, stets mehr um andere als um sich selbst sorgte. Das Kleid, das ich trug, erzählte mir meine Tante mit einem warmen Lächeln, hatte schon meine Mutter als Kind getragen, und es schmeichelte mir, mit dieser wundervollen Frau verglichen zu werden, die mich geboren hatte.

In dieser Nacht, als ich schon im Bett lag, kam Arena zur Tür und fragte, ob sie hereinkommen dürfe. „Ja natürlich", sagte ich. Sie kam herein, setzte sich zu mir und zeigte mir eine kleine Holzschachtel. Mit einem Lachen sagte sie, sie hätte vergessen, mir dieses besondere Geschenk zu geben, bis es ihr wieder eingefallen sei, als sie in ihr Zimmer ging und es dort sah.

In der Schachtel lag eine Halskette mit passendem Armband und Ohrringen, die meiner Mutter gehört hatten. Sie waren ihr sehr lieb und teuer gewesen, weil sie eines der ersten Geschenke meines Vaters waren.

Ich war überglücklich, dass meine Tante mir den wertvollen Schmuck schenken wollte, den meine Mutter so viele Jahre getragen hatte. Und ich war fast noch glücklicher zu erfahren, dass mein Vater den Schmuck geschickt hatte, um ihn für mich aufzubewahren. Es hatte für mich eine große Bedeutung, weil es ein Zeichen von Liebe war.

Gelegentlich soll sich mein Vater bei Arena und Odin nach mir erkundigt haben, was ich mache und ob es mir gut gehe. An meinen Geburtstagen schickte er ein Geschenk, aber ich sah oder hörte ihn nie persönlich. Dass er etwas von meiner Mutter schickte, war eine große Ehre für mich. Es fiel ihm sehr schwer, etwas aus der Hand zu geben, das ihr gehört hatte.

Was für ein wundervoller Tag war das gewesen, so voller Freude und neuer Erfahrungen! Ich erinnere mich, dass ich nachts von meiner Mutter und meinem ersten und einzigen Tag mit ihr träumte.

Die Venusier tragen wenig Schmuck, weil sie vor langer Zeit erkannten, dass Schmuck ab einem bestimmten Punkt von der Schönheit der Trägerin ablenkt. Die wenigen Stücke, die wir tragen, müssen sehr außergewöhnlich und exquisit sein. Jedes Teil wird mit viel Gefühl kreiert, das auf die Trägerin zurückwirkt. Schmuck wird auch getragen, um das innere Licht und die Schönheit eines Menschen zu reflektieren. Die kostbarsten und wertvollsten Edelmetalle und Steine der Erde sind hier weit verbreitet, da sie auch auf der Astralebene manifestiert werden können.

Die Tythanier lieben komplizierte Designs ebenso wie schlichte. Dadurch, dass wir über ein unbeschränktes Angebot verfügen, kann sich jeder mit besonderem Aufwand den elegantesten und erlesensten Schmuck kreieren, der vorstellbar ist. Es gibt keine Schmuckfabriken, weil jeder, der einzigartig und kreativ ist, sich einfach seinen eigenen Schmuck manifestiert, genauso wie er sich seine eigenen Kleider schafft. Schmuck wird gewöhnlich als ein Zeichen der Liebe von einer Person an eine andere weitergegeben. Er wird in erster Linie so kreiert, dass er praktisch unzerstörbar ist.

Wenn wir noch eine physische Zivilisation wären, würden unsere Weltraumforscher zu entfernten Planeten reisen, um wertvolle und seltene Steine und Juwelen zu finden. Es war für eine Frau in der Vergangenheit immer ein spannendes Erlebnis, wenn ihr Ehemann mit einem seltenen Stein oder einem unbekannten Edelmetall zurückkehrte.

Bei besonderen Anlässen tragen wir Kopfschmuck aus natürlichen Dingen wie Blumen, Blätter, Federn und Perlen. Ich glaube, von uns bekamen die amerikanischen Ureinwohner die Anregungen für ihren Kopfschmuck. Ich weiß, dass Weltraumreisende von der Venus den frühen Eingeborenen Mais und Sonnenblumen zeigten, die sie von ihrem Heimatplaneten mitbrachten.

Wir sind tatsächlich ein sehr sentimentales und romantisches Volk, was besonders zutreffend ist, weil wir auf der Ebene der Gefühle leben. Glück finden wir meist in den kleinen Dingen des Lebens, den täglichen Freuden, wie eben diesem großzügigem Geschenk meines Vaters.

Tante Arena war ein sehr glücklicher Mensch, sie konnte stets das Gute in allem und besonders im Menschen sehen. Und sie hatte eine wunderbare Art, aufgeregte, nervöse und hochangespannte Leute zu beruhigen und zu entspannen. Was auch immer zu tun war, sie nahm sich Zeit und machte es gut. Ich lernte von ihr meinen ausgeprägten Organisationssinn. Jedes Ding hatte seinen Platz in unserem Haus.

Arena liebte die einfache und natürliche Umgebung unseres Hauses. Fasziniert von der Schönheit der Natur, konnte sie nicht ohne ihren Wintergarten und die Hunderten von Pflanzen leben, die die Zimmer in unserem Hause schmückten. Sie liebte es, jeden Tag eine gewisse Zeit draußen zu verbringen und sich um die Blumen und die blühenden Bäume zu kümmern. Sie arbeitete gerne mit ihren Händen.

Meine Tante und mein Onkel pflegten eine Vielfalt kreativer Interessen, wie eigentlich fast jeder in der venusischen Gesellschaft. Neben seiner Arbeit als Wissenschaftler, die die meiste Zeit des Tages beanspruchte, war Onkel Odin ein guter Bildhauer, Holzschnitzer und Musiker, um nur ein paar Begabungen zu nennen. Auch Tante Arena hatte Talent zum Bildhauen. Viele der Figuren und Brunnen in unserem Garten waren gemeinsame Projekte von ihnen. Zwei von unseren vier Schlafzimmern waren für ihre individuellen Werkstätten reserviert, eine für jeden, das dritte war das Schlafzimmer, das sie sich teilten.

Während das Harfe- und Flötenspiel zu Tante Arenas persönlichen Freuden zählte, waren das Entwerfen und Herstellen von Lernspielzeugen einige ihrer Beiträge für die Welt. Mit Hingabe entwickelte sie neue Spielzeuge, die ein Kind sowohl belehrten als auch unterhielten. Ich habe davon viel profitiert, weil sie ihre Erfindungen ebenfalls zu Hause testete, ehe sie sie ins Astralmuseum schickte.

Arena war in Teutonia auch für ihre Kleiderdesigns bekannt. Obwohl jeder seine eigenen Kleider entwarf und manifestierte, waren ein paar wenige von ihren eigenen Ideen gelangweilt und wandten sich an sie, weil sie gut darin war, neue Schnitte und Materialien zu kombinieren. Das Hauptanliegen meiner Tante ging immer dahin, ihre Kleider dem individuellen Wesen jedes einzelnen anzupassen.

Venusische Kleider sind vom Stil her normalerweise weit und fließend und häufig hauchdünn, aus bequemen und weichen Materialien. Bis zu einem gewissen Grad sind Venusier sehr sinnlich, aber nicht in dem Maße, dass die geistige Entwicklung dadurch gehemmt würde.

Weil jeder Individualist genug ist, mit verschiedenen Stilen für Kostüme, Kleider, Hosen und festliche Roben zu experimentieren, gibt es nie einen Modetrend. Und weil alles Erdenkliche von jedem selbst geschaffen werden kann, ist jede Kleidung einzigartig. Für Damen sind in unserer Kultur lange Gewänder üblich. Für Männer sind Ballonhosen und weite Umhänge beliebt. Dies ist kein Modetrend, sondern rührt daher, dass die einzelnen sich durch ihren Grad von Bewußtseinsentfaltung gleichen.

Wenn ihr ein venusisches Dorf besuchen würdet, würdet ihr

feststellen, dass viele Leute etwas in ihrer Kleidung gemeinsam haben. Jeder trägt Sandalen als sehr bequeme und schöne Fußbekleidung, weil die natürliche Form des Fußes sichtbar ist und geschmückt wird statt versteckt. Das ist ein Überbleibsel aus unserer physischen Ära. Die Sohlen unserer Sandalen sind papierdünn und ermöglichen es uns, das Gras und den federnden Untergrund zu fühlen. Sie sind außerdem aus undurchdringlichem Gewebe, das die Füße schützt. Durch die Oberseiten ist jedes Sandalenpaar einzigartig. Je nach persönlichem Geschmack können die Riemen jede Farbe, jede Weite und jedes Muster haben. Tante Arena und ich liebten schlichte, feine Riemen in Farben, die zu unseren Kleidern paßten.

Als große Bewunderin der Schönheit in der Natur entwarf meine Tante für uns beide Kleider, die die Elemente repräsentierten. Das Sonnenkleid zum Beispiel leuchtete und war so orange wie unsere Sonne. Auf die Rückseite war eine flammende Sonne gestickt, die in alle Richtungen Wärme und Licht ausstrahlte. Das Wasserkleid war mit einem Wasserfall in wallenden Kaskaden bedruckt. Dagegen war das Wolkenkleid flauschig, fließend und weiß. Das Mondkleid war besonders schön mit seinem bläulichweißen Schimmer. Es war ein langes Kleid mit langen Puffärmeln, das in einem Fluß vom Busen bis zum Boden fiel. Eines meiner liebsten war das Schmetterlingskleid, das sich wie Samt anfühlte und mit demselben Muster versehen war, mit dem die Natur die echten Schmetterlinge schmückt. Als ich älter wurde, trug ich es auf vielen meiner Ausflüge nach Teutonia. Ebenso gerne trug ich ein chiffonartiges Kleid, das aussah wie die bunten Blätter eines Baumes im Herbst.

Als ich sechs Jahre alt wurde, pflegten meine Freunde und ich tagelang die Kumli-Berge zu erforschen, die sich zwischen Teutonia und dem Meer erheben. Wir campierten im Freien und gewannen neue Freunde aus den Nachbardörfern. Noch heute liebe ich es, in der freien Natur zu sein. Aber die größte Liebe erwuchs in mir für den goldenen Strand. Ich war glücklich, einfach Tag für Tag dort zu sitzen, das Meer zu sehen und meine Füße in die goldenen Sandkristalle zu graben. Ich war oft früh morgens da, um die Sonne in mich aufzusaugen und den blendenden Glanz des Strandes zu bewundern, der sich, während ich mit dem Gesicht zum Meer saß, rechts und links von mir fast bis zum Horizont erstreckte. Ich starrte in die Wellen, die sich am Strand brachen, und in die dunkelblauen und pupurroten Wasser. Das melodische Rauschen des Meeres und die Muscheln waren einfach herrlich. Ja sogar die hübschen Muscheln gaben Musik von sich, wie sie dort so am Strand verstreut lagen. Die Schönheit der purpurnen, roten und blauen Berge nahm meine Aufmerksamkeit ebenfalls gefangen. Überall gab es diese himmlischen Farben und Klänge.

Der Himmel über mir war ein Meer allzeit leuchtender Farben, und vor einem orange-rosafarbenen Hintergrund stand die leuchtend orange Sonne und die Wolken. Der Himmel selbst antwortete auf die Gedanken der Menschen, die unter ihm lebten. Wenn jemand lieber ein lavendelfarbenes Firmament über seinem Haus hatte, nahm der Himmel diese Farbe an.

Hinter dem Strand gab es einen dicht gewachsenen Dschungel mit allen Arten exotischer Bäume und Blumen. Direkt dahinter sah man die Ausläufer des Kumli-Gebirges und die Talsenke, in der viele Leute aus Teutonia ihre Häuser errichtet hatten.

Ich genoß die Vögel und Tiere, die mich stets am Strand begleiteten, und ich glaube, sie mochten meine Gegenwart auch. Und ich träumte gerne, wenn ich aufs Meer hinaus schaute. Meistens dachte ich an meinen Vater und meine Mutter und malte mir im Geiste aus, wie sie aussahen. Vater hatte Arena und Odin gebeten, nicht mit mir über ihn zu sprechen, und sie respektierten seinen Wunsch. Ich dachte häufig über meine Kindheit nach und rätselte über meine Zukunft.

Oft sah ich ein kleines, gläsernes, kugelförmiges Boot, das über das Wasser glitt, und meine Augen folgten ihm, bis es nicht mehr zu sehen war. Die einzigen Farben waren die der

Insassen. Segelboote waren wegen ihrer zierlichen, hübschen Form auch beliebt.

Wenn ich am Strand saß, sang ich oft Lieder über meine Gefühle oder spielte Harfe für meine Freunde, die umgekehrt für mich ihr Lieblingsinstrument spielten. Meine besten Freundinnen Zemura und Neyma tanzten mit mir, zum Beispiel den Tanz des Universums. Das war mein Lieblingstanz, der aber auch einer der schwierigsten war.

Ein bedeutungsvolles Ereignis, das jedes Jahr wieder in unser Leben trat, war die jährliche Reise zur Stadt Retz, um einen Meister der Weisheit zu sehen und sprechen zu hören. Ihn wirklich zu sehen war für uns etwas sehr besonderes, obwohl man mit ihm in innerer Kommunikation steht, die noch mächtiger als Telepathie ist. Diese Zeit des Jahres kam näher, und bald sollte unser Fußmarsch zum Tempel der Weisheit beginnen.

Ich erinnere mich, dass der Meister bei einem Seminar von dem Unterschied zwischen Wahrheit und einem Individuum, das Wahrheit von sich gibt, sprach. „In den physischen Welten und auf vielen Planeten, ebenso in geistigen Welten, gibt es spirituelle Lehrer. Sie haben viel Wahrheit zu geben. Aber wenn der Lehrer angebetet und wichtiger als das Wort genommen wird, ist die Wahrheit meistens verloren. Die Menschen müssen lernen, dass die Wahrheit wichtiger ist als derjenige, der ein Kanal der Wahrheit ist."

Nach den Gesetzen der Höchsten Gottheit strebt jeder Mensch danach, selbst die Meisterschaft zu erlangen. Das ist das Ziel des Meisters für alle von uns und ebenso unser Ziel. Es gibt wenige Lehren, die die Schüler wirklich ermutigen und anleiten, selbst Meister der Weisheit zu werden. Besonders auf der Erde gibt es so viele Lehren, die nur eine geringe Menge Wahrheit oder überhaupt keine vermitteln. Überladen mit Ritualen und Aberglaube, werden die Schüler dahin geführt, den geistigen Lehrer anzubeten und menschengemachten Gesetzen zu folgen.

Für das nächste Seminar planten meine Freunde und ich, einen Tanz über das Gleichgewicht der Seele vorzuführen. Er sollte zeigen, wie die Seele in die niederen Welten kommt und zu getrennten Polaritäten wird, männlich und weiblich, gebend und empfangend. Ein Seelengefährte ist kein anderes Individuum, das irgendwo draußen in der Welt auf dich wartet. Er ist ein anderer Teil der Seele nach der Polarisation. Die Seele inkarniert sich jedesmal entweder männlich oder weiblich und lernt in jeder Inkarnation, entweder mit männlichen oder weiblichen Eigenschaften umzugehen.

Es gibt Zeiten, in denen die Seele einen neutralen Zustand erreicht, in dem männliche und weibliche Eigenschaften einer Inkarnation nahe daran sind, sich gegenseitig auszugleichen. Dies ist ein vorübergehender Zustand, bis die Seele geistig bewußt wird. Die Ausgewogenheit bleibt für immer bestehen, wenn der Seelengefährte sich dazugesellt und das Individuum seiner Identität als unpolarisierte Seele gewahr wird. Dies ist eine Selbstverwirklichung, die auf der Seelenebene stattfindet.

Unser Tanz veranschaulichte diese ursprüngliche Trennung und schließliche Ausgewogenheit durch ein Mädchen und einen Jungen, die die beiden Seelengefährten repräsentierten. Der Tanz fing an, indem wir Rücken an Rücken gelehnt zusammen auf dem Boden saßen. Hinter uns stiegen die verschiedenen Farben der Ebenen auf, die die Reise der Seele in die unteren Welten verdeutlichen. Zuerst tauchte Purpur auf für die ätherische, dann Blau für die mentale und Ocker für die kausale Ebene. Schließlich gab es Rosa für die astralen und Grün für die physischen Ebenen. Dann standen wir auf, trennten uns und gingen in verschiedene Richtungen, wobei wir unsere Gedanken und Gefühle individuell ausdrückten. Gelegentlich kamen wir zusammen, um unsere Hände oder Finger zu berühren oder uns manchmal gegenseitig zu umarmen, aber nur für einen Augenblick. Am Ende des Tanzes kam der Meister dazu, hielt seine Arme hoch, und die beiden Seelengefährten setzten sich als Zeichen des Ausgleichs zu seinen Füßen. Wir übten diesen Tanz oft in Erwartung der baldigen Reise nach Retz.

Kurz vor dem Seminar war ich am Strand und traf dort meinen neuen Freund Rimj. Fast jeden Tag tauchte er ungefähr zur selben Zeit wie ich dort auf, in seiner gewohnten Ballonhose, gehüllt in einen purpurfarbenen Umhang mit einem seilähnlichen Gürtel aus Gold. Zunächst sagten wir nichts. Wir saßen bloß beisammen auf dem goldenen Sand, schauten hinaus auf das purpurne und blaue Wasser oder sahen uns an.

Ich erinnere mich gut an seine dunkelblauen, blitzenden Augen und sein gelocktes, dunkelblondes Haar und seine lange, gerade Nase. Am meisten mochte ich sein charmantes, schelmisches Lachen. Rimj und ich begannen, uns schon in unseren jungen Jahren sehr zu lieben. Wir machten alles zusammen, und meine Tante, mein Onkel und meine Freundinnen mochten ihn auch. Wir stiegen oft zusammen in die Kumli-Berge und saßen auf dem höchsten Gipfel und lauschten dem Wind, der durchs Tal streifte. Auf unserem Heimweg pflückten wir als Erinnerung an die gemeinsamen Freuden Blumen für uns.

Rimj und ich sprachen oft über unser Leben und unsere Zukunft und natürlich über unsere Vorstellung auf dem bevorstehenden Seminar. Rimj wollte ein Lied über spirituelle Liebe vortragen, das er selbst geschrieben hatte.

Der Tag unserer großen Reise nach Retz kam, und ich war aufgeregter als je zuvor. Als kleineres Kind hatte ich dieses jährliche Ereignis immer als einen Routinepart unseres Lebens betrachtet, weil ich zu klein war, die Schönheit aller Dinge zu schätzen. Nun hatte ich das merkwürdige aber willkommene Gefühl, dass dies eine sehr besondere Zeit in meinem Leben und es für mich wichtig sei, die Schönheit von Retz und das Ereignis, Meister Rami Nuri zu sehen, in mich aufzusaugen.

Eine Fußreise nach Retz dauert mehrere Tage, darum packten wir eine Menge Sachen ein. Besonders für das Seminar hatte jeder eine komplette Garderobe entworfen, die sein individuelles Anliegen thematisierte. Diese jährliche Reise hatte in unserer Kultur Tradition, die in die physische Ära zurückreicht, und obwohl wir uns einfach in Retz hätten manifestieren können, wäre das nicht so abenteuerlich und auch eine unvollständige Erfahrung gewesen.

Die Menschen von Teutonia und aus den Dörfern in vielen Teilen der Venus starteten jeder zu seiner Zeit und wanderten jeder für sich. Ich hatte darum gebeten, zusammen mit Rimj und Zemura zu reisen. Sobald ihre Eltern und Arena und Odin versammelt waren, begaben wir uns auf den Weg.

Retz liegt in der entgegengesetzten Richtung der Tempel von Teutonia, jenseits der Kumli-Berge, die Rimj und ich so oft bestiegen. Wir wanderten durch eine Höhle, eine natürliche Passage durchs Gebirge, die vor dem großen Umbruch entdeckt worden war. Hier gab es unterirdische Seen und Wasserfälle, phantastische Steinformationen und unheimlich aussehende Tiere. Es war überall sehr still, und es hallte, so dass wir die schönsten Klänge erzeugen konnten, wenn wir sangen. Die Schluchten auf schmalen Hängeseilbrücken zu überqueren war uns Kindern ein besonderes Vergnügen.

Einen Tag später lagen die Kumli-Berge hinter uns, und vor uns erstreckte sich eine große blumenübersäte Ebene mit einer Vielfalt farbenprächtiger Arten. Wir trafen mit Tausenden anderer Menschen zusammen. Die Straßen waren nun überfüllt mit wunderschön anzusehenden Reisenden, die alle fröhlich gekleidet waren und ihr buntes Gepäck mit sich führten. Ich trug ein Kleid mit Goldfäden und einen goldenen, seilartigen Gürtel.

Als nächstes kamen wir durch einen dichten und stillen Wald mit einer großen Artenvielfalt hochgewachsener Bäume von vielen verschiedenen Planeten. Es gab Mammutbäume, Kiefern, Ahorn und andere, die man auf der Erde nicht findet. Bei uns war es üblich, im Wald nicht zu sprechen und keinen unnötigen Lärm zu machen, sondern den Geräuschen der Vögel und Tiere, dem Geräusch unserer Füße in der feuchten Erde und der friedlichen Stille zu lauschen. Die feuchten, erdigen und moosigen

Gerüche zusammen mit den würzigen Düften der Bäume und Blumen waren unvergeßlich.

Tief im Wald erreichten wir ein kleines Dorf, in dem mehrere Familien große ausladende Häuser mit üppigen Gärten geschaffen hatten. Es war eines der vielen venusischen Dörfer, die keinen Namen haben.

Weil es dunkel wurde, entschieden wir uns, im Dorf zu übernachten. Dort war es Sitte, Fremden jedes Bedürfnis unaufgefordert zu erfüllen. Jeder traut jedem und erweist ihm dieselbe Gastfreundschaft wie einem Familienmitglied.

In der Morgendämmerung „frühstückten" wir zusammen, bevor wir weiterzogen, obwohl es keine Speise war, die wir aßen. Wir nennen es Frühstück, weil bewußt gemeinsam Energie zu absorbieren wie eine Mahlzeit ist. Wir saßen in einem Kreis beisammen, schlossen unsere Augen, nahmen einen tiefen Atemzug und visualisierten dabei Energie, die durch jede Pore aufgenommen wird. Es war tatsächlich ein sehr stimulierendes Frühstück!

Jenseits des Waldes gab es noch eine andere Gebirgskette, viel zu hoch für uns, sie zu überqueren. Um sie zu umgehen, zogen wir durch eine Wüste und trafen wieder auf eine andere Berggruppe, in der ein unheimliches Plateau lag. Über einen steilen Grad erreichten wir die Ebene des Wassers, eine fast völlig öde Fläche aus blauem, purpurnem und grünem Marmor. Hier und da verstreut lagen Felsen. In einigen Teilen der Ebene sah der Boden aus, als ob er hochgedrückt worden sei, andere Teile waren ziemlich rauh, mit Verwerfungen und Rissen.

Die Ebene des Wassers war seltsam, alles sah so verdorrt und trocken aus, und doch erfüllte eine unangenehme Feuchtigkeit die Luft. Wenn man hinabsah in die Spalten und Risse, konnte man das Wasser hinunterlaufen sehen. An einigen Stellen war die Ebene einige Zentimeter eingesunken und mit Seen gefüllt. In den Felsspalten, die das Plateau umgaben, rauschten mehrere Wasserfälle. Die Ebene selbst war erhöht, und an mehreren Stellen lief Wasser hinunter.

Viele der spektakulären Aussichten würde man auf der Erde als Naturwunder bezeichnen, aber die Menschen von der Venus akzeptierten sie als einen Teil der Schönheit der göttlichen Schöpfung. Es kam uns gar nicht so spektakulär vor, weil es einen nicht mehr so sehr beeindruckt, wenn man täglich von Schönheit umgeben ist. Große Wunder werden als selbstverständlich hingenommen, weil sie überall sind.

Jenseits dieses Plateaus verwandelte sich die Landschaft in bergige grüne Hügel und Grasmulden. Immer wenn wir diesen Punkt erreichten, wußten wir, dass wir bald das üppige Tal sehen würden, in dem Retz liegt. Unter uns in der Ferne lag die herrliche, von einem Wall umgebene Hauptstadt unseres Planeten. Retz ist eine runde Stadt, ein einfacher Kreis phantastisch aussehender Tempel, blühender Gärten, Springbrunnen und wundervoller Statuen. Von oben betrachtet konnten wir sehen, wie die Gebäude und Spazierwege die Form eines Doppelkreuzes zu bilden schienen.

Retz ist umfriedet von aufgetürmten, weiß leuchtenden Mauern aus Marmor in zarten, leuchtenden Hellblautönen. Zusammen mit den Spitztürmen rechts und links der riesigen geschnitzten Holztore und dem Haupttorbogen gleicht die Stadt der Front einer mächtigen Kathedrale, wie man sie hier auf der Erde in England findet. Als sich unsere Gruppe der Stadt näherte, konnten wir unter uns die Dächer der größeren Tempel sehen. Die Stadt strahlte Schwingungen aus, die uns in Bann nahmen und voller Ehrfurcht erzittern ließen. Egal wie oft wir schon hier gewesen waren, ihre Schönheit überwältigte uns jedes Jahr.

Retz läßt sich mit absolut keiner Stadt auf der Erde vergleichen, eher mit Orten in euren Phantasiegeschichten. Sie bietet eine phantastische Schau der harmonischsten und ausgeglichensten Architektur, die man sich vorstellen kann. Als Hauptstadt der Venus ist Retz ein spiritueller Ort mit Tempeln des Lernens, die sowohl geistigen Lehren als auch den Künsten und Wissenschaften geweiht sind. Anders als die meisten venusischen Städte, die bloße Kultur- und Lernzentren darstellen, hat Retz viele Einwohner, unter ihnen sind Meister des Wissens.

Die Tempel auf der Erde sind eigentlich ein erbärmlicher Abklatsch der Tempel in den spirituellen Städten auf den höheren Ebenen. Wir müssen uns vergegenwärtigen, dass Kreativität nichts anderes ist als eine Empfangsbereitschaft für das, was bereits auf den höheren Seinsebenen existiert. Jedenfalls können die schönsten Gebäude auf den physischen Planeten niemals mit der Schönheit von denen in den jenseitigen Welten mithalten.

Jeder Tempel in Retz ist einzigartig und hat seinen eigenen Charakter, der sich in der Gestaltung widerspiegelt. Weit verbreitete Schmuckmaterialien sind kostbare Juwelen wie Diamanten, Smaragde, Jade, Perlen und Edelmetalle wie Gold und Silber. Fenster, Türen, Treppen, Decken und Böden sind reichlich damit verziert, manchmal besteht das ganze Gebäude aus wertvollen Materialien, falls gewünscht, werden sie einfach manifestiert. Wenn irdische religiöse Autoren ihre Erfahrungen mit Worten wie „Straßen aus Gold“ umschreiben, beziehen sie sich auf Astralstädte wie Retz.

Wie in Teutonia wurden auch in Retz weitgehend geometrische Grundformen verwendet – Kugeln, Würfel, Pyramiden, Kuppeln, Zylinder, Kegel und andere. Es gab Baustile, die der schönsten irdischen Architektur gleichen, und solche, die man nur auf anderen, der Erde unbekannten physischen Planeten findet. Ein Tempel war pyramidenförmig gebaut und bedeckt mit glänzendem Silber. Was sich innen befand, konnte ich nicht sehen. Ein Gebäude, das ich erkundete, war ein Museum mit seltenen Seetieren von verschiedenen Planeten des physischen Universums. Es bestand aus einer großen, blaßblau leuchtenden, von innen durchsichtigen Kugel ohne Fenster und Türen. Ein anderer Tempel, den ich gezeichnet habe, stellte eine Kugel aus dunkelblauem Kristall dar, die auf vier hohen Sockeln aus Silber ruhte. Eine Reihe Fenster lief an jeder der Stützen hoch, die zusammen wie eine konkave Linse aus seitlicher Perspektive aussahen. Die

Schönheit dieses Tempels ist schwer in euren Worten zu beschreiben.

Ein weiterer Tempel, der mir gefiel, war ein Würfel aus unpoliertem Amethyst mit Silber an den Rändern. Die überwölbte Mahagonitür bildete ein Kunstwerk. Jede Täfelung war mit ausgiebigen Schnitzereien von Früchten verziert und sehr farbig. Die zahlreichen Bogenfenster dieses Gebäudes bestanden aus purpurnem, gelbem und perlweißem Glas in einem abstrakten Muster. Auf der Rückseite befand sich eine Wendeltreppe, die zu einem Eingang im zweiten Stockwerk führte. Wein hing von den Rändern des Daches herunter. Das ist sehr typisch für die Stadt Retz, in der man oft auf flachen Dächern Bäume und Gärten findet.

Eines der Hauptgebäude hier, der Tempel der Goldenen Weisheit, existiert gleichzeitig sowohl in der physischen Stadt Retz (entsprechend den höheren physischen Dichtegraden der Erde) als auch hier auf der Astralebene. Es ist ein Rundbau, größtenteils aus Gold und Marmor gebaut. Das Fundament besteht aus himmelblauem, weiß und purpur gemasertem Marmor. Eine Reihe von Stufen ringsherum führt zur Hauptebene. Sechzig goldene Pfeiler in der Gestalt geistiger Wesen stützen das flache Marmordach mit ihren ausgestreckten Händen. Diese Statuen haben ungewöhnlich schmale Hüften, sie stellen den Ausgleich zwischen männlicher und weiblicher Polarität dar. Hier gibt es Wintergärten und Teiche, umstanden von bequemen Bänken.

Die spirituelle Erfahrung des Seminars in Worten einfangen zu wollen ist zwecklos. Es war ein gemeinsames Erlebnis, an dem jeder einzelne teilhatte. Eine Reihe von Vorträgen wurde über spirituelle Themen gehalten, und obwohl sich davon einige überschnitten, gab es keine Wiederholungen, weil jeder Sprecher auf seine Weise einzigartig war und uns einen neuen Eindruck vermittelte. Gedichte und Musikstücke, Kunstvorführungen und Spiele sowie viele Tänze und Lieder wurden vorgetragen.

Unser Tanz war wie alle anderen Aufführungen ein großer Erfolg, weil wir mit Herz, Geist und Seele bei der Sache waren. Jede für sich wurde geschätzt und genossen.

Einen der geistigen Höhepunkte des Seminars bildete ein bestimmter Vortrag, den viele von uns erst später nach einigem Nachdenken verstanden. Solange es den Menschen geben wird, wird es die Frage geben, warum die Welt so ist, wie sie ist. Hier auf der Erde glaubt ihr, dass alles aus Atomen besteht, die nichts anderes sind als positiv und negativ geladene Energie. Aber was macht die Formenvielfalt der Dinge aus und was hält sie zusammen?

Diese Antwort liegt im Geist. Der Mensch erschafft sich auf der physischen Ebene sein eigenes Universum durch die Macht der Gedanken. Die Welt wurde geschaffen, um den kollektiven Gedanken des Menschen zu reflektieren. Die geistigen Vorstellungen vom Aussehen eines Baumes werden von Generation zu Generation übertragen, und diese gedankliche Erwartung verhindert es, dass Bäume sich verändern. Wenn sich die geistige Vorstellung des Menschen darüber ändert, wie ein Baum auszusehen hat, kann dieser sich auch verändern.

Wenn jemand sagt, „das ist unmöglich", spricht er aus einer beschränkten Geisteshaltung heraus. Alles ist möglich, aber der Mensch beschränkt sich aus Unwissenheit selbst. Dann hat er eine beschränkte Welt, die weiterhin seine Gedanken und die Welt beschränkt. Die Welt des Menschen kann sich nie verändern, ehe er nicht seine Gedanken verändert. Wenn du in eine Familie kommst oder mit einem Partner eine Familie gründest, wird der stärkere Part bestimmen, wie die Familie sein wird, je nachdem, was der stärkere sich erwünscht. Und wenn dies ein verworrener Mensch ist, hast du eine verworrene Familie, verworrene Kinder und einen verworrenen Lebensstil.

Wir sollten andere nicht dafür tadeln, dass sie ihre Welten beschränken. Wenn sie geordnete Verhältnisse, systematischen Verstand und organisierte Lebensart besitzen, liegt das vielleicht daran, dass sie in anderen Leben das Gegenteil erlebt haben und sich aus Furcht gegen irgend etwas wehren. Wenn man sich das überall gegenwärtige Bild vom Wachstum der Seele durch Erfahrung vergegenwärtigt, ist Tadel oder Verurteilung nicht angebracht, nur Verständnis.

Der Sprecher bezog sich in seiner Rede auf die Erde und natürlich auch darauf, wie das Leben einst auf der Venus war. All dies sollte daran erinnern, dass eine beschränkte Welt nur ein Schritt hin zu einer unbeschränkten Welt und zu grenzenlosem Sein ist.

Zwischen den Veranstaltungen bildeten wir Interessengruppen, was mit unserer Fähigkeit, Gedanken zu lesen, sehr einfach ist. Nachts schliefen wir, wo wir wollten, entweder in einem der Tempel in der Stadt oder draußen in einem der vielen Blumengärten. Wir waren so mit dem Seminar und allem, was dort ablief, beschäftigt, dass es schwierig war, auszubrechen und die Stadt zu besichtigen.

Es stimmt, dass die meisten Menschen, einschließlich der Venusier, viel von der Schönheit in ihrem Leben für selbstverständlich halten, bis zu dem Zeitpunkt, an dem sie nicht mehr da ist. Nachdem ich Retz dieses letzte Mal gesehen hatte, bedauerte ich, nicht mehr von seiner Schönheit in mich aufgesogen zu haben. Damals war es nur ein normaler Teil meines Lebens, heute vermisse ich es so sehr, dass es kaum auszuhalten ist.

Der Meister sprach zu uns über die Höchste Gottheit, wie sie alle Seelen gleich erschaffen hat und wie das Ungleichgewicht im Geist des Menschen seinen Anfang nahm. Der Mensch auf der physischen Ebene muß erst lernen, mit anderen Individuen zu leben und sie anzunehmen.

Auf vielen Planeten hatten die Menschen Probleme, sich gegenseitig zu akzeptieren, weil sie nichts von der Göttlichkeit der Seele und von Reinkarnation wußten. Er erklärte, dass viele Probleme des Menschen von dem Glauben an ein einziges Leben herrührten. Der Mensch fürchtet sich so sehr vorm Sterben, dass er sehr schnell wiedergeboren wird und geistig wenig wächst. Und es erfordert ein Wachsen in vielen Lebenszeiten, um ein

Verständnis zu erreichen, dessen wir alle auf der Venus und einige wenige auf der Erde sich glücklich schätzen können.

Indem wir andere nicht für ihren Bewußtseinsgrad kritisieren, sondern sie verstehen und annehmen wie sie sind, helfen wir ihnen zu wachsen. Indem wir unsere Liebe und unser Wissen gern mit anderen teilen, anstatt es als ein Werkzeug für größere Macht zu nutzen, erhalten wir umgekehrt dasselbe von der Höchsten Gottheit zurück.

Der Meister schloß seine Rede mit der Antwort auf die Frage, warum die absolute Macht die Höchste Gottheit nicht verderben kann. Die Antwort lautete, dass die Höchste Gottheit niemals die absolute Macht in Anspruch nimmt. Sie wird mit allen Seelen geteilt und ist allen Dingen gleich zugemessen. Ich wollte über all dies nachdenken und darüber, was ich gerne wissen würde.

Im Laufe der Zeit wurde das physische Universum immer verdorbener. Unsere Leute senden oft Segensgebete zur physischen Ebene und zur Erde wegen der großen Leiden dort. An die Erde zu denken erfüllte unser Dasein in Freude und Frieden mit Trauer. Ich erinnerte mich, dass ich viele vergangene Leben auf der Erde verbracht hatte, und ich spürte, wieviel angenehmer dieses Leben auf der Venus war. Dennoch fühlte ich mich merkwürdigerweise zur Erde und zur physischen Ebene hingezogen, doch im Moment wußte ich nicht, was dies zu bedeuten hatte.

Später, zurück in Teutonia, erzählten mir Arena und Odin zur abendlichen Studienzeit von einem Gespräch mit dem Meister während des Seminars. Es war gut möglich, dass ich bald eine wichtige Entscheidung für mein Leben treffen würde. Ich sollte die Gelegenheit bekommen, die Venus zu verlassen, und in einer Familie im physischen Universum leben. Aus meinen Akasha-Aufzeichnungen ging offensichtlich hervor, dass in der physischen Welt ein bedeutendes Karma auf mich wartete. In einiger Zukunft würde es nötig für mich sein, noch einmal im physischen Universum zu leben. Aber ich hatte Glück. Wenn ich in diesem Leben ginge, wäre ich besser in der Lage, die Prüfungen, die sich mir stellten, zu bestehen. Wenn ich wartete, bis ich dort wiedergeboren würde, konnte das, in physischer Zeit gemessen, leicht noch ein paar Tausend Jahre dauern.

Mein Onkel sagte, wir würden bald eine besondere Reise nach Retz machen, um zu sehen, ob es tatsächlich möglich wäre, die Astralwelt als Kind zu verlassen und direkt in die physische Welt zu gehen, und ob dies gegen irgendein geistiges Gesetz verstoßen würde. Ich war natürlich aufgeregt, weil der Meister normalerweise nicht direkt zu einer privaten Person sprach.

Als ich ein paar Tage später am Strand saß, dachte ich an einen Mann, den ich in Retz gesehen hatte. Auf eine Weise war er mir vertraut und doch fremd. Ich schätzte, dass er nicht auf der Astralebene lebte, sondern sich aus der physischen Welt projizierte. Es war ein kleiner, nett aussehender Mann, vielleicht Ende zwanzig, mit hübschen blauen Augen. Ich hatte ihn mehrere Male gesehen und auch einen Mann mit einem dunklen Bart. Er sah mich einmal an und betrachtete mich ein paar Augenblicke. Das war alles. Aber in diesem Blick lag etwas, das viele Dinge unausgesprochen ließ, und ich hatte keine Ahnung, was es war. Ich fragte mich, ob ich ihn je wiedersehen würde und ob es wichtig sei, ihn wiederzusehen. Ich wußte es nicht.

Arena betonte mit Nachdruck, ich solle jetzt meine Gedanken reinigen und mich erwachsen verhalten. Dies war von äußerster Wichtigkeit. Beide sagten, dass ich mich nicht auf ein Wagnis einlassen oder danach richten sollte, was andere für das Beste hielten. Anstelle dieses Abenteuers sei ich willkommen, für den Rest meines Lebens in ihrem Haus zu bleiben, wenn ich wollte. Sie liebten mich sehr und machten mich auf diese Wahl nur zu meinem Besten aufmerksam, weil es solche Möglichkeiten nicht immer gab.

Kapitel 7 – Das kreative Leben

Die Venus gleicht einem Phantasieland – Der Wechsel auf die Astralebene – Manifestieren anstelle von Manufaktur – Das kreative Leben – Häuser und Gärten auf der Venus – Wie wir Dinge manifestieren – Meisterschaft in Kunst und Handwerk – Jeder ist ein Künstler – Wissenschaft – Jenseits des Astralen

Gemessen an dem Leben, wie wir es auf der Erde kennen, sind einige physische Planeten wie Phantasieländer. Das Leben auf der Venus erscheint wahrscheinlich noch phantastischer und unglaublicher, weil es auf der Astralebene eine zusätzliche Wirklichkeits- und Seinsdimension gibt.

Wenn ihr euch vorstellt, wie schwierig es für einen Fremden wäre, das Leben auf der Erde aus einem einzigen Buch heraus verstehen zu wollen, so könnt ihr daraus ableiten, wie schwierig es ist, das Leben auf der Venus und die Astralwelt nur durch das Lesen dieser Autobiographie zu begreifen.

Eine Art, unseren Übergang zum Astralen zu betrachten, ist die, es als Resultat unseres guten Karmas anzusehen. Weil wir lernten, während unseres negativen Eisenzeitalters in Harmonie statt in Konflikten und Kriegen zu leben, stiegen wir geistig auf, um unsere Kultur auf einer schöneren Ebene zu genießen, bis das nächste Goldene Zeitalter auf unserer physischen Ebene beginnen würde.

Auf der astralen Venus befinden sich genau dieselben Städte und Landschaften wie auf dem physischen Planeten zur Zeit der großen Umwandlung. Die Tempel von Teutonia wurden von den Meistern jedes Faches zu der Zeit erbaut, als die Stadt physisch war, und auf der Astralebene nach dem physischen Vorbild wiedererschaffen. Unsere Häuser änderten sich natürlich im Laufe der Jahre mit dem veränderten Geschmack der Menschen.

Als unsere Kultur in die Astraldimension oder -ebene eintrat, stellten wir fest, dass die Farben strahlender und in jeder Hinsicht vielfältiger waren. Unser Himmel schillerte wie ein Meer von ständig wechselnden Farben, und alles leuchtete. Berge, Felder, Bäume, Wiesen, Gebäude, Kleider, Möbel und sogar unsere Körper gaben ein warmes, farbiges, ihrer Natur entsprechendes Glühen ab.

Nun wurde das Wetter vom kollektiven Denken der Menschen gesteuert. Es war nie wieder zu kalt oder zu heiß, zu trocken oder regnerisch. Leute, die sich einen Wetterwechsel wünschten, entdeckten, dass ihre Gedanken einen Schneesturm manifestieren konnten, der nur ihre eigenen Häuser bedeckte. Die Menschen lernten auch, die Farbe des Himmels über ihrem Grundstück zu beeinflussen, ließen aber anderen Familien ihren eigenen freien Willen, gemäß des spirituellen Gesetzes der Nichteinmischung.

Was für eine wunderbare Freiheit, keine Nahrung mehr zum Überleben zu benötigen! Und weil der Astralkörper in einer solch ungeheuren Geschwindigkeit reisen kann, wurde der physische Transport überflüssig. Jeder bekam die Wahl, entweder einfach an seinem Zielort zu erscheinen oder seiner Vorliebe für gedankenangetriebene Fahrzeuge zu frönen. Für kleine Wege ums Haus oder durch die Nachbarschaft blieb das Gehen oder über dem Boden Gleiten die einfachste Art, sich von Ort zu Ort zu bewegen.

Da wir fähig waren, Dinge direkt aus Energie zu manifestieren, brauchten wir nichts mehr Stück für Stück physisch herzustellen, es sei denn, wir wollten unser handwerkliches Geschick erproben, was die meisten von uns lernen wollten.

Wenn jemand sich spirituell entfaltet, wird er mehr zum Individuum als je zuvor. Diese Wahrheit zeigt sich im geistigen Wachstum eines Planeten. Die Erde ist in ihrer spirituellen Infantilität ein Planet, auf dem die Menschenmassen beherrscht werden und Konformität weit verbreitet ist. Als die Venus sich höher entwickelte, verließen die Bewohner die Städte und entsagten dem Massenkonsum, um in unabhängigen Dörfern ein natürlicheres Leben zu führen. Jeder lernte, die meisten seiner Bedürfnisse selbst zu befriedigen, und wurde dabei individueller und kreativer.

Die spirituell entwickelten Planeten sind natürlicherweise von Individuen bevölkert, die ihre Individualität kreativ ausdrücken. Vor dem großen Umbruch waren die Menschen sehr mit Kunst beschäftigt, und nichts war wichtiger als Kreativität in jedem Bereich des Lebens. Der Selbstausdruck in der Erschaffung von Harmonie und Schönheit wurde zum erklärten Existenzziel.

Und weil unsere blühende Kultur sich schon zu einem astralen Bewußtsein hin entwickelt hatte, war der Übergang zur Astralebene nicht ganz so drastisch. Unser Volk hatte viel mehr Zeit, sich den kreativen Freuden des Lebens zu widmen, als sich um das kümmern zu müssen, was zum Überleben nötig war. Aber die Familie und das Heim blieben weiterhin das Zentrum des Lebens und des kreativen Ausdrucks.

Nach dem großen Übergang besaß jede Familie viel mehr Freiheit, das eigene Haus zu kreieren. Durch physische Materialien und Gesetze unbeschränkt, konnte alles Vorstellbare allein durch Gedanken manifestiert werden. Unser eigenes Kuppelhaus mit einem umlaufenden zweiten Geschoß zu bauen war keine Frage der Technik, sondern des kreativen Entwurfs.

Die meiste Architektur auf der Venus basiert auf Kreisen, Ovalen und sanft geschwungenen Linien. In unserer Nachbarschaft gab es Häuser, die aussahen wie mehrere aufeinandersitzende Blasen, andere hatten ihre Wohnkugeln traubenförmig auf dem Boden arrangiert. Kuppeln waren sehr beliebt. Ansonsten wurden verschiedene geometrische Formen kombiniert. Bei einigen handelte es sich um sehr kunstvolle Gebilde mit ausgiebigen Details, Palästen und Schlössern ähnlich. Aber jedes einzelne Haus war einzigartig und berauschend schön. Ein irdischer Architekt würde die Venus wahrscheinlich als Paradies bezeichnen, in dem die phantastischsten Ideen Wirklichkeit geworden sind.

Ein Haus aus massivem Gold, mit Diamanten, Rubinen, Smaragden und Perlen besetzt, läßt sich genauso einfach manifestieren wie ein Haus aus farbigen Ziegelsteinen. Auf den physischen Planeten wäre es fast unmöglich, ein Haus aus einem einzigen, gigantischen Diamant oder Rubin zu meißeln, aber auf der astralen Venus geht es bloß darum, es im Kopf zu entwerfen und es dann augenblicklich zu manifestieren. Obwohl wir von unseren unbegrenzten Möglichkeiten wissen, schafft unser Volk nur Häuser, die dem individuellen Schönheitssinn entsprechen. Es ist die Schönheit, die zählt, nicht die Menge wertvoller Steine und Metalle. Jeder kann alles das haben, was er manifestiert haben möchte.

Ich erinnere mich nicht, in Teutonia ein Haus gesehen zu haben, das nicht von üppigen, blühenden Gärten umgeben war. Nun, da unsere Schöpfungen nur durch unsere Vorstellungen begrenzt sind, haben wir exotischere und farbenprächtigere Blumen, Bäume und Sträucher. Wenn meine Tante einen Meter hohe rote Pilze mit weißen Punkten darauf gewollt hätte, wären sie leicht zu schaffen gewesen. Es wären echte Pilze gewesen, die riechen, schmecken und sich anfühlen wie Pilze auf den physischen Planeten.

Durch unsere kunstvoll entworfenen Gärten zogen sich Spazierwege aus Steinen und Ziegeln, vielleicht aus Gold, je nach Geschmack. Und ein Garten wäre ohne Springbrunnen, Statuen, Teiche und Wasserfälle nicht vollständig gewesen. Es gab auch marmorne und schmiedeeiserne Bänke oder solche aus Edelhölzern. Unsere Statuen stellten alle Arten von Wesen dar – spirituelle Meister, Engel, mythologische Figuren und Herrscher der

Elemente. Jemand, der Spaß an der Bildhauerei hatte, machte jedes Stück von Hand. Wenn seine Interessen auf anderen Gebieten lagen, entwarf er die Statue im Kopf und manifestierte sie einfach.

Die Tythanier lieben bei ihren Häusern und Grundstücken jede Menge Platz und offenen Raum. Die Zimmer werden nie vollgestopft oder übermöbliert, und jeder erschaffene Schmuck im Haus dient nützlichen Zwecken. Unsere Möbel sind natürlich aus praktischen Gesichtspunkten heraus kreiert, aber sie besitzen darüber hinaus immer Erlesenheit, Schönheit und Individualität. Ein Tisch kann nicht nur ein Tisch sein oder ein Stuhl nur ein Stuhl. Es muß etwas sein, das anderen ins Auge fällt, wenn sie hereinkommen. Jedes Stück ist ein Kunstwerk.

Ein Stuhl sieht vielleicht aus wie ein sehr schöner, zierlicher, geschnitzter Polsterstuhl, doch er kann sich völlig anders anfühlen. Wenn die Person, die den Stuhl schuf, gerne wie auf Federn sitzen wollte, dann würde er sich beim Sitzen anfühlen, als sei er mit sanften Daunenfedern gepolstert. Wenn jemand das Gefühl von Wolken oder des Schwebens mochte, vermittelte das Sitzen auf seinem Stuhl oder seiner Couch genau dieses Gefühl.

Plüschmöbel können sich wie Marmor anfühlen, oder der Boden sieht aus wie Marmor, fühlt sich aber beim Gehen an wie Gras, Wasser, Federn oder ein anderes weiches Material. Alles kann so geschaffen werden, dass es anders aussieht, als es sich anfühlt, je nach individuellem Geschmack.

Alle Zimmer spiegeln die Individualität und die persönlichen Interessen einer Familie wider, und so legen sie eine schier unendliche Variationsvielfalt an den Tag.

Einige Familien widmen ihr ganzes Haus einem der Sinne, zum Beispiel dem Gehör- oder Geruchssinn. Oder die einzelnen Räume eines Hauses können nach dem Gehör-, Gesichts-, Geruchs-, Tast- und Geschmackssinn ausgerichtet sein. Wenn man in einem solchen Haus von Raum zu Raum ginge, nähme man für jeden Sinn vielfältige Eindrücke wahr.

In einem Raum, der dem Gehör gewidmet ist, reagiert alles auf Ton oder gibt Klänge von sich. Über den Teppich zu gehen kann einen bestimmten Ton hervorrufen, auf ihm zu liegen erzeugt möglicherweise eine Variation des gleichen Tons. Auf den Kissen zu sitzen oder im Raum umherzugehen kann ganze Schwingungsmuster schaffen, die wiederum die Möbel veranlassen, harmonisch komponierte Klänge von sich zu geben. Alles dort trägt zu einer himmlischen Komposition von Melodien bei. Möglicherweise befinden sich im Raum einige Musikinstrumente, die auf Wunsch von Besuchern gespielt werden können.

Jemand, der sein Leben der Musik verschreibt, setzt dies auch in seinem Haus um. Jeden Raum widmet er einem anderen Musikinstrument und seinen spezifischen Klängen. Die Springbrunnen im Garten tönen, alle Bäume, Blumen und Büsche kreieren zusammen herrliche Natursymphonien. Der Garten wäre nicht vollständig ohne eine Windharfe, das ist eine Harfe, die den Wind einfängt und so wunderschöne Melodien produziert.

In einem Raum, der dem Geruch gewidmet ist, duftet alles in einem besonderen Aroma. Auf einen Bettvorleger zu treten ruft einen bestimmten Duft hervor, vielleicht den einer Rose. Eine Pflanze oder ein kleines Kissen zu berühren verursacht ein Flair, das der Erzeuger sich ausgedacht und manifestiert hat. Ein Landschaftsgemälde könnte sehr wohl die frischen natürlichen Düfte von Landluft verströmen, einen kalten Gebirgszug oder das Aroma von Feldlilien.

Ein Raum, der dem Tastsinn gewidmet ist, versetzt jemanden möglicherweise in eine beruhigende Schwingung. Zusätzlich könnten Felle und schön anzufühlende Textilien von den Wänden herabhängen. Die Böden fühlen sich vielleicht wie nasses Gras an, und das Gemälde eines Wasserfalls vermittelt beim Berühren den Eindruck von Feuchtigkeit.

Ein anderer Raum könnte der Farbe gewidmet sein. Hier würde ein Kaffeetisch oder eine Couch ständig die Farbe wechseln, Farben von Rot zu Purpur zu Grün zu Blau zu Gelb und wieder zu Rot, der Farbübergang könnte auch zufällig verlaufen. Alle Wände würden die Farbe wechseln oder die Böden und die Beleuchtung im Raum. Dies ließe sich noch mit Klängen kombinieren, so dass beim Singen verschiedener Noten sich die Farben der Möbel ändern. Alles hängt von der Vorstellung des Schöpfers ab und natürlich von den Grenzen der Sinneswahrnehmung. Zuviel Wechsel überwältigt die Sinne.

In der Regel ist es die Dame des Hauses, die mit neuen Möbelentwürfen, Farben und der gesamten Inneneinrichtung experimentiert. Jedoch hat normalerweise jeder in der Familie ein oder mehrere eigene Zimmer, die er dekoriert. Während wir auf der Erde den ganzen Tag damit verbringen, das Haus zu putzen, erschaffen die Hausfrauen auf der Venus an einem Nachmittag ganze Möbelgarnituren. Schneller Wechsel gehört zur Lebensart.

Das Leben ist nicht ganz so einfach, wie es scheint. Mit dem Manifestieren von Dingen geht eine Menge Übung und Verantwortung einher. Die Gesetze des Gleichgewichts und der Harmonie müssen befolgt werden, genau wie auf der physischen Ebene. Um etwas zu erschaffen und ein befriedigendes Resultat zu erzielen, reicht es nicht, ein vages Bild im Kopf zu haben. Wenn jemand bloß das Bild eines Stuhls anstelle eines vollständigen Stuhls imaginiert, bekommt er nur ein flaches, zweidimensionales Abbild. Und es ist nicht möglich, einem Stuhl zu befehlen zu erscheinen, indem man einfach das Wort „Stuhl“ ausspricht“.

Am Anfang des Astrallebens ist es nicht einfach, Dinge zu erschaffen. Auch wenn den Kindern zu Hause viel Freiheit gegeben wird, müssen sie lernen, eine Gedankenform sauber zu nutzen. Sie haben nicht dieselbe Konzentrationsfähigkeit wie Erwachsene. In ihrer Neugier neigen sie dazu, von einer Sache zur nächsten zu springen. Deshalb beginnen sie noch nicht im frühesten Alter, alle Arten von Dingen zu manifestieren. Ihre ersten Spielzeuge und Sachen werden von ihren Eltern geschaffen.

Zunächst sind die Kinder auf der Astralebene unterentwickelt. Sie müssen sich an das Leben dort gewöhnen, und sie müssen, wie die Kinder auf physischen Planeten, dazu angeleitet werden. Die Kinder auf der Venus werden von ihren Eltern darin geübt, ihre lebhaften Vorstellungen mit der Kraft konzentrierter Aufmerksamkeit zu beherrschen.

Mit der Fähigkeit, Dinge aus Energie zu manifestieren, umgehen wir lediglich den Herstellungsschritt der manuellen Arbeit. Die hauptsächliche Herausforderung für jeden einzelnen liegt im Entwerfen, besonders bei Kindern, die die Technik individuellen Manifestierens erlernen.

Zunächst sind die Entwürfe unvollständig und ungleichmäßig, oder sie stehen nicht im Einklang mit ihrer Umgebung. Ein Kind muß lernen, im Kopf ein komplettes Bild in allen Dimensionen zu visualisieren, mit genauen Abmessungen, Texturen, Farben und Mustern, bis ins kleinste Detail. Wenn beim mentalen Bild ein Bein des Stuhls fehlt, wird der echte Stuhl mit einem fehlenden Bein manifestiert. Wenn die Abmessungen in der Visualisierung nicht stimmen, ist der echte Stuhl gleichermaßen verzerrt und unausgewogen. Die Farben, Materialien und die Form müssen ausbalanciert werden und mit den vorherrschenden Themen des Raumes harmonieren. Fahrlässiges Kreieren führt zu einem Haufen Schrott.

Die astrale Venus ist kein chaotischer Ort, auch wenn wir die Gedankenkraft nutzen. Alles ist fest und bleibt wie es ist, bis jemand es verändert. Wenn meine Tante und mein Onkel Teutonia für ein paar Jahre verlassen hätten, wäre das Haus so geblieben, wie es war. Niemand mischt sich in die Kreationen eines anderen ein. Und Materie läßt sich, einmal geschaffen, nicht so einfach auflösen, sie kann höchstens umgestaltet werden. Deshalb sind die Menschen vorsichtig, nicht einen Haufen Schrott zu manifestieren. Ein einmal geschaffener, bestimmter Raum bleibt so, bis ihn jemand verändert. Das orangefarbene Sofa wird immer den Duft von Rosen verströmen, bis sein Schöpfer es verändert.

Tatsächlich findet eine Familie erst nach einer Menge Experimente zum passenden Haus und zu einer Einrichtung, die ihrem Stil und ihrer Stimmung entspricht. Nachdem meine Tante und mein Onkel einmal herausgefunden hatten, was sie wirklich wollten, veränderte sich unser Haus nicht von Tag zu Tag. Manche Menschen hingegen fühlen sich wohl in einer ständig wechselnden Umgebung, weil sie es so gewohnt sind und die Sache vollständig beherrschen.

Auf der Venus lernt jeder eine Vielzahl von Handfertigkeiten und sonstige kreative Aktivitäten. Die Menschen nehmen große Mühen auf sich, um Dinge von Hand zu tun, anstatt sie einfach zu materialisieren, weil es erfüllender, sinnvoller und persönlicher ist.

Bei einer Lebenszeit, die sich auf Tausende von Jahren erstrecken kann, gibt es jede Menge Zeit, eine Reihe von Kunst- und Handfertigkeiten beherrschen zu lernen. Wir wissen, dass das Leben eintönig und langweilig werden könnte, wenn wir nur mit den Fingern schnippen müßten, um all unsere Wünsche zu erfüllen. Es gäbe weniger Herausforderungen und Ziele, auf die man sich freuen könnte.

Im Astralen ist es möglich, Fähigkeiten wie Flötespielen nur durch den Willen zu beherrschen, aber auf der Venus wird dies als Faulheit angesehen und daher gemieden. Wir streben danach, unsere Fähigkeiten durch Mühe und Übung zu entwickeln, wie es die Menschen auf der physischen Ebene tun müssen. Mit Ausnahme des Häuserbauens versuchen wir, so viel wie möglich von Hand zu machen. Wenn jemand wenig Talent oder Interesse daran hat, Möbel aus den Grundelementen zu bauen, wird er sie wahrscheinlich manifestieren. Jemand, der sich zum Malen nicht hingezogen fühlt und keine Lust hat, es zu lernen, manifestiert vielleicht zunächst Bilder, um sein Haus damit zu schmücken. Jeder entwickelt seine Fähigkeiten auf vielen Gebieten, aber nur in denen seiner Wahl.

Die Kunst nimmt einen so großen Teil im Leben der Menschen ein, dass jedes Haus mit Kunstformen angefüllt ist, die anregen und inspirieren und die Individualität, den Geschmack und die Vorlieben einer Familie widerspiegeln. Das Haus eines Holzschnitzers ist verziert mit handgemachten Schnitzereien. Das Haus eines Webers ziert vielleicht Wände und Möbel mit selbstgemachten Stoffen.

Die Fertigkeiten in den verschiedenen Künsten werden nicht nur über viele Jahre hinweg entwickelt und verfeinert, sondern auch von Lebenszeit zu Lebenszeit übernommen. Wenn jemand mit einem großen Talent geboren wird und diesem dann ein ganzes Leben widmet, bedeutet dies meist, dass seine Seele schon in früheren Leben mit diesem Talent beschäftigt war. Mein eigenes Interesse am Tanzen begann auch nicht in diesem Leben, sondern vor vielen Jahrhunderten, als ich eine Tänzerin im alten Ägypten war.

Die Bildhauerei ist auch eine beliebte Kunst. In einigen Häusern in unserer Nachbarschaft bestanden ganze Räume aus Steinmetzarbeiten. Das war abenteuerlich, weil die Tische, Stühle und sogar die Wandregale aus demselben Material gemeißelt waren, aus dem auch die Wände und die Decke bestanden.

Musik ist eine der schönsten Arten, seine kreative Natur auszudrücken. Die meisten Venusier lernen wegen der persönlichen Erfüllung und Freude, ihre eigene Musik zu komponieren und Musikinstrumente zu spielen. Wir können singen oder Musikstücke erfinden, die unsere Gefühle schöner und vollständiger ausdrücken als Worte oder Literatur. Das Gefühlselement in unserer Musik ist sehr wichtig. Einfache schöne Klänge vermitteln viel Gefühl.

Ich kenne in Teutonia niemanden, der nicht mindestens ein Musikinstrument spielte. Die meisten übten und beherrschten mehrere verschiedene Instrumente.

Viele unserer Musikinstrumente sind denen hier auf der Erde sehr ähnlich. Die Instrumente werden deshalb heute im physischen Universum benutzt, weil sie zunächst auf der Astralebene geschaffen und im Astralmuseum aufbewahrt wurden, bis Suchende sie entdeckten. Flöten, Violinen und Harfen zählen zu den beliebtesten auf der Venus, ebenso unsere verschiedenen Arten von Tasteninstrumenten. Wir haben auch zahlreiche Instrumente, die Klänge der Natur imitieren, wie den Wind, fließendes Wasser, das Rauschen des Meeres etc.

Schlaginstrumente werden in unserer Musik selten verwendet, obwohl hin und wieder ein Trommel- oder Beckenschlag vorkommt. Hart klingende Blechinstrumente sind auch nicht beliebt. Die dichten Schwingungen der Schlag- und Blechinstrumente passen besser zur dichteren physischen oder zur unteren Astralebene.

Unsere Musik ist schwebend und inspirierend, sehr verschieden von eurem beliebten Rock'n Roll auf der Erde. Unsere höhere Form von Musik mag für irdische Ohren fremd klingen, aber sie ist schöner als alles, was ihr je gehört habt. Der harte Beat moderner irdischer Musik (in der westlichen Welt) bringt geistige Verstimmung und entfacht die niederen Zentren des Menschen anstelle der höheren. Dies bedeutet aber nicht, dass er verdammt werden muß, weil in der Welt verschiedene Arten von Musik nötig sind, die den unterschiedlichen Stufen der Individuen entsprechen. Es dient alles seinem Zweck.

Das meiste in unserer Musik stellt eine persönliche Erfahrung dar, die zu Hause genossen wird, obwohl wir einige wenige Orchester haben, besetzt mit Künstlern, die ihr Leben der Musik geweiht haben. Wir haben ein Orchester, für das die Venus berühmt ist, das Cello-Orchester in der Stadt Retz.

Tanzen und Singen ist in unserer Kultur genauso verwurzelt wie unsere planetarische Sprache. Jeder lernt in einer venusischen Familie, zu tanzen und seine Gefühle auf eine Weise auszudrücken, wie dies in keiner anderen Kunstform möglich ist.

Das venusische Tanzen kann am besten mit dem verglichen werden, was man auf der Erde Ausdruckstanz nennt. Die Astralebene wird ja auch als Ebene der Gefühle bezeichnet, was andeutet, dass wir viel damit zu tun haben, unsere Gefühle auszudrücken. Unser Tanzen vermittelt uns diese kreative Befreiung.

Auf der Erde gilt die Schauspielerei als eine weitere Kunstgattung, aber auf der Venus bedeutet sie viel mehr. Jeder weiß, dass er täglich das Drama des Lebens in den niederen Welten aufführt. Dies trifft auf jeden Planeten zu, obwohl das Schauspiel ohne den seelischen Standpunkt mit der Realität verwechselt wird. Die meisten Menschen auf der Erde sind so mit ihrem täglichen Leben beschäftigt, dass sie niemals innehalten und die Dinge einmal objektiv vom seelischen Standpunkt aus betrachten.

Schauspielern, das tun die Kinder die meiste Zeit des Tages, indem sie ihre Vorstellungskraft dazu benutzen, jemand anderes zu sein oder sich Geschichten auszudenken. Es ist ein sehr wichtiger Teil der Kindheit und des Lebens an sich, weil Schauspielern die Vorstellungskraft und Kreativität fördert. Jemand, der nicht fähig ist zu schauspielern, kann nicht wirklich leben. Wir Menschen unterhalten ständig andere oder tun Dinge, um Aufmerksamkeit zu erregen, und all dies ist Schauspiel.

Als Kind schauspielerte ich, indem ich jeden Morgen in den Spiegel blickte und entschied, was für eine Person, was für eine Persönlichkeit ich heute sein wollte. Während des Tages war ich dann diese Person. Auch Erwachsene spielen dieses Spiel, weil Langeweile eine echte Bedrohung für die Menschen auf der Astralebene darstellt. Alle vorstellbaren materiellen Besitztümer zu haben ist keine Garantie für Glück. Indem wir vorgeben, etwas zu sein, was wir immer sein wollten, können wir diese Erfahrung wirklich machen. Viele Venusier spielen Spiele, um das Leben interessanter zu machen.

Es ist nicht leicht, das Dasein auf der Venus als Ganzes zu verstehen, wenn man sich die Einzelteile anschaut. Unser Volk führt kein bruchstückhaftes Leben. Jeder ist ein Individuum und verfolgt verschiedene kreative Absichten, je nach Persönlichkeit, Geschmack und vergangenen Leben. Er mag sein ganzes Leben dem Malen verschreiben, obwohl er vielleicht auch neue Musikinstrumente entwirft und Talent zum Schreiben, Skulptieren und für Holzarbeiten hat. Ein anderer ist vielleicht von Physik und Wissenschaft fasziniert, spielt aber außerdem Flöte.

Egal wie interessiert jemand an seiner Lieblingskunst oder -Wissenschaft ist, es gibt endlos viel zu lernen. Jemand könnte sein ganzes Leben damit verbringen, Pflanzen zu studieren, und er würde doch nie den Punkt erreichen, an dem er alle kennt, die es gibt.

Beispielsweise untersuchen die Menschen auf der Erde seit Jahren und Jahrzehnten Pflanzen, und doch entdecken sie erst jetzt, dass Pflanzen Gefühle haben und auf Emotionen reagieren. Das ist hier eine große Entdeckung, obwohl es auf anderen Planeten seit langem bekannt ist, weil wir wissen, dass eine Seele diese Pflanzenkörper bewohnt, wie wir selbst es einst taten.

Egal auf welchem Planeten oder welcher Ebene man lebt, es gibt immer etwas Neues zu lernen. Die ganze Ewigkeit hindurch, auch wenn man wieder in der physischen Welt lebt, gibt es Arbeit, die getan und Probleme, die gelöst werden müssen. Sogar das höchste Wesen im höchsten Bewußtseinszustand lernt noch. Bloß weil das Leben nach dem Tod für viele Menschen auf der Erde ein Mysterium ist, heißt das nicht, dass der Tod das Ende von allem bedeutet. Es ist nur ein Szenenwechsel, ein neuer Anfang auf einer neuen Ebene. Selbst die Höchste Gottheit erlebt jeden Tag Neues durch alle Formen des Lebens.

Die Wissenschaften sind ebenso ein Teil unseres Lebens wie die Künste. Ununterbrochen studieren wir das Universum und die Natur, wie sie funktioniert und wie wir damit umgehen können. Jeden Tag versuchen wir, mehr mit der Natur anstatt gegen sie zu arbeiten, um sie nicht völlig auszubeuten und so ein Ungleichgewicht zu schaffen. Es mag schwierig sein, diesen Weg zu leben, und es erfordert viel Aufwand und Zeit, besonders für die Menschen auf den physischen Planeten, doch wir wissen, wenn wir die Natur lieben, werden wir ihre Liebe auch erfahren.

Menschen aus der physischen Welt zu helfen ist ein Ziel, das viele von uns teilen. Nicht nur, dass wir auf diese Weise persönliches Karma aufarbeiten, wir haben auch die Befriedigung, Menschen in Not zu helfen, besonders solchen auf Planeten wie der Erde.

Wissenschaftler, die auf der Erde und auf anderen physischen Planeten sterben, setzen ihre Arbeit oft zum Wohle der ganzen Menschheit auf einer höheren Ebene fort. Es kommt oft vor, dass sie ihre Fähigkeiten und ihr Wissen über viele Leben behalten.

Diejenigen von uns, die planen, ihre Schwingungen auf das physische Maß zu senken und auf der Erde zu leben, lernen oft nützliche Berufe. Einige Venusier, die heute auf eurem Planeten leben, kamen von der Astralebene, auf der sie ein enormes Wissen erwarben. Wissenschaftler auf der Astralebene haben häufig keine andere Wahl, als ihre Arbeit auf der physischen Ebene fortzusetzen. Sie müssen ab einem bestimmten Punkt mit physikalischen Gesetzen unter physischen Bedingungen arbeiten, wie mein Onkel feststellte. Ein Gerät, das mit Gedankenkraft wunderbar funktioniert, muß so entworfen werden, dass es physisch arbeitet, falls es einmal physisch wird, und dies erfordert Experimente in der physischen Welt.

Glücklicherweise haben wir unsere Kultur in jeder Hinsicht intakt erhalten. Es wäre leicht gewesen, sich auf die astrale Kraft zu verlassen und – anstatt physische Talente zu entwickeln – alles durch Gedanken zu erschaffen. Darunter würde aber unsere Kultur später leiden, denn wir wissen, dass spätere Generationen des venusischen Volkes eines Tages am Ende des Eisenzeitalters der Venus zur physischen Dichte zurückkehren werden. Indem wir unsere Fähigkeiten intakt halten, können wir unser Leben in physischer Dichte fortsetzen, ohne den Elementen und den Naturgewalten zu unterliegen.

Venusier sind sehr gesellig und versammeln sich bei vielen Gelegenheiten. Musik, Tanz und Gesang sind bei jedem Fest sehr wichtig. An den Darbietungen sind alle beteiligt, weil jeder irgendeine Begabung hat. Die Gäste bringen ihre eigenen Instrumente mit und spielen eine neue Musikkomposition, führen ein vergangenes Leben auf oder lesen ein neues Gedicht vor, das sie geschrieben haben. Hier drückt sich die reiche Kultur der Venusier in einem Festival der Kreativität und in Vorführungen aus, wodurch sich echte Gemeinschaft, wahres Verständnis unter den Menschen und echte Beziehungen ganz natürlich entwickeln.

Unter den Festspielen gab es eins, das ausschließlich Individuen oberhalb der physischen Ebene spielen können. Es ist gewissermaßen eine Maskerade, nur tragen die Gäste nicht bloß Kostüme und Masken, sie wechseln tatsächlich ihre Körperform und ihr Äußeres. Wir verwenden die Gedankenkraft, um den Astralkörper zu verändern, bleiben aber dieselbe Persönlichkeit, derselbe Geist und dieselbe Seele, mit denselben inneren Qualitäten und derselben Identität. Der Gastgeber und die Gastgeberin hatten dann die lustige Aufgabe zu erraten, wer die Gäste wirklich waren, die zur Party kamen. Die Herausforderung, ihre Identität geheim zu halten, lag nicht so sehr darin, einen ungewöhnlichen Körper zu manifestieren, sondern darin, die eigenen Schwingungen zu verbergen. Jedes Individuum hat einen bestimmten Ausdruck, einen bestimmten Blick in den Augen, der von Leben zu Leben immer gleich bleibt, egal wie der Körper aussieht. Dann gibt es die besonderen persönlichen Bewegungen – die Art, wie jemand sitzt, seinen Kopf hält, seine Hände bewegt oder wie er lächelt. All dies sind Anhaltspunkte für eine Identifizierung. Der Erfolg lag darin, die inneren Qualitäten seines Freundes jenseits der äußeren Erscheinung zu erkennen.

Unter den farbigen Kostümen tauchten auf den Festen auch vertraut aussehende Tiere auf: vielleicht eine pink leuchtende Katze, ein purpurroter struppiger Hund oder ein oranges Pony mit einem blauen Schwanz. Das waren natürlich keine echten Tiere, aber einige hatten diese Körper als Verkleidung gewählt. Als Kind bewunderte ich Schmetterlinge, und oft flog ich als Schmetterling zu den Parties.

Die Erfahrung, einen Pflanzen- oder Tierkörper zu haben, obwohl man ein Mensch ist, lehrte mich, dass unsere menschlichen Körper die perfekteren Vehikel für eine Seele sind, die im menschlichen Bewußtseinszustand lebt. Für eine Weile war es toll, den Körper eines Schmetterlings zu haben, aber er hatte zu viele Beschränkungen.

Obwohl sie weniger beschränkt ist als physische Welten, ist die Venus weit davon entfernt, eine Utopie oder die beste Welt zu sein, die sich die Seele vorstellen kann. Das Studium der Gesetze der Höchsten Gottheit ist besonders wichtig für uns, weil wir uns genau wie jede andere Seele in irgendeiner der dichteren Welten weiterentwickeln. Wir haben ebenfalls Probleme zu lösen und Lektionen zu lernen, und wir streben auch nach höherem Bewußtsein.

Weil wir alle materiellen Dinge besitzen können, die wir uns wünschen, sind unsere Lektionen und Probleme auf der Astralebene andere. Im Physischen sind die Gefühle mit den materiellen Problemen vermischt, wie der Lebensunterhalt, das Kranksein, und auch all den physischen Verantwortungen gerecht zu werden ist mit Emotionen verbunden. Hier überlagern zum größten Teil die physischen Probleme die rein emotionalen Probleme, während wir uns im Astralen der Erfahrung öffnen und uns voll mit unseren Gefühlen beschäftigen können.

Die Venusier müssen großen Aufwand betreiben, um ihre emotionale Balance aufrechtzuerhalten. Ein unausgeglichener Gefühlszustand kann die Seele verletzen. Wir finden, dass emotionale Probleme dazu tendieren, hier viel überwältigender zu sein.

Bindung ist auf jeder Ebene sehr gefährlich, weil sie der Seele ihre Freiheit nimmt. Wir müssen vorsichtig sein, weil es sehr leicht ist, sich an die Familie, an andere, an Rituale und an einen Lebensweg zu binden.

Eine gute Übung ist es, die Dinge zu mögen, die wir nicht mögen, weil jede Abneigung einen Grund hat, meistens einen emotionalen. Als Seele versuchen wir, uns der Dinge bewußt zu sein, die nicht Seele sind, wie Angewohnheiten und Annahmen. Wir versuchen uns auch dadurch zu disziplinieren, dass wir nicht alles auf einmal tun, uns nicht beeilen und das Leben auf eine ausgeglichene Weise auskosten. Wir sind in jedem Moment dankbar für das, was wir haben und was wir sind. Weil wir so lange leben, ist es wichtig, alle im Leben möglichen Erfahrungen durchzumachen. Es ist sehr leicht, sich hinreißen zu lassen, weil jeder alles, was er will, nur durch den Gebrauch der Gedankenkraft haben kann. Oft müssen wir unsere Wünsche zurückstellen. Wenn wir all unsere Erfahrungen in wenigen Jahren machen würden, könnten wir uns leicht jahrhundertelang langweilen.

Eines der größten Probleme unserer Menschen ist die Verhaftung in Liebesbeziehungen. Mein Vater erholte sich nie von seinem Gram über den Verlust meiner Mutter. Es ist ein Problem, das imstande ist, einen Venusier ernsthaft aus dem Gleichgewicht zu werfen und sein geistiges Wachstum zu unterdrücken. Gefühle können ihn erschlagen, ehe er weiß, was geschieht. Emotionales Gleichgewicht zu halten ist entscheidend! Eine Seele kann Karma ebenso gut auf der astralen wie auf der physischen oder einer anderen der dichteren Welten schaffen.

Für viele ist die Astralebene der Himmel, wenn der physische Körper stirbt. Das Leben auf der Venus sollte euch ein paar Einsichten in euer astrales Leben nach dem Verlassen des Physischen gewähren. Es kann wunderwunderschön sein, aber wie das Leben auf den anderen niederen Ebenen ist es begrenzt.

Kapitel 8 – Irdische Bindung

Der Meister ruft mich nach Retz – Meine Entscheidung – Vonic bildet mich aus – Reise durch die Astralebenen – Mein letzter Tag auf der Venus – Die Schwingungen senken – Ein anderes Retz – Beschränkungen des dichteren Körpers – Im Konvoi auf dem Weg zum Mutterschiff – Auf der Reise zur Erde

Unsere Reise nach Retz ging diesmal schneller vonstatten, weil der Meister uns gerufen hatte. Mein Onkel und ich stiegen in das kugelförmige Luftfahrzeug und nahmen Platz. Innerhalb weniger Augenblicke tauchten wir direkt vor den Toren von Retz auf. Mit unseren Geschenken traten wir zügig in den Tempel der Goldenen Weisheit ein, um Meister Kanjuri zu begrüßen.

Kanjuri war ein älterer, bartloser Mann mit bemerkenswert weißem, fast silberweißem langem, fließenden Haar. Als ich vor ihm stand, spürte ich, wie alt und doch gleichzeitig jung Kanjuri war. Es ist ein Paradox, das ich nicht erklären kann. Aus seinen tiefgrünen blitzenden Augen sprach endlose Weisheit und Mitgefühl. Wie jeder wahre Meister war Kanjuri eine wunderbare Seele, umgeben von einem Hauch gelassener Ruhe.

Wir überreichten unsere Geschenke – eine Pflanze für den Tempel und Früchte für den Meister. Dann nahmen wir auf Kissen Platz und chanteten laut das Wort Amaul, das tythanische Wort für Liebe. Augenblicklich glühte der Raum in einem warmen rosafarbenen Licht, und Kanjuri begann zu sprechen.

„Ich habe euch gerufen, damit Omnec in der Lage ist, ihre Wahl zu treffen“, sagte er. Omnec Onec ist mein venusischer Name, die englischen Buchstaben umschreiben die venusische Aussprache. Der Name bedeutet „spirituelle Rückbindung“ (Spiritual Rebound). Kanjuri fuhr fort und sagte, dass auf der Erde ein kleines Mädchen lebe, mit dem ich ein früheres Leben während der Zeit der Französischen Revolution geteilt habe. Wir waren in diesen turbulenten Jahren Schwestern und standen uns sehr nahe.

Ich war damals in einen Hochverrat verwickelt, und mein Leben war in Gefahr, als meine Schwester vortrat und die Schuld auf sich nahm – aus Liebe zu mir und weil sie es wichtig fand, dass ich meine Arbeit fortsetzte. Sie wurde an meiner Stelle enthauptet. Kanjuri erklärte, dass sie jetzt ein kleines Mädchen sei, das in den Vereinigten Staaten lebe und in ihrer Familie sehr zu leiden habe. Ihre Mutter umsorge sie so gut sie könne, doch sowohl sie als auch ihr Ehemann seien dem Trinken und dem Streiten verfallen.

Im Alter von sieben Jahren solle dieses kleine Mädchen Sheila zum Schutz vor den Problemen und Streitereien zu Hause zu ihrer Großmutter in Chattanooga, Tennessee, geschickt werden. Der Meister schaute nun in die Zukunft und sah, dass Sheila unterwegs bei einem Busunglück in den Ausläufern von Little Rock in Arkansas ums Leben kommen würde.

Weil ich eine ältere Seele war und diesmal weniger Bindungen auf der Venus hatte, stand mir eine besondere Wahl offen. Ich würde meine Schwingungen ins Physische senken und auf die Erde gehen können, um mein Karma in diesem Leben auszugleichen. Nach dem Unfall würde man sich um Sheilas Körper kümmern, und ich würde ihren Platz einnehmen. Dann würde ich als Sheila statt als Omnec Onec in ihrer Familie leben und dabei einiges von ihrem und meinem Karma abarbeiten und somit die Wechselbeziehung von Ursache und Wirkung auf vielen verschiedenen Wegen ausgleichen.

Anstatt auf der Erde wiedergeboren zu werden, wurde mir die ungewöhnliche Gelegenheit geboten, meinen venusischen Körper auf die irdische, physische Ebene zu verdichten. Ich würde meinen Bewußtseinsstand und meine Erinnerung als Hilfe bei den Prüfungen, die mir bevorstanden, behalten. Es würde schwierig sein, mein Karma zu verstehen oder zu bewältigen, wenn ich auf der Erde geboren würde, ohne von der Wahrheit der höheren Ebenen zu wissen.

Wenn ich aber jetzt auf die Erde ginge, erklärte der Meister, träfe ich auf Bedingungen, unter denen ich mein Karma mit weniger Seelenqual abarbeiten könne, und ich müßte nie wieder auf die physische Ebene der Erde zurückkehren. Zusätzlich war ich für eine spirituelle Aufgabe und einen Plan auf der Erde vorgesehen. Es ging darum, den Geist der Menschen für die Bruderschaft der Planeten zu öffnen. Die Einzelheiten würden mir während meines Lebens auf der Erde enthüllt werden.

Das war ein großer Schock für mich und natürlich beängstigend. Ich wußte nicht, dass ich schon so bald aufbrechen sollte, und ich hatte noch nie von irgend jemandem gehört, der als Kind die Venus verlassen hatte. Erwachsene, die physisches Karma haben, senken häufig ihre Schwingungen und verlassen die Astralebene, um auf der Erde zu leben. Das hatte der Meister beim Seminar in Retz erwähnt.

Gleichzeitig war das alles sehr aufregend. Ich wußte in diesem Leben nicht viel über die Erde. Ich hatte von ihr nur soviel gehört wie vielleicht einige Amerikaner von Asien oder sonstigen entlegenen Teilen der Welt. Das Leid, das andere Menschen dort durchmachen, betrifft einen nicht und bedeutet einem nicht so viel, wenn man weit davon entfernt ist. Als Kind, das vom Abenteuergeist erfüllt ist, fühlte ich, dass mein Leben auf der Erde aufregend sein würde. So sagte ich Kanjuri, ich würde es mir überlegen und es ihn dann wissen lassen.

Kanjuri versicherte mir, wenn ich mich entschlösse, die Venus zu verlassen, würden mir alles nötige Wissen gegeben und alle Vorbereitungen getroffen werden. Ich würde alles über die Familie des Mädchens erfahren und amerikanisches Englisch lernen, die Sprache, die sie benutzten. Und bevor ich aufbrechen würde, sollte mir alles über die Menschen auf der Erde, ihr Bewußtsein, ihre Kultur und Technologie beigebracht werden, und besonders das, was ich im Süden der Vereinigten Staaten zu erwarten hätte.

Bei wichtigen Angelegenheiten wurde mir Hilfe versprochen, die geistige Führung meines Volkes durch Odin oder jemanden, der mir nahe steht. Mit diesem ermutigenden Schlußwort endete Kanjuri, und er fügte hinzu, ich hätte mehrere Tage Zeit, diese Aussicht zu überdenken.

Ohne Zögern sagte ich, ich hätte meine Entscheidung schon getroffen. Ich würde die Venus verlassen, um den Rest meiner Tage auf dem Planeten Erde zu verbringen. Kanjuri blieb einen Moment still, als meine Tante zu sprechen anfing. Sie erinnerte mich daran, dass ich nicht gezwungen sei zu gehen, wenn ich nicht fühlte, dass es richtig sei. Ich sagte ihr, dass ich dies verstünde, dass ich es aber als eine Entscheidung des Karmas empfände, das mich dazu bestimme, die Venus zu verlassen, und das mir keine Wahl ließe.

Ich begriff, dass ich in der physischen Welt ein Kind von sieben Jahren sein würde. Mein Astralkörper würde beim Verlassen der Venus wie der eines siebenjährigen Kindes aussehen. Doch mein Bewußtsein würde im Physischen hochentwickelt sein, weil ich auf der Astralebene geboren war und die Kultur und die Lehren der Venus geerbt hatte.

Meine erste innere Schau von Sheila war sehr aufschlußreich. Ich mochte sie aufgrund unserer karmischen Verbindungen sehr gern. Physisch ähnelten wir uns sehr, was für mich den Hauptausschlag dafür gab zu glauben, alles sei geplant und es sei Karma. Ich akzeptierte dies als mein Karma, und ich hatte den starken Wunsch, es abzuarbeiten und von diesen Pflichten befreit zu sein.

Ich spürte, dass es auch für Sheila notwendig sei, von der physischen Welt befreit zu sein. Sie hatte genug gelitten. Meine Entscheidung zu gehen war eher Intuition, und die innere Eingebung, die ich vernahm, bestätigt mich heute darin, dass mein Entschluß, zur Erde zu kommen, selbst karmisch bestimmt war.

Kanjuri wiederholte sein Versprechen, dass ein Vorbereitungsprogramm beginnen würde. In ein paar Tagen würde sich jemand bei mir melden. Wir dankten dem Meister, und er sagte mir, dass ich eine sehr weise Entscheidung getroffen hätte. Möglicherweise würde ich in meinem Leben auf der Erde zunächst keine der spirituellen Lehren der Venus finden, erst viel später würde dies der Fall sein. Er sagte auch, ich solle nicht über diese Lehren sprechen, weil die Menschen sie nicht verstehen würden. Wenn die Zeit reif sei, würden sie offen in Amerika enthüllt werden, doch ich sollte nicht nach ihnen suchen. Sie würden zu mir kommen. Und ich würde bei diesen Lehren eine Überraschung erleben. Mit einem Lächeln verstummte der Meister. Wir sagten Aufwiedersehen und gingen.

Zu Hause wollte ich für mich allein über die Konsequenzen meiner Entscheidung nachdenken. Ich überdachte sie mehr als einmal, doch ich spürte immer stärker, dass es nicht meine, sondern eine Entscheidung des Schicksals war. Ich dachte über die bevorstehende Reise in einer sehr kindlichen Art nach, wie über ein Abenteuer mit vielem Unbekannten.

Wie Kanjuri gesagt hatte, erschien ein paar Tage später ein Meister an unserer Tür, für die Leute auf der Venus ein sehr ungewöhnlicher Mensch. Mit seinen dunkelbraunen Augen und seinem langen, schwarzen, schulterlangen Haar fiel er in unserer Gesellschaft auf, in der die meisten Leute blond sind.

Vonic war sein Name. Er sagte, er sei gekommen, um mich über Sheila zu unterrichten, über ihre Familie, über die englische Sprache und über die andersartigen Gewohnheiten der Menschen auf der Erde. Wir setzten uns zur ersten von vielen langen Unterhaltungen zusammen.

Vonic war wegen seiner Geduld als mein Lehrer ausgesucht worden. In meinem derzeitigen Leben und in vielen anderen Leben war ich dafür bekannt, impulsiv zu sein und gedankenlos in

Dinge hineinzustolpern. Ich neigte zu abrupten Unterbrechungen durch völlig beziehungslose Gedanken, die mir gerade so durch den Kopf schossen. Das entmutigte viele Leute, nicht aber Vonic, der damit sehr gut umgehen konnte. Er war sehr ruhig, nannte mir nur die Fakten, hörte dem zu, was ich sagte, und äußerte keine Meinung oder Kritik.

In den nächsten paar Wochen brachte mir Vonic alles bei, was ich wissen mußte. Nie zuvor mußte ich mir so viel auf einmal merken, aber es war nötig, dass ich schnell lernte. Glücklicherweise war ich mit einem guten Gedächtnis gesegnet und nicht mit einem physischen Verstand belastet.

Vonic brachte mir Sheilas persönliche Geschichte und alles über ihre Familie bei, so dass ich mit deren Persönlichkeiten und ihrer Lebensart vertraut wurde. Ich lernte genau so viel über Sheilas Großmutter und Mutter, wie man dies von einem siebenjährigen Kind erwartete. Ich mußte die Beschreibung jedes Verwandten lernen, so dass ich in der Lage war, alle zu erkennen und in der richtigen Art mit ihnen zu reden, wenn ich sie träfe.

Vonic machte mich auch mit den Gewohnheiten und dem Bewußtsein der Südstaatler vertraut. Wir gingen auf ein paar Einzelheiten der Lebensbedingungen ein, die Art von Armut, der ich ausgesetzt sein würde. „In der physischen Welt", sagte Vonic, „werden die Menschen oft von grundlegenden physischen Bedürfnissen getrieben, anders als auf der Astralebene, auf der unsere Gedanken ständig erschaffen, was wir uns wünschen."

Diese Übungen nahmen eine Menge Zeit in Anspruch, Tag für Tag trafen wir uns, gingen die Fakten und meine Rolle als Sheila durch. Vonic und ich arbeiteten überall, wo wir gerade Lust dazu hatten – an der Feuerstelle, in meinem Zimmer, oben, im Garten oder am goldenen Strand. Ich übte, zu sprechen und zu handeln wie Sheila, und Vonic stellte Fragen über ihre Familie, die ich genau beantworten mußte. Es sei sehr wichtig, sagte er, dass ich mir vorstelle, selbst Sheila zu sein, statt diese Rolle nur zu spielen.

Dies ging soweit, dass mir alles über die Kindheit ihrer Mutter,

Sheilas wirklichen Vater, über die Hochzeiten all ihrer Vettern und die Persönlichkeit ihres Stiefvaters beigebracht wurde. Ich merkte mir die Krankheiten, die Sheila gehabt, die vielen Plätze, an denen sie gelebt, und die Nöte, die sie bis zur Zeit des Busunglücks durchgemacht hatte. Die meisten von Sheilas eigenen Erfahrungen, alles, was ihre Mutter ihr erzählt und was sie selbst gelernt hatte, wurden in meinen Gesprächen mit Vonic behandelt.

Ich habe Vonic nie gefragt, woher er all diese persönlichen Informationen über Sheilas Familie hatte, aber ich bin sicher, dass jemand von unseren Leuten auf der Erde mit ihnen befreundet war.

Vonic unterstrich besonders, was von mir erwartet werden würde und was ich nicht tun könne, wie etwa die psychischen und spirituellen Kräfte zu benutzen, die ich entwickelt hatte. Die Menschen würden das im allgemeinen nicht verstehen, und sie könnten derartig stark in Furcht geraten, dass sie mich des Satanismus oder der schwarzen Magie beschuldigten. Ich durfte auf keinen Fall irgend jemandem etwas über meine wahre Herkunft erzählen, solange noch nicht die richtige Zeit dafür gekommen und ich noch nicht alt genug dafür wäre.

Vonic lehrte mich nicht nur die verschiedenen Religionen auf der Erde, sondern er erklärte mir auch, wie die meisten von ihnen bloße gesellschaftliche Versammlungen anstelle wahrer geistiger Lehren darstellten. Ich erfuhr von den vielen verschiedenen Vorstellungen von Gott und von der negativen Macht in Gestalt eines mythischen Wesens namens Satan.

Ich durfte keine Freiheit wie die in der venusischen Gesellschaft erwarten und über die Beschränkungen in allen Bereichen meines Lebens nicht allzu enttäuscht sein. Die Schulen, die ich besuchen würde, erklärte Vonic, wären in ihren Lehrmethoden und -inhalten nicht so fortschrittlich wie auf der Venus, so dass ich vorsichtig sein müßte, nicht zu zeigen, dass ich so viel wußte. Ich mußte vorgeben zu lernen und durfte mich nicht entmutigen lassen. Die Erzieher auf der Erde, sagte Vonic, gäben ihr Bestes, gemessen an dem, was sie wußten – ihren irdischen Beschränkungen entsprechend.

Ich mußte mir merken, dass kein Weg zurück mehr existierte, wenn ich erst einmal angekommen war. Ein solcher Rückschritt würde für alle Beteiligten riesige Probleme verursachen. Ich würde dann meine karmische Schuld nicht bezahlen und statt dessen zusätzliches Karma erzeugen. In Zeiten großer Qual dürfe ich nicht zu fliehen versuchen und sagen, „Ich bin nicht wirklich Sheila, und ich will mich damit nicht abfinden!“

Ich zahlte eine Schuld zurück, die Sheila lange zuvor für mich abgebüßt hatte, und im Gegenzug litt ich für sie. Ich wurde von Vonic oft daran erinnert, dass mir viel Not bevorstand, aber er ging nie detaillierter darauf ein. Als einziges wurde mir versprochen, dass die Venusier mit mir in geistigem Kontakt bleiben würden. Aber Vonic betonte auch, dass sie keines der zukünftigen Ereignisse würden ändern können.

Wenn ich heute zurückschaue, weiß ich, dass mein Lehrer mich gründlich auf mein Leben auf der Erde vorbereitet hat. Das heißt, ich wußte mehr als genug, um Mitglied einer irdischen Familie zu werden. Vonic und ich wurden sehr gute Freunde.

Während meiner Ausbildungszeit kam der Jahrestag meiner Geburt. Ohne mein Wissen hatten Arena und Odin etwas geplant, das eine besondere Erfahrung für mich beinhaltete: eine Reise in andere Bereiche der Astralebene. Sie hatten nur erwähnt, dass es eine Geburtstagsfeier geben würde.

Am Morgen dieses besonderen Tages besuchten meine Tante und ich Freunde, die nicht weit von unserem Haus entfernt lebten. Als wir nach Hause kamen, warteten Rimj und all meine besten Freunde und auch Vonic und mein Onkel darauf, meinen Geburtstag zu feiern. Alle Zimmer waren mit Blumen und Schmetterlingen geschmückt, die Dinge der Natur, die ich am liebsten zeichnete. Es gab Bilder, Wandgemälde und Scherenschnitte, sogar Mobiles und Schmetterlinge. Zemura schenkte mir ein Kleid, bedruckt wie ein Schmetterling, um beim Thema meiner Party zu bleiben. Nach dem Essen sangen wir Lieder, tanzten, machten Musik und spielten Spiele, doch das Beste sollte noch kommen.

Tante Arena nahm mich beiseite und platzte mit der großen Neuigkeit heraus: An diesem Abend sollte unsere Familie mit unseren Freunden auf eine Reise durch die Astralebene gehen! Um dasselbe Bewußtseinslevel zu halten und damit keiner an der falschen Stelle auftauchte, vertrauten wir uns alle der Obhut von Onkel Odin als Piloten an.

Vorfreude erfüllte uns, als wir in das Luftfahrzeug einstiegen. Ich wußte, dass mir eine der denkwürdigsten Erfahrungen meines Lebens bevorstand. Es würde mein erstes Abenteuer jenseits der Venusoberfläche und meine erste Reise durch die riesige Welt sein, die vielen Erdenmenschen als Himmel bekannt ist.

Als unser Raumschiff abhob und die Stadt Teutonia unter uns kleiner und kleiner wurde, hatte ich den ersten atemberaubenden Anblick. Teutonia sieht aus wie ein riesiger Weihnachtsstern mit einer länglichen, sich verjüngenden Landspitze, die sich zwischen den zwei Bergen in Richtung des Meeres erstreckt. Als wir die Venus verließen, schwirrten um uns herum wunderschöne Farbformen von unmanifestierten Gedanken und Gefühlen. Einige glichen Feuerwerken in herrlich knalligen Farben, wie man sie in der physischen Welt noch nie gesehen hat.

Dies waren die Regionen des Astralen, die noch nicht manifestiert oder in Form gebracht worden waren – entzückende Meere himmlischer Energie. Alles im tiefen Weltall sieht auf der Astralebene so aus.

Unser erstes Ziel war die niedere Astralebene, das Land der Alpträume und dunklen Leidenschaften. Ich will nicht sagen, dass die Astralebene aus einer Reihe von Schichten besteht, durch die wir hinauf- und hinunterreisen. Wir nennen die verschiedenen Regionen untere, mittlere und höhere Ebene, um den Bewußtseinserkenntnisgrad der Einwohner zu bezeichnen, der sich widerspiegelt in den Körperformen, Farben, Landschaften und in einem allgegenwärtigen Gefühl für diesen Bereich.

Eine Anwandlung von Furcht überkam mich, als wir in die untere Astralebene eintraten. Es war eine unheimliche Region mit verzerrten Landschaften, gekrümmten Bäumen, riesigen Spinnweben, rauchenden Wäldern und grotesken Kreaturen. Wenn ihr euch vorstellen könnt, wie ein Spukwald aussieht, dann empfangt ihr mental wahrscheinlich das, was bereits irgendwo auf der unteren Astralebene existiert.

Die Wesen, die hier leben, sind so in ihre Leidenschaften wie Zorn, Gier und Wollust verstrickt, dass sie schreckliche unmenschliche Formen annehmen. Einige von ihnen sind faszinierend anzusehen, doch die meisten sind so furchterregend wie die dunklen, trüben Farben um sie herum.

Hier gibt es auch Häuser und Gemeinden, aber anstatt sich der Kreativität und den Künsten zu widmen, verbringen diese Leute die Tage damit, ihren Lieblingsleidenschaften zu frönen. Da gab es einen Vielfraß, der wenig Zeit abseits des Eßtischs verbrachte und der sich tagein tagaus mit leckeren Speisen umgab, um seine Sinne zu erfreuen. Desgleichen würde ein Geizhals so viele Juwelen, Gold und wertvolle Dinge manifestieren, bis sein Haus ihm kaum noch Raum zu leben übrigließe.

Auf der unteren Astralebene verbringen üble Wesen vorübergehend die Zeit zwischen den physischen Leben, bis sie sich irgendwie von ihren Leidenschaften befreien. Viele der orthodoxen Religionen haben tatsächlich Höllenregionen für sich auf der unteren Astralebene geschaffen, die unglücklicherweise für diejenigen zu Fallen geworden sind, die ihren Aufenthalt dort für ewig halten. Die Hölle ist so wirklich, wie die Menschen sie für wirklich halten.

Als wir zur mittleren Astralebene zurückkehrten, flogen wir über viele wunderschöne besiedelte Gebiete, in denen verschiedene religiöse Gruppen ihre himmlischen Gemeinschaften gebildet hatten. Die Menschen lebten hier in Frieden, bildeten kreative Fähigkeiten aus, so wie wir es auf unserer Ebene auf der Venus auch tun. Sie waren sich sehr wohl bewußt, dass sie eines Tages zur physischen Welt zurückzukehren würden. Viele von ihnen hatten Häuser und Umgebungen wie auf ihrem physischen Planeten geschaffen. Die Landschaften und Dörfer, die wir nun sahen, waren viel strahlender und farbenprächtiger als ihre physischen Gegenstücke auf dem Mars, der Venus, dem Jupiter, der Erde und anderen Planeten.

Es schien eine endlose Vielfalt von Landschaften zu geben, farbige Berge, schroffe Gebirge, sanft geschwungene Täler, Wiesen, Seen, Wüsten und Wälder. Wie auf der Venus bot die Natur ein leuchtendes Fest der Farben. Die Anblicke waren wahrhaft himmlisch.

Als wir weiterreisten, erklärte mein Onkel so gut er konnte all das, was meine Aufmerksamkeit erregte. Die höhere Astralebene ist eine spirituellere Region, in der höher entwickelte Seelen leben. Jeder, der sie schon einmal erfahren hat, wird bestätigen, dass sie mit physischen Begriffen nicht leicht zu beschreiben ist, weil die Farben dort feiner und anregender sind und weil es dort ein stärkeres Gefühl von Frieden, Freude, heiterer Ruhe und geistiger Höhe gibt.

In Sahasra-dal Kanwal, dem Zentrum dieser Ebene, gab es eine der schönsten Gegenden, die ich je gesehen habe. Sie hieß Zreph. Ich kann verstehen, warum so viele Religionen hier ihren himmlischen Wohnsitz aufgeschlagen haben. Die blühenden Gärten von Zreph können nicht mit Worten beschrieben werden. Sie existieren zur Freude der Einwohner. Wenn die Menschen nach ihrem physischen Ableben hierher kommen, glauben sie, dass dies das höchste Ziel des Lebens nach dem Tod ist, dabei ist es nur die erste Stufe auf einer langen und anstrengenden Reise.

Wir hatten keine Zeit, hier Halt zu machen oder viele der faszinierenden Regionen des Astralen zu erforschen. So eine Tour könnte in irdischer Zeit gemessen leicht mehrere Lebenszeiten dauern.

Einer der sensationellsten Ausblicke bot sich unter uns, als Odin von der Seres-Rasse erzählte, den Vorfahren der Einwohner von Sahasra-dal Kanwal. In der Nähe des Zentrums dieser himmlischen weißen Stadt steht eine kolossale Statue, so riesig, dass unser Luftgefährt dagegen wie ein Pünktchen am Himmel wirkte. Sie von der Luft aus zu sehen ist ein atemberaubender Anblick. Wenn man vom Boden aus zu ihr hochschaut, muß man seine Augen ganz schön anstrengen, um die Spitze zu sehen.

Diese gigantische Statue repräsentiert die Seres-Rasse, die, wie mein Onkel erklärte, das Weltraumvolk war, das zuerst Planeten auf dieser physischen Ebene kolonisierte. Unter den Giganten, die dort siedelten, wo später Atlantis entstand, waren Mitglieder der Seres-Rasse. Ich war wie hypnotisiert, nicht nur von ihrer Schönheit, sondern auch von ihren Dimensionen. Die Füße dieser kolossalen Statue stehen so weit auseinander, dass es zu Fuß Tage dauern würde, sie einmal zu umrunden. Weil diese Stadt so groß ist wie Kontinente auf der Erde, sind viele ihrer Attraktionen schon allein wegen ihrer Größe spektakulär.

Eine leuchtende weiße Wand, so hoch wie der höchste Wolkenkratzer auf der Erde, umgibt die Stadt. Im Zentrum steht der majestätische Berg des Lichtes, das Kraftwerk dieser Ebene. Aus dem Gipfel des Berges des Lichtes strömen Tausende von farbigen Lichtern, und jedes davon besteht aus kleineren Lichtern. Jedes Licht ist lebendig.

Es war ein äußerst atemberaubender Anblick. Das Geräusch des tosenden Meeres erfüllte die Luft. Die Lichter schwebten in den Himmel und weiter, um die physische Ebene und ihre vielen Formen von Leben zu versorgen.

Der Berg des Lichtes ist höher als jeder andere im physischen Universum. Als unser Raumschiff direkt über ihn hinwegflog, mußte ich meine Augen einen Moment lang schließen. Sogar für die astralen Augen war das Licht so intensiv, dass es schmerzte. Odin erklärte, dies sei für die Menschen der höher entwickelten Planeten eine sehr wichtige Stadt. Sie ist eine Schnittstelle zwischen den astralen und den physischen Ebenen und sollte für mich in Zukunft sehr wichtig sein. Hier ist der Ort, der es einem astralen Wesen ermöglicht, einen physischen Körper zu manifestieren. Die Menschen hier waren wunderschön, mit Gesichtern, die viel Weisheit ausdrückten. Mit ihren wehenden Gewändern und ihren Sandalen glichen sie den alten Griechen aus der irdischen Mythologie. Unter den Einwohnern dieser Stadt waren würdevolle Mitarbeiter des Schöpfers, die wir Engel nennen. Wie in unserer venusischen Kultur wurde jeder Moment des Lebens mit kreativem Ausdruck verbracht.

Mein Onkel hielt das Raumschiff für einen letzten Rundblick an, meine letzte Gelegenheit, die Schönheit in mich aufzunehmen, die ich nie vergessen habe. Wie kann man eine Stadt vergessen, die makellos weiß ist und leuchtet, mit einem Ton ins Blaue hier und da und so spektakulären Gebäuden, dass man sprachlos ist!

Eine Reihe von Dörfern, die wir überflogen, war in unbeschreibliche Melodien eingehüllt, die sich durch ihre eigenen Schwingungen bilden. Das war auch in Zreph so. Die Musik tönte wie der Klang eines Xylophons und einer Harfe, gelegentlich wie Violinen.

Durch die ganze Astralebene zog sich ein Gefühl von spiritueller Höhe, von Freiheit, Frieden und Schönheit. Stellt euch Welten vor, in denen die Menschen absolut vertrauensvoll und ungezwungen miteinander umgehen und sich nicht gegenseitig mit Zorn und Eitelkeit, Eifersucht und Neid betrachten. Sie sehen sich gegenseitig als Seele, jede als Funken der Gottheit gleich schön und fähig.

Ich nehme an, dass es mich deshalb manchmal schmerzt, auf meine Vergangenheit zurückzublicken. Es ist nicht leicht, über mein Leben auf der Venus zu sprechen. Wenn man einen Vorgeschmack des Paradieses hat und dann hier auf der Erde lebt, ist dies sehr schmerzlich. Und doch weiß ich von der Art Leben, die mich erwartet, wenn dieses kurze Erdenleben zu Ende geht. Alle

Leiden in den vielen Erdenleben werden wie ein böser Traum erscheinen.

Auf dem Rückweg nach Hause nahmen wir eine schnellere Route. Wir waren alle müde. Wir waren nicht erschöpft im physischen Sinne, sondern übervoll mit so vielen schönen Erinnerungen. Zu Hause lehnte ich mich zurück, schloß meine Augen und ließ alles tief in mein Bewußtsein sinken, so dass ich diese Erinnerungen wieder hervorholen kann, wenn ich mich einmal schwach und bedrückt fühle.

Nachdem ich die Wunder der Astralebene gesehen hatte, sehnte ich meine Reise zur Erde allmählich mehr und mehr herbei. Ich hielt sie auch für ein Abenteuer, aber manchmal erschien sie als sehr beängstigend. Mir war gesagt worden, dass Teile der Erde der unteren Astralebene sehr ähnlich seien.

Ich dachte, wie wunderbar es sei, so vorbereitet zur Erde gehen zu können: bereit, das Karma anzunehmen, das ich angehäuft hatte, fähig, alles Geschehen als Teil meiner Lektionen und Erfahrungen zu verstehen, in der Lage, sich nicht von ihnen einfangen und überwältigen zu lassen, in dem Bewußtsein, dass es etwas Größeres als das begrenzte, physische Leben gibt, weil ich es in meinem Leben bewußt gesehen und erfahren habe. Es war wunderbar zu wissen, dass diese schönen Welten für alle und nicht nur für wenige existieren und dass ich eines Tages leben würde, um diese Geschichte anderen zu erzählen und ihnen Hoffnung zu geben.

Am nächsten Morgen dankte ich meiner Tante und meinem Onkel für eine der schönsten Erfahrungen meines Lebens. Ich sollte in zwei Tagen abreisen und die große weiße Stadt mit den Turmwällen wiedersehen, nur diesmal würden wir unsere Schwingungen senken und auf der physischen Venus auftauchen.

Von Tante Arena erhielt ich die Erlaubnis, den Ring und das Juwelengeschenk mitzunehmen. Das Geschenk meines Onkels an mich stammte aus der physischen Ebene und sollte mir später gegeben werden. Schmuck konnte ich leicht verstecken oder rechtfertigen, aber nicht so etwas Ungewöhnliches wie ein venusisches Kleid oder venusische Sandalen oder andere Dinge, die unsere Kultur widerspiegeln. Wenn ich keine ungewöhnlichen Dinge mitnahm, mußte ich auch nicht unaufrichtig werden, um mich zu schützen. Ich mußte darauf achten, aufrichtig zu sein, so sagten sie mir, denn wenn ich als unaufrichtiges Kind bekannt wäre, würde man meine Geschichte später nicht für wahr halten.

Meine Vorbereitung auf die Abreise bestand hauptsächlich aus einer inneren Vorbereitung, bei der ich meine Gedanken ordnete. Meine Tante half mir hin und wieder durch ermunternde Worte. Sie sagte, dass sie mich liebe und traurig sei, mich gehen zu sehen, dass ich aber, wenn ich wolle, meine Meinung ändern könne.

Wieder wurde ich an die bitteren Zeiten erinnert, die vor mir lagen, und daran, dass ich stark sein müsse, um durchzuhalten und nicht zu glauben, ich sei schutzlos ausgeliefert. Sie konnten nicht in mein eigenes Karma eingreifen, wie sehr es sie auch schmerzte, mich leiden zu sehen. Sie würden die ganze Zeit mit dem inneren Sinn zusehen und eine Nachricht senden; wenn die rechte Zeit gekommen sei, würden die Gesetze der Höchsten Gottheit offen auf der Erde gelehrt werden. Ich würde jemanden treffen, den ich kannte, und ich würde die Gelegenheit haben, meine Geschichte der Welt zu erzählen. Bis dahin müßte ich wegen der Einstellung der Erdenmenschen schweigen.

Sie erklärten mir, dass diese Einstellungen auf dem beschränkten Umfeld oder Milieu beruhen, und darauf, dass sie den Kindern beibrachten, Abbilder der Erwachsenen statt Individuen zu sein.

Ich würde in eine Menge Fallen geraten und auf verschiedene religiöse Wege stoßen, doch ich sollte mich nicht zu sehr hineinziehen lassen.

Ich erinnere mich sehr gut an meinen letzten Tag auf der Venus. Am Morgen brachte meine Tante mir das Kleid ins Zimmer, das ich auf der Erde tragen würde, dasselbe Kleid, das Sheila am Tag des Busunglücks tragen sollte. Arena hatte es für mich anhand der Anweisungen manifestiert, die der Meister ihr gegeben hatte. Ich zog es an und steckte ein Duplikat des Erklärungsschreibens ein, das Sheilas Mutter geschrieben hatte und das das Kind für seine Großmutter in Tennessee mitnehmen sollte. Ich trug weiße Socken und schwarze Lacklederschuhe mit Schnallen. Das war sehr merkwürdig. Ich hatte meinen Fuß noch nie total umhüllt.

Ich erinnere mich, dass Tante Arena fragte, ob ich sie begleiten wolle, um meinen Freunden zu sagen, dass ich gleich abreisen werde. Ich sagte ihr, ich wolle lieber hierbleiben und für eine Weile allein sein. Sie nickte und ging. Ich stand im Hauseingang, beobachtete ihren wundervollen Körper, wie sie den sanft geschlungenen Weg vor dem Haus hinunterschritt.

Links und rechts zweigten viele kleine steinige Fußwege ab, die sich zwischen den blühenden Büschen und Bäumen hindurchwanden. Zwei blaue Bäume mit blauen Stämmen und Blättern bildeten den Eingang. Sie sahen aus wie Pinien auf der Erde.

Als ich mich umdrehte, stand ich gegenüber von unserem schulterhohen, schmiedeeisernen Zaun , der mich so stark an Spitzenbordüren erinnerte. Ich pflückte eine der weißen Blumen und roch daran, genoß ihren süßen Duft und den Anblick der glänzenden grünen Blätter.

Ich ging in unser Wohnzimmer, zur Feuerstelle, an der wir so oft während unserer Studienzeit unsere Erfahrungen ausgetauscht hatten. Es war ein riesiger Raum. Hier und da gab es schwebende Sofas in verschiedenen Arten und Farben. Ich betrachtete die kristallklaren Wände, die sich bis zur Decke zogen. Ich hatte es immer als selbstverständlich hingenommen, wie schön es war, dass diese Wände durchsichtig waren und uns die farbige Umgebung und den Garten zeigten.

Ich blieb vor meinem Lieblingsbild stehen, einem sehr großen Gemälde, das ohne sichtbare Befestigung an der Wand hing. Es bestand aus ständig wirbelnden Farben, jede Farbe hatte ihren eigenen Klang, und jeder Klang veränderte sich mit der Farbe, wenn sie umherwirbelte. Ich wurde nie müde, diesem Bild zuzusehen und zuzuhören. Es war niemals irgendwie unharmonisch und erzeugte immer eine neue entzückende Melodie. Solche Kunstwerke waren auf der Venus sehr beliebt.

Während ich der süßen Musik unseres Zimmewasserfalls lauschte, stellte ich mir das Gesicht meines Vaters vor, wie ich dies so oft in meiner Kindheit getan hatte. Ich erinnerte mich an sein Gesicht, wie ich es kurz nach meiner Geburt gesehen hatte, sein schönes Gesicht, das ich in mein Gedächtnis einprägte, innerlich wissend, dass ich ihn nie wiedersehen würde. Ich tat dies immer, wenn ich meine Augen schloß, und ich brannte sein Bild tiefer und tiefer in meinen Geist ein, als ob mich dies zu ihm bringen würde.

Ich erinnere mich heute an seine breite, eckige Kieferpartie, an seine hohen Wangenknochen und seine sehr intensiven, fast marineblauen Augen mit weißblonden, gebogenen Augenbrauen. Vaters Nase war lang und gerade, mit weiten Nasenflügeln. Seine breiten vollen Lippen waren tiefrot, und sein goldblondes Haar war nicht wie bei den meisten Männern in der Mitte, sondern seitlich gescheitelt und nach links gekämmt. Es war schulterlang und fiel in einer sanften Welle zu seinem linken Auge hinab. Ich erinnere mich an sein freundliches liebes Lächeln. An dem Tag, als ich geboren wurde, sah ich in seinem kurzen Blick die Liebe, die er für mich empfand. Ja, ich erinnere mich gut an das Gesicht meines Vaters, an die tiefe Furche in seinem Kinn und an das Grübchen, wenn er lächelte.

Ich öffnete meine Augen und stand langsam auf. Ich ging um die Feuerstelle herum, vorbei an der Couch, und ich fühlte ihre Weichheit mit meinen Fingern, als sie darüberstrichen.

Am Wasserfall setzte ich mich auf eine kleine Mauer, die den Teich umgab. In deren Oberfläche waren kleine, in Gold gefaßte Perlmuttstückchen eingelassen. Mehrere goldene, blaue und bunte Fische flitzten durch das Wasser. Als ich meine Finger ausstreckte, um etwas von dem herunterfallenden Wasser aufzufangen, bemerkte ich, dass dies die Melodien veränderte, die der Wasserfall von sich gab. Ich schloß meine Augen, um zu lauschen. Es klang stets wie eine von Wasser durchströmte Harfe, wenn ihr euch einen solchen Klang vorstellen könnt.

Die ganze Zeit hatte ich gefühlt, wie in mir etwas aufstieg, eine mir ungewohnte Emotion, ein merkwürdiges Gefühl, fast so wie an dem Tag, an dem ich dachte, ich würde bestraft werden. Ich wußte nicht, was dieses Gefühl bedeutete, diese Traurigkeit begann, mich zu ersticken.

Ich schaute nach links und sah den großen, kreisförmig angelegten Kräutergarten meiner Tante mit Hunderten von verschiedenen interessanten Kräutern. Sie hatte sie mir alle erklärt, ihren medizinischen Nutzen und die mystischen Bräuche, die sie durch die Jahrhunderte hinweg begleiteten. Als ich dort stand, erlebte ich diese Momente mit ihr noch einmal.

Vor mir sah ich in einiger Entfernung den wunderschönen Fächerbaum, den ich so sehr liebte, dass ich mir vorstellte, ein Vogel zu sein, der darin herumhüpft und darunter spielt – dieser wunderschöne Baum mit seinem ausgestreckten Stamm und den herunterhängenden Ranken, die an einen orientalischen Fächer erinnern.

Ich hörte dem Gesang der Vögel zu und blickte auf meine Schaukel, die sich frei schwebend im leichten Wind wiegte. Ihr spitzenartiges Design warf interessante Schatten auf die Wiese. Ich schwang mich auf die Schaukel, mit dem Gesicht nach unten, um die herumkriechenden Insekten zu beobachten, Insekten, die ich selbst geschaffen hatte. Es gibt wirklich keine Schädlinge oder Insekten auf der Astralebene, außer denen, die die Menschen manifestieren. Einige von ihnen fand ich ganz niedlich, und jedesmal, wenn ich genügend über sie gelernt hatte, manifestierte ich sie für unseren Garten.

Ich sah hinauf zum rosa-orangefarbenen Himmel mit seinen bunten Wolken. Dann nahm ich den Fußpfad zurück zum Haus und stand vor dem Eingang. Ich schaute noch einmal auf den

Garten, schloß die Augen und versuchte, ihn für immer in mein Gedächtnis einzubrennen.

Ich drehte mich um und kehrte langsam ins Haus zurück, hielt an der Tür zu meinem Zimmer. Ich ging hinein, setzte mich auf mein Bett, die Bezüge sahen aus wie zusammengewobene Blumen und Blätter. Aus meiner Babydecke, die meine Tante entworfen hatte, mit Tieren, die ihre Farbe veränderten, hatte ich ein Kissen gemacht. Es war eines von vielen bunten Kissen, die meisten davon hatte ich entworfen und manifestiert.

Als ich auf meinem Bett saß, schaute ich mich an diesem vertrauten Ort um, betrachtete die Decke, die goldenen, blumenumrankten Seile, den Baum mit seiner zarten Windung und die Wand voller Ranken und Blumen. Ich ging hinüber zu der im Boden eingelassenen Wanne, die ich aus Seemuscheln und Seesternen gemacht hatte, ließ ein wenig Wasser aus den goldenen, fischförmigen Wasserhähnen laufen. Dort saß ich und bespritzte meine Füße ein paar Augenblicke lang.

Dann schaute ich hinüber auf den kleinen Holztisch, den mein Onkel so geschnitzt und bemalt hatte, dass er wie ein kleines Bäumchen aussah. Ich erinnere mich, wie sehr ich dieses Tischchen von Anfang an geliebt hatte. Als ich mich noch einmal in meinem Zimmer umsah, das ich geschaffen hatte, das ich als einen Teil von mir empfand und das meiner Seele sehr entsprach, fühlte ich eine warme Flüssigkeit von meinen Augen die Wangen hinunterlaufen. Dieses Gefühl, das ich nie zuvor erfahren hatte, stieg in mir auf.

Ich weinte zum ersten Mal in meinem Leben seit dem Tag meiner Geburt. Ich spürte, dass diese angestaute Emotion sich mit den fallenden Tränen befreite. Ich empfand ein Gefühl großer Befriedigung, einer Befreiung von diesen Emotionen. Ich saß ganz ruhig da und schluchzte, beobachtete, wie die Tränen mein Gesicht hinunterliefen und auf meine Hände tropften.

Ich stand auf, spritzte mir etwas Wasser ins Gesicht, sah mich noch einmal in meinem Zimmer um und seufzte tief. „Ich werde dies hier niemals vergessen“, sagte ich zu mir selbst.

Ich folgte dem schmiedeeisernen Raumteiler ins Wohnzimmer. Der Ort, den ich zuletzt noch einmal sehen wollte, war das Eßzimmer oben. Langsam stieg ich die geschwungene, marmorierte Jadetreppe hinauf, schaute mich im Gehen um und sah die leicht gebogenen orientalischen Brücken hier und da. Ich ging um den Balkon mit dem Geländer herum, bis ich zu einer der kleinen Fußbrücken kam, die das Eßzimmer kreuzten, und setzte mich an meinen Lieblingstisch, einen geschnitzten Eichentisch in der Mitte des Raumes. Ich manifestierte eine Tasse Kräutertee. Als ich dort so saß, an meinem Tee nippte und daran dachte, wie sehr ich diesen Ort und meine Tante und meinen Onkel liebte, hörte ich Arena rufen.

Als ich die Treppe herunterkam, bemerkte sie meinen Gesichtsausdruck und stellte fest, dass in mir eine Veränderung stattgefunden hatte. Ich ging zu ihr und umarmte sie. Wir hielten uns fest und schluchzten leise. Arena muß in diesem Augenblick ebenfalls zum ersten Mal Tränen erfahren haben. Wir standen schweigend da.

Sie schob mich auf Armeslänge zurück und schaute in meine Augen. Ich sagte: „Tante, du hast mir so viel von der Schönheit des Lebens gezeigt. Du hast mich verstehen lassen, dass mein Vater mich wirklich liebte. Du hast für mich gesorgt, und ich bin sicher, dass du besser zu mir bist, als du es zu deinem eigenen Kind gewesen wärst. Ich habe von dir eine Menge Mitgefühl gelernt. Du hast mir die emotionale Stabilität gegeben, die mich meine Nöte auf der Erde ertragen lassen wird, die, wie du mir erklärt hast, dort auf mich zukommen werden. Durch dich habe ich gelernt, die Dinge in ihrer Schönheit und ihrem Wert zu sehen und die Menschen zu bedauern, die in ihrem Bewußtseinsstand nicht so glücklich sind wie ich. Dies muß ich noch in ganzer Tiefe erfahren, und ich weiß, dass ich noch viel mehr Mitgefühl für andere aufbringen muß. Aber durch dein liebendes Gesicht, das ich für immer in meinem Gedächtnis bewahren werde, und durch deine wunderschönen Hände und deine Worte habe ich eine Menge mehr gelernt als die meisten, die ich kenne. Ich bin für all dies dankbar, Tante Arena, und ich werde dich nie vergessen. Du hast mir Leben geschenkt, und ich weiß, dass meine Mutter dir dafür ewig dankbar ist."

Dann tauchte Onkel Odin auf. Ich ging zu ihm, drückte ihn fest und sagte: „Ich hoffe, du hast alles gehört, was ich gesagt habe." Er nickte. „Das gilt auch für dich", sagte ich, „weil ich ohne dich nicht gelernt hätte zu lachen, wenn die Dinge mal schief gehen. Ich hätte nicht diesen Sinn für Humor entwickeln können. Von dir habe ich gelernt, die Dinge gelassen hinzunehmen, statt mich aufzuregen, Traurigkeit mit einem Achselzucken abzuschütteln, große Freude aus den kleinen Dingen des Lebens zu gewinnen und mich von dem, was andere als Unglück bezeichnen würden, nicht beeindrucken zu lassen. Ja, ich habe viel durch dich gelernt, Onkel, – die Stärke weiterzugehen, wenn das Leben nicht nach unseren Vorstellungen verläuft. Ich habe gelernt, nützliche Dinge zu tun und keine Zeit zu verschwenden. Ich bin euch beiden dankbar für diese großen Geschenke, die ihr mir gegeben habt, und ich bin dankbar dafür, dass ihr euer Heim mit mir geteilt und mich die unveränderlichen Gesetze der Höchsten Gottheit gelehrt habt, und dafür, dass ihr mir bewußt gemacht habt, wer ich wirklich bin. Ihr habt mich auf meine karmische Last vorbereitet, die ich auf Erden habe. Ich habe nichts, dass ich euch geben kann außer meiner Liebe. Ich danke euch sehr."

Wir standen einige Momente schweigend zusammen. Arena sagte, dass sich viele Freunde draußen versammelt hätten, um mich zu sehen. Ich trat zum letzten Mal durch unsere überwölbte Haustür, um all die lächelnden Gesichter zu sehen – Rimj, Zemura, Vonic und viele andere, deren Namen meinem Bewußtsein entschwunden sind. Wir nannten uns nie wirklich mit Namen. Ich hatte diese Namen für sie geschaffen, so dass ich mich an jeden einzelnen erinnern konnte.

Nicht viel wurde dort draußen auf der Wiesegesagt. Jeder meiner Freunde bereitete mir einen besonderen Abschied, bei dem sie alle ihre Hände langsam über ihre Herzen hielten, bevor sie meine Hände nahmen und sie an ihre Lippen drückten. Oder sie beugten sich vor und küßten mich sanft auf das dritte Auge.

Ich fühlte mich sehr traurig. Ich haßte es, Rimj zu verlassen. „Dies war kein Abschied“, waren seine letzten Worte zu mir, denn er würde mich wiedersehen. Meine Tante drückte mich und sagte, dass sie mich liebe, und ich solle daran denken, dass ihre Stärke immer mit mir sei und dass sie großes Vertrauen in mich habe. Ich würde es schon richtig machen auf der Erde. Mein Onkel sagte, dass es mir in materieller Hinsicht für eine Weile nicht gut gehen würde, wohl aber später in meinem Leben dort. Wir alle wußten, dass unsere Leben für eine Zeit in verschiedene Richtungen gehen würden, dass wir uns jedoch eines Tages als Seelen in der Ewigkeit wiedersehen würden.

Ich sah in jedem ihrer Blicke so viel Liebe und echte Wärme, dass es mich für den Rest meiner Tage erfüllen wird, solange ich meine Augen schließen und all dies visualisieren kann.Was immer ich auf der Erde erleiden würde, ich wußte, dass es dies wert sei, wenn dafür irgend jemand anderes in der Lage sein würde, all diese wunderbaren Dinge zu erfahren. Dies sind die Erinnerungen an meinen letzten Tag auf der Venus.

Ich stieg mit meinem Onkel in das Kugelfahrzeug, umarmte meine Tante zum letzten Mal, fühlte ihre kühlen Lippen auf meiner Wange, als ich in ihre wunderschönen, meergrünen Augen blickte. Mein Onkel sollte mich auf meiner Reise zur physischen Ebene begleiten, um seine wissenschaftliche Arbeit zu beenden. Ein anderer Mann, der das Raumschiff gebracht hatte, sollte ebenfalls mit uns kommen.

Später erfuhr ich, dass Tante Arena die Astralebene verließ, um Onkel Odin, nachdem er mich zur Erde eskortiert hatte, auf die physische Ebene der Venus zu begleiten.

Als wir davonsausten, schaute ich hinunter auf ihre aufgerichteten Gesichter und ihre emporgehobenen Hände und winkte Aufwiedersehen. Ein letztes Mal sah ich unser wunderschönes

Haus zwischen den Blumen und Bäumen. Für einen Moment wünschte ich, ich hätte diesen Entschluß nie gefaßt. Ich wölbte beide Hände über meine Augen, um zu versuchen, diesen Anblick noch ein paar Sekunden länger zu bewahren.

Wir rasten über die Berge, die mir so vertraut waren. In der Ferne konnte ich Teutonia sehen, die großen Tempel des Lernens, die außerhalb des Hauses meine Heimat gewesen waren.

Ich konnte den goldenen Sand des Strandes sehen, an dem ich so gerne gespielt und meine Zehen eingegraben hatte, das schäumende Meer, das ich von unserem Haus aus immer in der Ferne hören konnte. All diese Dinge nahm ich zum letzten Mal in mich auf, wie ich sie nie zuvor vom Himmel aus gesehen und gewürdigt hatte.

Als wir in die Wolkenschicht eintraten, riß ich mich von der Seite des Raumschiffs los, stieß einen tiefen Seufzer aus und erkannte, dass all dies für immer in diesem Leben vorbei war. Ich bereitete mich auf mein neues Leben vor und versuchte, an die Dinge dort zu denken und an das, was mein Onkel mir gesagt hatte. Der Flug nach Sahasra-dal Kanwal war schnell vorbei, und wir landeten in der Nähe des Berges des Lichts.

Ich wartete draußen, während mein Onkel hineinging, um den Meister zu treffen und die Erlaubnis einzuholen, diese besondere Zone zu benutzen. Nur die spirituellen Reisenden, ihre Eingeweihten und diejenigen, die auf der Astralebene mindestens tausend Jahre alt sind, haben das Privileg, diesen Meister zu treffen. Es ist verständlich, dass die Menschen, die auf ein so langes Leben in dieser Stadt zurückblicken, glauben können, sie hätten den ultimativen Himmel erreicht.

Wir wurden zu Fuß zu der besonderen Zone begleitet. Mir ist nicht erlaubt, ihre genaue Lage zu enthüllen. Wenige auf der Erde wissen von der Existenz eines solchen Bereichs, und es ist besser, dass er geheim bleibt. Fast alles kann durch ihn zur physischen Ebene hinuntergebracht werden, wie zum Beispiel Gold oder mächtige Erfindungen der Zukunft.

Ein machtgieriger Mensch könnte diese Zone für seine eigenen Zwecke mißbrauchen. Dies ist dieselbe Region, durch die ein Mensch nach dem Tod des physischen Körpers hinaufreist. Hier werden die karmischen Schulden abgewogen, und das Individuum wird dann auf die Ebene verwiesen, die es im geistigen Sinne verdient hat.

Innerhalb dieser Zone betraten wir einen besonderen Raum, ein rundes Zimmer mit blauen Lichtern, die so hell waren, dass ich kaum etwas sehen konnte. Jeder von uns, mein Onkel, der andere Mann und ich, saß mit verschränkten Beinen auf dem Boden und sang ein geheimes Mantra. Mantras sind Worte, die auf jeder Ebene sehr machtvolle Instrumente darstellen, weil sie mit Klangströmen (Schwingungen) zu tun haben, der Grundstruktur jeder Schöpfung. Auf der Astralebene singen wir Mantras, um unsere Schwingungen für die Seelenreise zu erhöhen. Nun taten wir genau das Gegenteil, wir senkten unsere Schwingungen, um einen physischen Körper zu manifestieren.

Für jemanden, der sich sehr wohl damit fühlt, im Astralkörper zu leben, ist es eine schockierende Erfahrung, einen physischen Körper zu manifestieren. Ich hatte dasselbe elende und unangenehme Gefühl, das die meisten Menschen haben, wenn sie die Astralebene verlassen. Die ganze Erfahrung ist nicht leicht zu erklären.

Ein paar Minuten, nachdem wir dieses geheime Wort mit geschlossenen Augen gesungen hatten, geschah es. Die Welt schien ganz plötzlich einzustürzen. Ich erinnere mich an einen leuchtenden weißen Blitz und an Feuerwerke in meinem Inneren, an ein zischendes Geräusch, ein Klingeln in meinen Ohren und an eine merkwürdige zuckende Bewegung meines Körpers, als ob all meine Muskeln auf einmal angespannt wären. All dies geschah in einem einzigen schockartigen Moment. Ich fühlte mich schwindelig und desorientiert, konnte kaum atmen, und ich empfand meinen ganzen Körper als unangenehm warm. Dann merkte ich, dass die Schale, die mich umgab, mein physischer Körper war!

Ich öffnete meine Augen. Wir saßen im Gras in der Nähe eines kleinen metallisch glänzenden, runden Fahrzeugs, das wie eine eurer umgedrehten Untertassen aussah und oben eine Kuppel hatte. In der Ferne, Meilen weit weg, lag die Stadt Retz auf der physischen Ebene der Venus.

Dieser Seinszustand innerhalb eines physischen Körpers war beängstigend. Ich hatte Schwierigkeiten zu atmen, weil ich es nie zuvor getan hatte. Und ich verfügte nun nicht mehr über die visuelle Reichweite meiner Astralaugen. Stattdessen schaute ich durch zwei kleine Löcher, meine neuen physischen Augen. Um zu verstehen, wie elend ich mich fühlte, stellt euch vor, ihr wäret plötzlich in einer Ritterrüstung eingeschlossen, fühltet euch eingezwängt und schwerfällig und wüßtet, dass es keinen Weg heraus gibt.

Als ich zum ersten Mal versuchte zu sprechen, hörte sich meine Stimme für mich selbst fremd an. Ich sagte meinem Onkel, dass mir dieses Dasein in einem physischen Körper nicht gefalle. Er lachte und erklärte, dass ich mich allmählich daran gewöhnen müsse. Wie sollte ich annehmen, dass man sich an so etwas je gewöhnen könne, wunderte ich mich laut. Odin entgegnete, man könne sich an alles gewöhnen.

„Aber man muß seinen Kopf bewegen, um zu sehen!“ protestierte ich. Ich war es nicht gewöhnt, meinen Kopf zu bewegen, um zu sehen, weil wir auf der Astralebene alles wahrnehmen, was um uns herum geschieht. Wir haben auch die Fähigkeit, unsere Form und Erscheinung zu ändern. Hier steckte ich nun in einem Körper, der bis auf den Gesichtsausdruck unveränderlich war.

Mein Onkel gab zu, dass dieser Körper beschränkt war, so dass ich erst würde lernen müssen, mein Gleichgewicht zu halten und richtig zu gehen. Mein Gehen erwies sich als höchst unbeholfen. Ich war es gewöhnt, zu gleiten oder einfach dort aufzutauchen, wo ich sein wollte. Doch der physische Körper funktionierte so nicht. Er mußte Zentimeter für Zentimeter bewegt werden, Schritt für Schritt. Ich war die einzige Person, die große Schwierigkeiten hatte, aufzustehen und meine neuen Beine zu strecken. Schließlich war ich nach physischen Maßstäben nur ein siebenjähriges Kind.

Dieses Gebiet der physischen Venus sieht ähnlich aus wie Nevada und Arizona auf der Erde. In der Ferne konnte ich Berge und eine interessante Vegetation sehen. Das Wetter schien trocken und heiß, aber überhaupt nicht unangenehm. Retz befand sich hier in einem abgelegenen Tal, genau wie auf der Astralebene. Mein Onkel hatte mir vor ein paar Tagen während unserer Reise durch die Astralwelt erklärt, dass Retz eine Stadt ist, die auf beiden Ebenen zugleich existiert. Die physische Stadt ist die spirituelle des physischen Planeten. Die astrale Stadt Retz existierte zuerst, und die physische ist ein Duplikat. Umgekehrt schufen die Menschen während der Zeit der Transformation zur Astralebene dort neue Städte als Duplikate der physischen, die sie verlassen hatten. Retz ist wirklich einzigartig.

Es ist nicht nur einzigartig in dieser Beziehung. Die Stadt befindet sich unter einer schützenden Klimakuppel mit einem Durchmesser von circa 80 Kilometern. Sie existierte in dieser Form schon, als die physische Venus noch den Wüstenzonen der Erde ähnelte. Retz liegt in einem tiefen Tal verborgen. Durch seine Lage und die Klimakuppel ist es möglich, dass die Stadt, von heißen Gasen bedeckt, überhaupt existieren kann. Die Kuppel ist nicht durchsichtig, sondern besteht aus tarnenden Materialien, die wie ein Teil der trostlosen Ödlandschaft der übrigen physischen Venus aussehen. So wird verständlich, warum die Stadt Retz von irdischen Raumsonden nicht entdeckt werden kann, obwohl sie physisch auf der Venus existiert.

Mein Onkel, der andere Mann und ich testeten unsere neuen Gliedmaßen. Ich bemerkte, dass Odin seine äußere Form nicht verändert hatte, sein Körper aber war weniger strahlend. Tatsächlich fehlte allem um uns herum die wunderbare Eigenschaft des Leuchtens.

Ich war mir nicht sicher, wie ich selbst aussah. Ich würde keinen Spiegel sehen, bis ich auf der Erde gelandet wäre, auf jeden Fall fühlte ich mich plump und schwer. Bei meinen ersten Schritten hatte ich ein Gefühl, als steckte ich in einem Anzug aus Blei.

Bevor wir uns zum Raumschiff begaben, erzählte mir mein Onkel von seinem besonderen Geschenk. Zum Andenken an meine Heimat sollte ich eine Sammlung von Pflanzen und Blumen mitnehmen, die hier in dieser physischen Region der Venus wuchsen. Gemeinsam sammelten wir etwa zwei Dutzend der interessantesten Exemplare und bereiteten sie für den Transport zur Erde vor. Zusammen mit meinem Ring und dem Schmuck waren sie mein einziger Besitz. Onkel Odin nahm mich bei der Hand und führte mich zum venusischen „Konvoi".

Dies war meine erste Begegnung mit einem Konvoi, einem untertassenförmigen Raumschifftyp, der manchmal auch am irdischen Himmel beobachtet werden kann. Allein auf der Venus befinden sich mehrere Ausführungen dieses Raumschiffs, die alle auf dieselbe Weise funktionieren. Fortschrittliche Planeten haben ihre eigenen Versionen, und es gibt viele verschiedene Größen und Formen.

Das Raumschiff, das ich betrat, sah aus wie zwei mit den Innenseiten aufeinander gelegte Untertassen. In einer erhöhten, glasähnlichen Kuppel befand sich eine Spule, direkt darunter und ringsherum kleine Bullaugen. Das Raumschiff besaß drei metallische Halbkugeln, gleichmäßig in der Form eines gleichschenkligen Dreiecks auf der Unterseite verteilt.

Die Außenseite des Raumschiffs bestand aus einem speziell behandelten Titaniummaterial, das der Reibung und Hitze eines atmosphärischen Fluges standhalten konnte. Obwohl es hochglänzend und metallisch aussah, entsprach das Material nicht dem auf der Erde bekannten Titanium. Es war von durchscheinender Art – ähnlich wie Fiberglas.

Wir betraten das Raumschiff durch eine kreisförmige Öffnung in der unteren Hälfte. Diese Tür erstaunte mich wirklich. Mein Onkel zeigte uns, wie sie sich öffnete und schloß. Zunächst erschien ein kleines Loch auf der Außenseite, die kein Anzeichen für eine Tür oder Öffnung bot, noch nicht einmal eine Naht war zu sehen. Die Öffnung wurde größer und größer, ähnlich wie beim Verschluß einer Kamera, bis sie groß genug war, um einen hochgewachsenen Venusier ungehindert hindurchgehen zu lassen. Wenn sich die Tür schloß, wurde die kreisförmige Öffnung kleiner und kleiner, bis sie verschwand und keine Spur einer Öffnung hinterließ, nur eine blanke Oberfläche. Mein Onkel versuchte, mir wissenschaftlich zu erklären, wie sie funktionierte, aber ich verstand es nicht. Es hatte etwas mit der Trennung von Molekülen zu tun.

Im Inneren zeigte er mir, wo ich sitzen sollte. Das Zentrum des Raumschiffs bildete ein Mast von ca. 70 Zentimetern Durchmesser, der vom Boden bis zur Glaskuppel oben reichte. Unten war er von einer großen Linse umgeben, durch die ich während des Fluges den Boden sehen konnte.

Um die Linse herum standen in regelmäßigen Abständen geschwungene Polsterbänke für die Passagiere. Hier ließ ich mich mit unserem Kopiloten nieder, während mein Onkel an der Kontrolltafel Platz nahm, die sich gegenüber der Wand befand, in der sich der Eingang öffnete und schloß. Onkel Odin startete das Raumschiff. Es gab ein schwaches Summen.

Ich kann mir vorstellen, dass mein Onkel, ehe wir Teutonia verließen, ausgebildet worden war, diesen Typ Raumschiff zu lenken, weil er genau Bescheid zu wissen schien. Ich war zu dieser Zeit nicht sehr aufmerksam, weil ich mit meinem neuen Körper beschäftigt war und damit, wie unbequem er sich anfühlte. Ich erinnere mich an alle Arten von Leuchtbildschirmen an den Wänden eines kreisförmigen Feldes, mit blitzenden Farben, Gitternetzmustern und farbigen Wellenlinien, die aufflackerten und erloschen. Die Schaubilder seien ihm eine Hilfe beim Steuern des Raumschiffs, erklärte Onkel Odin. Sie zeigten die verschiedenen atmosphärischen und magnetischen Bedingungen im Weltraum und um die Planeten herum an.

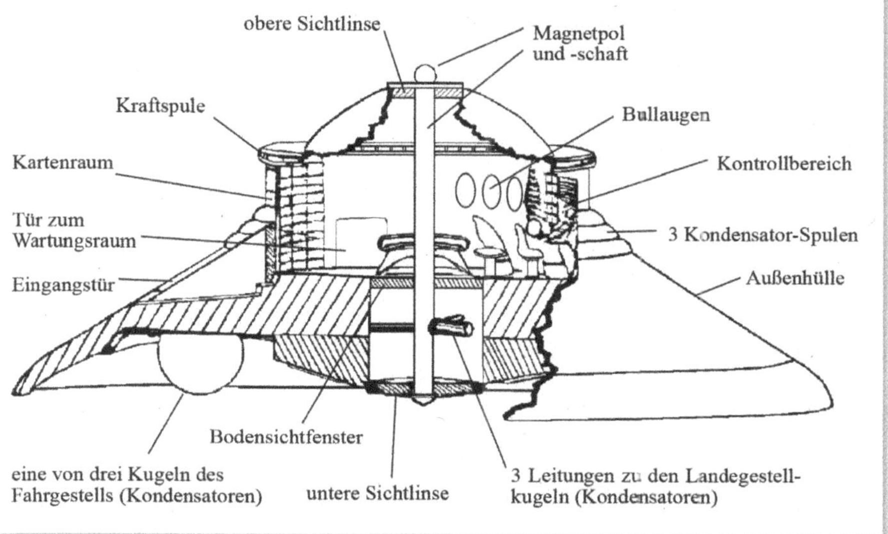

Bild 7: Glockenförmiges venusisches Raumschiff (Konvoi)
Eine Zeichnung von Glenn Passmore, die viel von dem zeigt, was Omnec beschrieben hat. Passmore liefert hier mehr äußere Details, während die Autorin sich auf die Details im Inneren des Raumschiffs konzentriert, es gibt jedoch keinen inhaltlichen Widerspruch.

Die Kontrolltafel sah sehr einfach aus. Mein Onkel saß in einem drehbaren Schalensitz gegenüber einer schrägen Konsole mit vier Knöpfen und einem Hebel. Über der Konsole befanden sich zwei Bildschirme. Einer zeigte etwas, das aussah wie ein Gitternetzmuster aus kleinen Quadraten mit farbig blinkenden Zickzacklinien. Jedes Quadrat war numeriert und hatte eine andere Farbe.

All diese Bildschirme müssen wirklich sehr wichtig gewesen sein. Einer der Piloten behielt sie stets sehr sorgfältig im Auge. Ein anderer Bildschirm gegenüber vom Piloten zeigte das Abbild der Gegend, über der das Raumschiff sich gerade befand. Dieser Bildschirm war mit einer Reihe von kleinen Linsen verbunden, die rings um den Rand des Raumschiffes herum angebracht waren. Erst später wurde mir erklärt, wie das Raumschiff funktionierte. Onkel Odin sagte, dass wir nach der Landung in Retz und einigen Minuten Aufenthalt in ein größeres Mutterschiff umsteigen würden, das bei Reisen in den tiefen Weltraum viele dieser kleineren Schiffe trägt.

Das Erstaunliche beim Flug an Bord dieses Raumschiffes ist, dass es nicht das kleinste Gefühl von Bewegung vermittelt. Bei all meinen Flügen habe ich niemals die leichtesten Luftturbulenzen, ein Gefühl von Beschleunigung oder von Auf- oder Absteigen empfunden. Wenn dieses Raumschiff eine 90-Gradwende bei Tausenden von Meilen pro Stunde macht, haben die Passagiere das Gefühl, als ob sie sich in einem Raum auf festem Untergrund befänden. Ein Passagier muß schon durch die Bullaugen oder durch die Aussichtslinse blicken, um festzustellen, dass sich das Schiff bewegt.

Bis ich den Boden unter uns verschwinden sah, wußte ich nicht, dass wir abgehoben hatten. Die Stadt Retz tauchte unter uns auf, und wir landeten auf der gegenüber liegenden Seite nahe am Haupttor. Raumschiffe werden innerhalb der Stadtmauern nicht geduldet.

Wir drei verließen das Raumschiff und gingen zu Fuß in Richtung des Haupttors. Obwohl es nicht leicht war, gelang es mir, eine kurze Weile zu gehen, während Onkel Odin meine Hand hielt. Manchmal trug er mich. Wir waren auf dem Weg zum Tempel der Goldenen Weisheit, um den Segen des Meisters zu empfangen, einem meiner Lieblingsmeister.

Retz war auf der physischen Ebene fast identisch mit der astralen Stadt. Dies bemerkte ich, als wir das Tor passierten und weitergingen. Nachdem ich dort so oft gewesen war, hatte ich nicht den Wunsch, die Stadt unter diesen Umständen weiter zu erforschen. Ich hatte wenig Lust, überhaupt irgend etwas zu tun.

Retz ist für irdische Maßstäbe himmlisch, doch verglichen mit dem astralen Retz ist die Schönheit der physischen Stadt begrenzt. Die Farben sind nicht klar und strahlend, die Gebäude nicht leuchtend, und das allgemeine Empfinden ist nicht dasselbe. Ich konnte leicht die viel niedrigeren Schwingungen fühlen.

Der Meister war genauso schön wie immer. Ich muß erklären, dass ein Meister sehr wohl auf einer Reihe verschiedener Ebenen mit Menschen arbeiten kann. Dies ist einer der Gründe, warum er ein Meister genannt wird. Im Tempel sprachen wir mit ihm, er übermittelte uns Worte der Weisheit. Ich erinnere mich nicht daran, was er sagte, vielleicht weil die Botschaft nicht für fremde Ohren bestimmt war.

Zurück an Bord startete mein Onkel das Raumschiff mit dem vertrauten Summen. Wieder hatte ich nicht bemerkt, wie wir abhoben, aber als wir hinaufrasten, konnte ich unter uns Retz immer kleiner und kleiner werden sehen. Einen Moment später schossen wir in einem leichten Winkel durch die obere Atmosphäre der Venus. Der Himmel wurde dunkler, weil die Dämmerung fast eingetreten war, als wir Retz verließen.

Auf dieser Reise gab es wenig Unterhaltung. Ich war so damit beschäftigt, die Landschaften der Venus unter uns zu betrachten, dass ich kaum bemerkte, wie mein Onkel und sein Begleiter ihre Plätze tauschten.

Als Odin sich neben mich setzte, erklärte er, dass dieses Raumschiff nur für kurze Entfernungen innerhalb der Atmosphäre eines Planeten benutzt würde. Die eigentliche Weltraumreise sollte an Bord eines viel größeren Schiffes stattfinden, einem zylinderförmigen Raumschiff, das bis zu fünfzig dieser kleineren Schiffe aufnehmen konnte. Das Mutterschiff landete nur selten und bezog seine Energie direkt aus dem Weltraum selbst – ohne Zuhilfenahme irgendwelcher Treibstoffe. Die kleineren Schiffe, Konvois genannt, mußten in den Mutterschiffen regelmäßig mit Energie versorgt werden.

Als ich mich umschaute, sah ich, dass dieses Raumschiff sehr einfach aufgebaut war. Im Zentrum befand sich die große, kreisförmige Kabine, in der wir nun saßen. Darüber gab es einen Stauraum für Ersatzteile und Reparaturwerkzeuge. Obwohl unsere Technologie sehr fortschrittlich ist, kommen Störungen vor, und regelmäßige Wartung ist nötig. Deshalb führen wir eine spezielle

Ausrüstung für Notlandungen mit. Gewöhnlich befördern diese kleinen Schiffe nur ein paar Passagiere, aber in Notfällen kann eine größere Zahl sicher an Bord genommen werden.

Es gab auch einen begehbaren Raum, ähnlich einer seitlich gelegenen Abstellkammer. Dies war der Schaltkreisraum, in dem sich Sicherungen, Leitungen und blinkende Lichter befanden. Kleine Kinder wie ich durften ihn nicht betreten.

Ich bemerkte bei beiden Piloten ein plötzliches Interesse an den Schaubildern, etwas Wichtiges schien sich zu ereignen. Dann erblickte ich durch die Sichtlinsen eine große, dunkle, schattige Masse seitlich unter uns – das Mutterschiff. Lichtpunkte, die Bullaugen des Raumschiffs, waren gut sichtbar.

Langsam schwebten wir näher und näher an die stumpfe Spitze des langen zylindrischen Schiffes heran. Durch einen Lichtspalt glitt unser Raumschiff hinab, bis ich zum ersten Mal beim Flug an Bord dieses Fahrzeugs eine deutliche Erschütterung wahrnahm.

Odin erklärte, dass die Schienen des Mutterschiffs an den Rand unseres kreisförmigen Gefährts andockten, auf denen wir in den Rumpf tief ins Innere des Raumschiffs hinuntergleiten würden. Dann fühlte ich keine Bewegung mehr, und die Tür des Raumschiffs öffnete sich zu einer kleinen Plattform mit Geländer. Ich sah eine wunderschöne Frau, die ich als Marsianerin erkannte, und einen Mann, der wie ein Saturnier aussah. Sie standen bereit, uns zu begrüßen, als wir aus unserem Raumschiff ausstiegen.

Zwei Begleiter befestigten Kabel am Schiff, während wir auf der Hebeplattform aufwärts fuhren. Am Eingang einer langen Passage hielten wir an, und unsere zwei Begleiter nahmen mich bei den Händen und führten mich.

Zunächst kamen wir zum Foyer, einem riesigen, langen Raum, der sehr einfach ausgestattet war und leicht über hundert Passagieren Platz bot. Gruppen von Stühlen, Liegen und Tischen waren hier und da aufgestellt. Das Farbschema war ebenfalls sehr simpel. Eine Zone hatte blaue Teppiche und war in gedämpften Gelbtönen möbliert, während das andere Ende der Halle in Beige und Erdfarben gehalten war. Der Raum sah sehr schön und sehr elegant aus.

Die Beleuchtung hier und im gesamten Raumschiff war genauso merkwürdig wie die auf unserem eigenen Schiff. Ein sanftes, feines Licht erfüllte die Luft, so als ob die Luft selbst dieses Licht abgeben würde. Es gab keine Beleuchtungskörper und keine Schatten.

Entlang der Wände des Foyers befanden sich in regelmäßigen Abständen sprudelnde Trinkwasserspender. Ich bemerkte auch ein Porträt, das das perfekte Gleichgewicht von Mann und Frau darstellte und schlicht „die Gottheit“ genannt wurde und das auf vielen Schiffen zu finden ist. Mir wurde gesagt, dass diese Wesenheit Elam, Herr der physischen Ebene, genannt wird.

Die Zeichnungen an den Wänden sahen Fotografien so ähnlich, dass ich sie nicht von solchen unterscheiden konnte. Dort hingen auch Darstellungen von verschiedenen Planeten und ihren Städten und von einer Reihe ihrer Raumschiffe. Die Land- und Meerpanoramen sahen aus wie die auf der Erde, so universell sind die Schöpfungen der Natur.

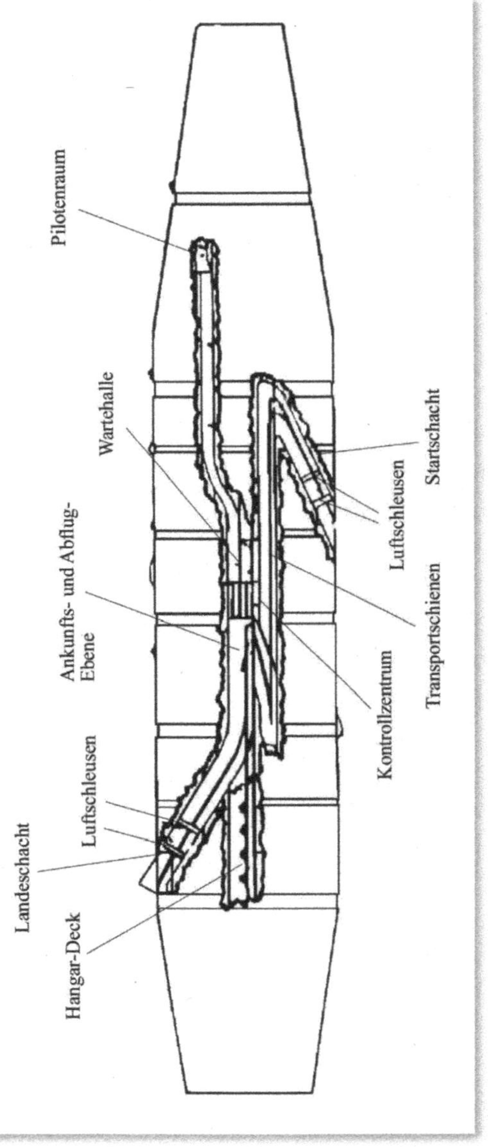

Bild 8: Venusisches Raumschiff (Mutterschiff)
Diese Zeichnung machte Glenn Passmore für „Inside The Spaceships" (Im Inneren der Raumschiffe) von George Adamski. Es verdeutlicht Omnecs Beschreibung vom Inneren des Mutterschiffs sehr gut.

Es gab so gut wie keine überflüssige Ausstattung im Foyer und nicht ein einziges Magazin oder eine Zeitung. Ein paar Skulpturen standen hier und da, das war alles.

Unterhalb des Foyers gelangten wir zum Speiseraum des Raumschiffs. Ein langer Tisch erwartete uns, gedeckt mit köstlich aussehenden Speisen. Bis auf ein paar Sitze waren alle Plätze besetzt. An der Kopfseite des Tisches saß der Meister des Raumschiffs, nicht der Kommandant, sondern der spirituelle Meister. Jedes venusische Mutterschiff beherbergt aus Tradition einen Meister.

Auf beiden Seiten des Tisches saßen gleich viele Männer wie Frauen. Sie stammten von verschiedenen Planeten. Obwohl dieses Raumschiff auf der Venus gebaut worden war, gehörte es keinem einzelnen Planeten. Es wurde freiwillig mit allen Mitgliedern der Bruderschaft der Planeten geteilt. Ich erkannte Menschen vom Saturn, Mars und Jupiter neben den Venusiern. Der Meister war in diesem Fall ein Venusier, weil dies ein venusisches Unternehmen war.

Als wir uns an den Tisch setzten, wurden wir einander nicht namentlich vorgestellt. Viel wichtiger, als Namen zu gebrauchen, ist es, unsere Präsenz gegenseitig schweigend wahrzunehmen. Wir haben gewöhnlich noch nicht einmal Namen, nur unsere eigenen einzigartigen Schwingungen. Mein eigener Name und der meines Onkels wurden später nach dem Essen vorgestellt. Sie nannten mich Sheila, wie ich später auf der Erde heißen sollte.

Alle Anwesenden sprachen einen Segen. Dann aßen wir schweigend. Immer wenn jemand etwas Wichtiges zu sagen hatte, unterbrachen wir alle aus Höflichkeit unser Essen und hörten zu. Unser Dinner begann mit einem Rohkostsalat und einer Käsezubereitung. Als Vorspeise bekam ich ein Stück meiner Lieblingsfrucht Yunya. Fleisch gab es nicht, stattdessen erhielten wir ein leicht gedämpftes Gemüse mit überbackenem Käse. Das Brot war für irdische Verhältnisse ziemlich seltsam, es war dunkelbraun und bestand aus dünnen Schnitten mit einem leicht süßlichen

Geschmack wie Pfannkuchen. Das Wasser, das wir tranken, war anders als das, was die Menschen auf der Erde gewöhnt sind. Es hatte eine etwas schwerere Konsistenz, wie dünnes Öl, und es war völlig geschmacklos. Solches Wasser ist auf unserem Planeten verbreitet. Alle Speisen waren köstlich, selbst für meine feinen neuen Geschmacksnerven.

Nach dem Essen sprach der Meister zu uns und sagte, dass meine Reise zur Erde in der geplanten Art einzigartig sei, weil ich als Kind mit einer völlig bewußten Erinnerung ankäme. Einer der Gründe für meine Reise sei karmischer Natur, aber es gebe auch noch eine andere Mission, die erst später enthüllt werden würde.

Der Meister fuhr fort zu sagen, dass später in meinem Leben mehr Licht auf den wahren Grund meines Daseins auf der Erde fallen würde (und auf die besondere Art der Ankunft). Meine Reise sei etwas Besonderes, weil ich nicht gehe, um nur mein eigenes persönliches Karma zu erfüllen. Er schloß mit diesem Gedanken: „Später im Leben werden die Menschen sie für ihren Mut bewundern."

Das Mutterschiff war ein interessanter Ort. Die Besatzungsmitglieder schienen ständig beschäftigt zu sein. Sie mußten sich um die Steuerung des Schiffes kümmern, um Navigation, Wartung und Reparatur, um die Vorbereitung des Essens (nun, da es kein Manifestieren mehr gab), auch um die Versorgungskontrolle und Wartung der Konvois, ganz zu schweigen von den vielen wissenschaftlichen Projekten, mit denen sie beauftragt waren. Ich erfuhr, dass jeweils zwei Crewmitglieder einen Job zwei Tage lang machten, ehe sie zu einer anderen Arbeit überwechselten. Das bedeutete, dass jeder in der Lage war, jede Arbeit auf dem Schiff zu tun – vom Lotsen und Navigieren des Mutterschiffs bis hin zum Bedienen der Küchenmaschinen.

Am Ende jeder Arbeitsperiode wurde ein allgemeines Treffen der Besatzungsmitglieder abgehalten. Ich konnte zwei Sitzungen beobachten, eine am ersten Tag nach dem besonderen Dinner und eine am zweiten Tag kurz vor dem Eintritt in die Erdatmosphäre. Die Reise zur Erde dauerte ungefähr zwei Tage.

Nach dem Essen wurde ich in einen speziellen Raumanzug gesteckt, der aussah wie ein Skianzug. Dann sah ich zu, wie das Treffen abgehalten wurde. Es war wirklich mehr eine informelle Diskussionsrunde, bei der Berichte abgegeben und neue Ideen vermittelt wurden. Probleme wurden immer mit der gesamten Mannschaft besprochen, um gemeinsam kreative Lösungen zu entwickeln. Es wurden Protokolle vom Fortschritt der Raumschiff-Mission und von den jüngsten Experimenten vorgelegt, die die Wissenschaftler ständig durchführten.

Einer der Hauptgründe, warum diese Mutterschiffe den Weltraum durchstreifen, lag in der Erforschung des Universums. Eine Mannschaft von Wissenschaftlern befand sich stets an Bord, um die Bedingungen in den Atmosphären der Planeten zu studieren und Veränderungen an und auf den Planeten zu analysieren. Unsere Völker werden vom Weltraum angezogen, weil sie noch nicht alles wissen.

Sobald die Wissenschaftler etwas Neues herausfanden, teilten sie dieses Wissen dem Rest der Besatzung mit. Und täglich wurden die Ergebnisse der Tests und Experimente bekanntgegeben – was man entdeckt hatte und worin die weiteren Probleme bestanden.

Ich erinnere mich nicht an alle Besonderheiten dieses Treffens, weil mein Interesse so weit nicht reichte. Ich hatte ein Malset geschenkt bekommen, und damit malte ich zusammen mit zwei Frauen von der Besatzung.

An diesem Abend erwähnte mein Onkel die verschiedenen Dinge, mit denen Kinder auf der Erde spielen, die sich nicht, wie auf der Astralebene, ihre eigenen Spielsachen manifestieren können. Darunter waren Malbücher und Stifte. Mein Malset war ähnlich, und ich mochte es, aber ich durfte es nicht mitnehmen.

Meine erste Erfahrung mit dem Schlaf überkam mich unerwartet. Zunächst war mir das Bedürfnis des Schlafs nicht bewußt, weil es auf der Astralebene nur ein Ausruhen des Geistes gibt. Solange mein Geist rege war, brauchte ich meinen Astralkörper nicht auszuruhen. Seit dem Manifestieren des physischen Körpers waren meine Erfahrungen so neu und merkwürdig, dass ich nicht einmal ans Schlafen gedacht hatte.

Ich befand mich im Foyer, saß dort und hörte der benachbarten Unterhaltung zu, als ganz plötzlich mein Kopf absackte – Klong! Erschreckt fuhr ich hoch und wußte nicht, was dies zu bedeuten hatte. Mein physischer Körper verhält sich sehr seltsam, dachte ich.

Dies geschah immer wieder und wieder, bis jemand zu mir kam. Er erklärte mir, dass ich nun einen physischen Körper hätte und dass dieser sich seine Erholung selbst zu holen pflegt, wenn ich sie ihm nicht gönnte. Sogar wenn mein Geist munter sei, sagte er, würde mein Körper einschlafen. So also funktioniert das, dachte ich. Der bewußte Geist entschwindet nun vollkommen. Damit legte ich mich schlafen.

Am nächsten Tag erhielt ich eine Führung durchs Mutterschiff. Zuerst schaute ich mir den Bereich an, in dem die kleinen Schiffe auf Schienen hereinkamen und zur Hangarzone hinunterglitten. Jedesmal wenn ein Konvoi aufgeladen werden mußte, befestigte ein Mann Klammern am Rand und zog einen Hebel. Die rote Spule glühte dann während der gesamten Aufladezeit.

Mir wurde auch die untere Ebene am gegenüber liegenden Ende des Raumschiffs gezeigt, an dem die Untertassen durch eine andere Luftschleuse austraten. Das Mutterschiff hatte drei Decks. Das unterste Deck beherbergte die eigentliche Hangarzone, in der bis zu 50 Konvois geparkt werden konnten.

Das mittlere Deck bestand aus dem Foyer, dem Speiseraum und den beiden Pilotenräumen. Auf jeder Seite des Schiffs befand sich ein Pilotenraum. In diese Räume schaute ich nicht hinein, weil ich daran kein Interesse hatte. Meine Begleiter erklärten, dass sie nicht sehr anders als die Kontrollzone eines Konvois aussähen, nur größer und komplizierter. Die Pilotenabteile hatten in den Boden eingelassene Sichtlinsen, die aber viel stärker waren als die in den kleineren Raumfahrzeugen.

Fast jeder Raum, besonders aber das Foyer, bot durch die Bullaugen eine klare Sicht ins Weltall. Von dort aus erhaschte ich schließlich meinen ersten flüchtigen Blick auf die Erde.

Das obere Deck des Mutterschiffs war unterteilt in Schlafräume und Speicherzonen. Jeder Raum sah aus wie ein Motelraum mit Betten, die sich aus der Wand klappen ließen. Tagsüber waren es Aufenthaltsräume mit Schreibtisch und Stuhl. In jedem Zimmer gab es auch einen Springbrunnen und einen Waschraum.

Vonic hatte mir etwas über den Schlaf, die Ausscheidungen und die anderen Funktionen des physischen Körpers beigebracht, doch zu jenem Zeitpunkt verstand ich diese Vorgänge nicht, weil ich in diesem Leben noch keinen physischen Körper gehabt hatte.

Eine der Frauen an Bord erklärte mir, wozu die Toiletten dienten und wie man sie benutzte. Ich habe mich laut darüber gewundert.

Obwohl in jedem Zimmer zwei Leute schlafen konnten, hatte jedes Mannschaftsmitglied üblicherweise seinen eigenen privaten Raum mit Ausblick ins All. Zwei Zimmer teilten sich immer ein Bullauge. Es gab ungefähr 60 dieser Räume im Mutterschiff, doch nicht alle waren belegt.

Die Zeit verging schnell an Bord des Raumschiffes. Es war gegen Ende des zweiten Tages, als eines der Crewmitglieder mich mit einen Wink aufforderte, ihn zu einem Bullauge zu begleiten. Da war die Erde, ein blau-weißer Ball gegen den dunklen Hintergrund des Weltalls!

Die blauen Zonen, erklärte mein Freund, waren Ozeane. Die wirbelnden Wolken bilden merkwürdige aber hübsche Muster über den Meeren, dachte ich. Ein Teil des Globus war dunkel, dort wo sich die Nacht noch nicht zum Tag gewandelt hatte. Das war also der Planet, auf dem ich bald leben würde.

Das Mutterschiff trat nur bis hierhin in die Erdatmosphäre ein. Unser Konvoi mußte uns den Rest des Weges bringen. Zur

Stunde unserer Abreise versammelten sich alle im Foyer, um Aufwiedersehen zu sagen. Einige verabschiedeten sich mit einem Handschlag, andere mit einer Umarmung als Lebewohl, je nach ihrem eigenen kulturellen Hintergrund. Mein Onkel, unser Kopilot und ich gingen durch einen Korridor mit Türen zum Raumfahrzeughangar. Wieder stiegen wir auf die Schwebeplattform, hinter uns rasteten zwei schützende Geländer ein.

Derselbe Konvoi, mit dem wir angekommen waren, erwartete uns. Odin übernahm die Kontrolle, und ich ließ mich bei der Sichtlinse nieder. Im Nu schloß sich die Tür, und ich konnte spüren, wie das Schiff sanft und ruhig durch die Luftschleuse und die Bodenklappe die Schienen hinunterglitt.

Dann sah ich die Erde größer und größer werden, als wir hinunter schwebten und uns der Grenze zwischen Tag und Nacht näherten. Bald danach kam eine riesige Bergkette in Sicht. Mein Onkel drückte einen unauffälligen Knopf in der Nähe der Sichtlinse. Eine Linse glitt beiseite und eine andere trat an ihre Stelle. Wir brauchten keine so starke Vergrößerung mehr. Unsere beste Linse ist so stark, dass die Passagiere an Bord eines Raumfahrzeuges wie diesem die Menschen unten auf der Straße sehen können, während das Raumschiff noch so hoch schwebt, dass es kaum als Punkt am Himmel zu sehen ist. Ein schützender Mantel gleitet über die Linse, um sie vor Schmutz zu schützen, wenn der Konvoi landet.

Wir überflogen die Spitzen dieser Berge, und die Lichter der Dörfer in den Tälern dazwischen huschten vorbei. Das Land, dem wir uns näherten, sah überwältigend schön aus. Als unser Schiff sich der Lichtseite der Erde näherte, war ich beeindruckt von den riesigen Bergen und den sanften grünen Tälern. Unser Ziel, sagte mein Onkel, war eine spirituelle Stadt im Himalaja-Gebirge, bekannt als Agam Des. Die meisten der Raumfahrer kommen zuerst in Agam Des an, um sich an die niedrigeren Schwingungen auf dem Planeten Erde zu gewöhnen.

Kapitel 9 – Bruderschaft der Planeten

Eine Bruderschaft der Planeten – Jeder Planet ist einzigartig – Die Evolution der Planeten – Nicht-Einmischung – Teleportation – Geheimnisse der Weltraumfahrt – Der Erdmond ist eine Raumbasis – Wie unser Raumschiff funktioniert – Wissenschaftler von der Venus

Wenn für irdische Astronauten die Zeit kommt, zum ersten Mal auf der Venus und auf dem Mars zu landen, werden sie Anzeichen menschlichen Lebens finden. Dasselbe gilt für die anderen Planeten der Bruderschaft. Die Bruderschaft weiß natürlich, dass Tythanias Zivilisation auf der Astralebene lebt – genauso wie dies auf anderen Planeten der Fall ist. Eine Zeitlang hat unser Volk von der astralen Venus aus physische Körper manifestiert, um die physische Ebene der Venus zu rekolonisieren oder um auf der Erde zu leben.

Ich kann nicht sagen, wie sich das Dasein auf dem Planeten verändert hat, seit ich die Venus verlassen habe. Vielleicht werden andere Menschen der Bruderschaft, die heute auf der Erde inkarniert sind, über ihr Leben auf anderen Planeten sprechen.

Die Vielzahl von Kulturen auf anderen Planeten zu erforschen gleicht dem Versuch, die Sandkörner an einem Strand zu zählen. Die vielen verschiedenen Erdkulturen zu studieren wäre dagegen ein Kinderspiel.

Es ist die spirituelle Reife der Seelen, die einen Planeten bewohnen, welche zu einem hohen Grad bestimmt, wie das Leben dort sein wird. Je weiter sich die Individuen spirituell entwickeln, desto weniger kompliziert wird ihr Leben, und desto weniger sind sie dort von materieller Technologie abhängig. Wir Venusier verlassen uns mehr auf die natürliche Kraft der Seele, die durch den Geist wirkt.

Zunächst ist das Leben auf einem Planeten einfach und primitiv, doch es dauert nicht lange, bis eine Technologie auftaucht und sich durchsetzt. Dann erreicht der Planet einen Punkt, an dem seine technologischen Verhältnisse den heutigen auf der Erde gleichen – gewissermaßen fortschrittlich, aber sehr komplex. Ein Abschlußstadium bildet das, was auf den weiter entwickelten Planeten gefunden werden kann, auf denen die Technologie wieder einfach und zugleich fortschrittlicher geworden ist.

Zum Beispiel ist das Gehen eine simple, noch beschränkte Methode der Fortbewegung. Eine Verbesserung wäre das Reiten auf einem Pferd. Komplexer und fortgeschrittener ist der Gebrauch von Autos. Aber im Seelenkörper zu reisen ist noch viel fortschrittlicher und doch einfacher als sonstige Arten des Reisens in den niederen Welten. Andere Planeten sind alle an irgendeinem Punkt dieser Skala auf dem Weg zu einer einfachen, aber technisch fortschrittlichen Lebensart, je nach ihrer spirituellen Entwicklung.

Einige Planeten befinden sich noch im Rückstand, so wie die Erde. Darauf reagiert jede höhere Zivilisation im Sonnensystem besorgt. Immer wenn technischer Fortschritt die spirituelle Reife überholt, stehen große Schwierigkeiten bevor.

Wie ich zuvor erwähnte, gibt es auf der Venus, auf Mars, Jupiter, Saturn, Uranus, Neptun und Pluto menschliches Leben in entsprechender Form. Ich erfuhr, dass die Planeten jenseits von Pluto unbewohnt und noch namenlos sind. Dies kann sich verändert haben, seit ich die Venus verließ.

Ursprünglich gab es nur vier Planeten – Merkur, Venus, Mars und Jupiter. Die übrigen der zwölf wurden anschließend durch einen kontinuierlichen natürlichen Prozeß von Schöpfung und

Zerstörung geformt. Ständig entstehen und vergehen Planeten. Dies widerspricht dem, was viele irdische Wissenschaftler annehmen.

Atomtests auf der Erde sind eine ernste Sache, weil das, was auf dem Merkur geschah, auch auf der Erde passieren kann. Eine Verschiebung in der Umlaufbahn brachte den Planeten näher an die Sonne, und die Bewohner wurden gezwungen, den Merkur zu verlassen. Glücklicherweise war der Saturn zu dieser Zeit unbewohnt, und die Raumfahrt auf dem Merkur war fortschrittlich genug, eine Evakuierung zu ermöglichen. Die Erde hat vielleicht nicht dieses Glück.

Die Wahrheiten der Gesetze der Höchsten Gottheit sind als Naturgesetze auch auf anderen Planeten unseres Sonnensystems bekannt. Alles was diese Planeten untereinander, nicht aber mit der Erde gemein haben, resultiert aus dem Bewußtsein der jeweiligen Bevölkerung, die unter dem spirituellen Gesetz lebt und diese Wahrheiten zum wichtigsten Teil ihres Lebens macht.

Wir identifizieren unsere Mitmenschen nicht mit ihrem physischen Körper oder Geist, ihrem Bewußtseinsstand, ihren Gewohnheiten oder irgendwelchen niederen Eigenschaften. Dies sind nur vorübergehende Masken. Jede lebende Form ist Seele, die sich selbst ausdrückt, und darum verstehen wir das Leben, anstatt es bloß zu beurteilen.

Die Menschen der spirituell fortschrittlichen Planeten sind sich alle des Gesetzes des Karmas bewußt, und sie wissen, dass sie eines Tages mit all ihren Taten und Untaten konfrontiert werden. Sie wissen auch, dass der Tod kein Ende darstellt, sondern nur einen Übergang in eine andere Welt. Das Gewahrwerden der Gesetze des Lebens macht einen gewaltigen Unterschied in den Handlungen der Menschen aus.

Das Leben auf der Erde würde sich verwandeln, wenn allein das Gesetz des Karmas verstanden und angenommen werden würde. Nur die innere Entfaltung der Individuen wird die Erde aus der Zeit der Kriege und der Tyrannei herausbringen. Ihr habt diese Übel, weil ihr sie noch immer wollt. Sobald ihr deren überdrüssig seid, werdet ihr wachsen.

Der allgemeine Feind der Seele ist natürlich die Kal-Kraft, jene negative Kraft, die durchs Bewußtsein fließt, um den Geist und die Gefühle zu beherrschen und so frisches Karma zu schaffen. Da Gedanken und Gefühle in dieser Welt immer die Ursache sind, bedeutet die Kontrolle der Gedanken und Gefühle eine Kontrolle des Schicksals.

Der negative Strom durch den Menschen zeigt sich als eine oder mehrere der fünf Leidenschaften: Gier, Zorn, Eitelkeit, Wollust und Bindung an materielle Dinge. Wenn diese Leidenschaften in den Menschen als Gesamtheit unter Kontrolle sind, dann verbessert sich das Leben enorm und wird dem ähnlich, was auf der Venus und einigen anderen Planetenmitgliedern der Bruderschaft existiert.

Bei solch einer inneren Kontrolle gäbe es keinen Konflikt und keinen Krieg. Der letzte interplanetarische Krieg in diesem Sonnensystem fand statt, bevor eure Gesellschaft überhaupt existierte. Die äußeren Bedingungen des Lebens spiegeln immer die innere Kontrolle über die Gedanken und Gefühle wider.

Wenn wir versuchen, Menschen von den Nachbarplaneten der Erde zu verstehen, lassen wir uns von etwas leiten, das jenseits der physischen Erscheinung bei menschlichen Wesen spürbar ist. Wir akzeptieren andere Menschen vor allem durch das Bewußtsein, dass jedes Wesen Seele ist und die unteren Welten nur eine Schule sind. Wir sehen über die menschliche Beschränkung hinaus.

Wenn wir jemandem auf der Erde begegnen, der Vorurteile hat oder sich aus irgendeinem Grund schlecht fühlt, akzeptieren wir dies, weil es ein Ergebnis des Bewußtseinsgrades dieses Menschen ist; es ist alles, was dieser Mensch gelernt hat. Wir vergegenwärtigen uns, dass niemand unrecht hat, weil jeder nur begrenztes Wissen haben kann, bis Erfahrungen seine Grundeinstellung und den Erkenntnisgrad seines Bewußtseins ändern.

Wir Venusier sind dafür bekannt, für alles Leben ein Gefühl von Liebe aufzubringen, und wir verbreiten eine Ausstrahlung von Frieden und Gelassenheit. Wir sind mit jeder Situation glücklich, und anstatt sie für etwas Negatives zu halten, nehmen wir sie als eine Erfahrung an, die uns wachsen hilft, ganz gleich, wie negativ sie auch zu sein scheint. Es ist sehr einfach, mit Menschen von anderen Planeten auszukommen. Es gibt eine innere Qualität, mit der wir andere anziehen.

Wir sind nicht besser als die Menschen auf der Erde. Wir haben nur die Gelegenheit gehabt, diesmal in einer Umgebung geboren zu werden, die in Frieden mit sich selbst ist und spirituelle Wahrheiten des Lebens ermöglicht. Viele von uns haben in der Vergangenheit auch auf der Erde gelebt.

Jeder Mensch hat in sich selbst die Kraft, alles zu verändern, womit er nicht einverstanden ist, indem er einfach das visualisiert, was er gern hätte. Die meisten auf der Erde sind sich dieser innewohnenden Kraft nicht bewußt, darum neigen sie dazu, die Menschen zu verehren, die dies erfahren und zu sehen gelernt haben. Wir haben die Gelegenheit zu verwirklichen, wer und was wir sind, während der Mensch auf der Erde das große Potential innerhalb seines Seins als Individuum nicht verwirklicht. Jedes Individuum muß den Weg wählen, den es gehen will.

Ausgeglichenheit und Nichteinmischung sind Lebensbereiche, in denen unser Volk über die Jahrhunderte hinweg große Fortschritte gemacht hat. Diese Bereiche sind fundamental für die spirituelle Entwicklung in den niederen Welten bei der Reise der Seele zur Selbst- und Gottverwirklichung. Es sind Lektionen, die viele Menschen auf der Erde noch lernen müssen.

Nichteinmischung ist ein geistiges Gesetz der Freiheit für jedes Individuum. Nicht einmal zwei Menschen denken, fühlen, reagieren gleich, haben dieselben Gewohnheiten und Standpunkte oder denselben Grad spiritueller Entfaltung. Jedes Individuum besitzt sein eigenes persönliches Universum, das nach dem spirituellen Gesetz respektiert werden muß.

Dies wird auf der Erde nicht erkannt oder verstanden, was die tiefere Ursache für viele der heutigen Probleme bildet. Wenn die Menschen mehr Aufmerksamkeit auf die Führung ihres eigenen Lebens legen würden, gäbe es weniger Probleme in der Welt. Je mehr ihr in das Leben anderer eingreift, desto mehr werden andere in das eure eingreifen. Auf diese Weise wirkt das Gesetz vom Karma. Zu meinen, ein anderer müsse etwas Bestimmtes sein oder er sollte bestimmte Normen oder Gewohnheiten haben, führt zur Einmischung. Ideal ist es, andere auf ihrem eigenen Level als Individuen zu akzeptieren, die ihre eigenen Lektionen als Seele durchmachen.

Einmischung beinhaltet, Ideen oder Standpunkte auf andere zu übertragen, anderen ungefragt zu helfen, Ratschläge zu erteilen oder auch zu denken, dass das, was jemand anderes tut, falsch ist.

Zu verstehen zu versuchen, warum andere so handeln, denken oder fühlen, wie sie es tun, ist viel besser, als bloß zu urteilen. Es hilft auch jedem Individuum, sich selbst besser zu verstehen. Wir streiten uns nicht. Wir suchen Verständnis und fühlen, dass das, was der andere zu sagen hat, wichtiger ist, weil er schon weiß, was er im Sinn hat.

Ausgeglichenheit ist so wichtig im Leben, so universell wichtig, dass die Wesen in allen niederen Welten versuchen, sie zu beherrschen. Sich davor zu hüten, irgendeinem Extrem im Leben zu verfallen, ist einer der Wege, wie die Seele aus den niederen Welten von Raum und Zeit befreit werden kann. Leider lernen nur wenige auf der Erde die Lektion des Ausgleichs.

Als Seele ausgeglichen zu sein bedeutet, in jeder Hinsicht ausgeglichen zu sein. Sogar beim Essen muß man versuchen, ein Gleichgewicht zwischen positiven und Kal-Speisen zu erreichen. Traurig genug, dass „zivilisierte" Menschen auf der Erde hauptsächlich Kal-Nahrung zu sich nehmen.

Bezüglich seiner Wünsche muß ein Mensch immer in der Lage sein, von jedem Ding oder jeder Situation Abstand zu nehmen, anderenfalls wird er ein Sklave der Dinge dieser Welt. Man muß weder für noch gegen etwas sein.

Diesen Mittelpfad zu beschreiten erscheint manchmal wie ein Gehen auf Messers Schneide. Der spirituelle Mensch ist manchmal ein Kanal für spirituelle Kraft und manchmal ein Kanal für die Kal-Kräfte. Der egozentrische Mensch ist fast immer ein Kanal für die negativen Kal-Kräfte

Die fünf Leidenschaften des Geistes komplett zu eliminieren würde bedeuten, hinsichtlich der positiven Polarität unausgeglichen zu sein, was auch nicht so gut ist, weil man dann die Lektionen der Kontrolle nicht lernt. Solange jemand ein Mensch ist, wird er in der Lage sein, die Dinge der physischen Welt zu genießen, aber hoffentlich ohne deren Gefangener zu werden. Eine der Absichten dieser Enthüllungen besteht darin, dem Menschen zu helfen, einen Ausgleich in seinem Erdenleben zu erreichen.

Ausgeglichenheit muß auch im Umgang des Menschen mit der Natur beachtet werden. Eine Menge Schaden wurde und wird weiterhin dem empfindlichen ökologischen System der Erde zugefügt. Vor vielen Zeitaltern wachten die Völker auf der Venus und auf dem Mars rechtzeitig auf, um festzustellen, dass sie sich selbst zerstörten, indem sie die Natur zerstörten. Sie begannen, die Natur zu respektieren, indem sie dem Boden zurückgaben, was sie ihm entnahmen, und nicht alles zerstörten, um Städte und Dörfer zu bauen.

Wenn die weltweit bedauernswerten Bodenbedingungen auf der Erde nicht behandelt und der Gebrauch von Chemie zum Wachstum von Nahrungsmitteln nicht gestoppt werden, wird der Mensch kein weiteres Jahrhundert auf der Erde überleben.

Auf anderen Planeten gibt es keine Krankheit, und die durchschnittliche Lebensspanne beträgt viele Hundert Jahre. Die Venusier über zwanzig und Anfang dreißig zeigen keine Anzeichen von Alterung. Dabei sind viele Ursachen im Spiel, von der Geisteshaltung bis hin zu planetarischen Einflüssen.

Wenn ihr auf der Erde die Wahrheit über Ernährung wüßtet

und sie anwenden würdet, könntet ihr dieselbe ausgezeichnete Gesundheit erwarten, die wir genießen. Viele auf der Erde bekannte und gefürchtete Krankheiten werden eigentlich durch die Nahrung verursacht, die die Menschen essen oder nicht essen. Gesundheit zu erwarten, wenn man vergiftete und mangelhafte Nahrung ißt, bedeutet dasselbe, wie vom Auto zu erwarten, dass es mit Milch statt mit Benzin fährt.

Krankheiten sind nichts anderes als Symptome. Die Ursachen liegen auf drei Ebenen: Gedanke, Gefühl und physische Handlung. Negative Gedanken und Gefühle werden sich schließlich in den Leiden des physischen Körpers widerspiegeln.

Der Transport von Dingen geschieht auf der Venus mit Energie-Materie-Konvertern. Die Sendeeinheit verwandelt Materie in Energie, während die Empfängereinheit die Energie zurück in Materie wandelt. Früher wurden dafür vor allem Levitationsmaschinen genutzt. Ihre Entwicklung fand ungefähr zur selben Zeit statt, als Magnetkraft zum ersten Mal für die Raumfahrt genutzt wurde.

Die Raumfahrt ist seit vielen Jahrhunderten fest mit dem Gefüge unseres Lebens verwoben. Unsere Motivation, die Oberfläche unseres Planeten zu verlassen, war die, mehr über das Universum und seine Naturgesetze zu erfahren.

Eine große Anzahl von Wissenschaftlern und Fachpersonal befindet sich in unseren Raumschiffen, sowohl in den Mutterschiffen als auch in den Konvois. Da der Wandel eine solch grundlegende Wirklichkeit in den niederen Welten darstellt, finden wir immer etwas Neues zu beobachten und zu lernen.

Es gibt viele Vorteile, der Bruderschaft anzugehören. Alle Planeten außer der Erde schlossen sich zu einem gemeinsamen Verbund zusammen, aus demselben Grund, aus dem sich zwei Personen mit gemeinsamen Anliegen und Interessen zusammenschließen.

Wir sind immer darauf vorbereitet, einem anderen Planeten oder Raumschiff in Not beizustehen oder Mineralien und Pflanzen, die es auf einem Nachbarplaneten nicht ausreichend gibt, mit diesem zu teilen. Unsere Wissenschaftler arbeiten in gemeinsamen Projekten zusammen, um die Wunderwerke der Vorstellungskraft zu verwirklichen.

In jedem Sonnensystem erregt das Kal Na-ar oder negative Kind, wie wir den Planeten Erde nennen, große Besorgnis. (Der eigentliche venusische Name für die Erde lautet in phonetischer Umschreibung Dschalata Dschiom). Er wird in seinem Wachstum oft zu einer Bedrohung für das eigene Überleben und das der nahe gelegenen Planeten.

Vor vielen Zeitaltern wurde der Mond zu einer Operationsbasis für unsere Arbeit mit der Erde. Hier bauten wir ausgedehnte Kolonien und Transportnetzwerke in abgelegenen Tälern und Kratern. Mehr wird in naher Zukunft über diese Tatsache bekannt gemacht werden. Unter unseren Anlagen befinden sich riesige Hangars, in denen unsere Mutterschiffe sicher gewartet und untergebracht werden können.

Eure Öffentlichkeit wurde bezüglich des Mondes total in die Irre geführt. Monde sind keine toten Satelliten, sondern kleine Planeten, die genauso sorgfältig entworfen wurden wie die Planeten, die die Sonne umkreisen. Der Mond der Erde hat eine Atmosphäre, die menschliches Leben ermöglicht. Auf seiner Oberfläche finden sich Wasser, Vegetation, Bakterien, Insekten und kleine Tiere.

Die Mondoberfläche besteht größtenteils aus Wüste, und die Temperaturen liegen sehr hoch. Noch sind unsere Leute in der Lage, ebenso wie andere Besucher an der freien Luft ohne spezielle Umweltausrüstung zu überleben. Im Laufe der Zeit kann sich der menschliche Körper an die verdünnte Atmosphäre anpassen. Mir wurde als Kind auf der Venus nicht nur beigebracht, dass der Mond der Erde bewohnbar ist, ich habe mich sogar selbst davon während einer außerkörperlichen Erfahrung überzeugt.

Während unserer Reise im Mutterschiff setzte sich mein Onkel zu mir, um mir einige der Geheimnisse der Raumfahrt zu erklären. Unser enormes technisches Wachstum ist ein Ergebnis davon, dass wir uns die Naturkräfte nutzbar machen, anstatt gegen sie zu arbeiten.

Unsere Raumschiffe, sowohl die Mutterschiffe als auch die untertassenförmigen Konvois, sind fähig, Operationen auszuführen, die wie Wunder erscheinen, indem sie die natürlichen Energien des Raumes nutzen, die solare und die magnetische Energie. Unsere Schiffe sind nicht nur unbeeinflußt von Schwerkraft und Reibung, sie können auch während enormer Geschwindigkeiten manövrieren.

Beobachter auf der Erde haben unsere Raumschiffe bei unglaublichen Geschwindigkeiten auf Radar gemessen. Sie haben spitzwinklige Wendemanöver bei Geschwindigkeiten von Tausenden von Meilen pro Stunde beobachtet und extreme Beschleunigungs- und Verzögerungswerte, die theoretisch alle Insassen an Bord zerquetschen würden.

Das Geheimnis liegt im Gebrauch von Magnetkraft, in der Nutzung von magnetischen Feldern und von Sonnenenergie. Jedes Mutterschiff und jedes kleine Raumschiff hat im Inneren so etwas wie einen zentralen Mast oder Pol. Im Mutterschiff liegt dieser Pol längs, während er im Konvoi in der Zentralkabine sichtbar ist und von oben nach unten verläuft. Dieser Mast dient als Magnetpol des Schiffs und hilft, ein Magnetfeld aufzubauen, wie das um und innerhalb jedes Planeten der Fall ist. So wie die Erde einen Nord- und einen Südpol hat, besitzen unsere Raumschiffe positive und negative Polaritätsladungen.

Die für den Aufbau eines magnetischen Gravitationsfeld nötige Kraft wird direkt von der Sonne bezogen. Im Konvoi sitzt unter der glasähnlichen Kuppel oben auf dem Schiff und auf dem Magnetpol eine Spule, die mit einer seltenen Art von Kristall ummantelt ist.

Dieses Kristallmaterial wandelt sehr effizient Sonnenenergie in magnetische Energie um. Zusammen mit einem festen Goldpol wird das nötige Magnetfeld geschaffen. Gold ist einer der besten Leiter für Magnetkraft.

Einmal sauber eingestellt, macht das Magnetfeld den Konvoi oder das Mutterschiff zu einem unabhängigen Gebilde, anders als eure Flugzeuge und Raumschiffe, die vom Erdmagnetfeld und von der Atmosphäre abhängig sind. So sind unsere Schiffe kleine Planeten in sich selbst. Diese Unabhängigkeit vom Einfluß eines Planeten wird Schwerelosigkeit genannt.

Während des Fluges sind unsere Schiffe in einem Zustand des Ausgleichs mit dem Planeten selbst. Wenn die Kraft angeschaltet wird, ist das Schiff schwerelos geworden. Wenig Schub ist nötig, um auf der Oberfläche eines Planeten zu landen oder von ihr abzuheben. Atmosphärische Reibung wird durch die magnetischen und die Hochenergiefelder, die das Schiff umgeben, effektiv vermieden. Es ist, als ob sich das Schiff im tiefen Raum befände, unbeeinflußt von planetarischer Gravitation und Atmosphäre.

Die Polarität des Pols im Konvoi ist beim Abheben oder Landen auf der Oberfläche umgekehrt. Horizontaler Flug oder Schub wird durch drei aufgeladene, metallische Kugeln geschaffen, die die Unterstruktur des Konvois bilden. Sie sind grundlegende Ausrüstungsbestandteile dieses Raumschifftyps, so wie der Magnetpol bei allen Versionen dieser Schiffe einen normalen Teil des Antriebs- und Operationsapparates darstellt.

Die kugelförmigen Unterstrukturen dieser Schiffe besitzen ebenfalls Magnetpole und sind elektrisch geladen. Durch Drehen des unteren Trägers, an dem sie befestigt sind, wird dieses Raumschiff auf eine andere Magnetkraftlinie geschaltet. Die Geschwindigkeit unserer Schiffe ist nur durch die Aktivität des Weltraums begrenzt, nicht durch irgendeine willkürliche Lichtgeschwindigkeit. In der Nähe eines Planeten sind extrem hohe Geschwindigkeiten sehr gefährlich.

An Bord gibt es nicht das leichteste Anzeichen für Bewegung oder Beschleunigung, egal wie hart das Manöver ist. Im Bruchteil einer Sekunde können unsere Schiffe ohne die geringste Anstrengung für den Piloten oder die Passagiere zum Stillstand kommen. Im Inneren hat man das Gefühl eines bewegungslosen Raumes.

Dies kommt daher, dass das Raumschiff unabhängig von äußeren Kräften ist. Ein Abbremsen des Schiffs bis zum Stillstand bedeutet gleichzeitig ein Abbremsen des Piloten, und trotz der Schiffsbewegung fühlt er nichts.

Die Felder um das Schiff herum verhindern auch Zusammenstöße mitten in der Luft. Schiffe prallen voneinander ab, ohne die Passagiere zu erschüttern. Auf der anderen Seite haben die irdischen Flugzeuge diesen Schutz nicht. Wir fliegen selbst dann noch, wenn unsere Schiffe beschossen werden, weil die Projektile Richtung Erdboden zurückprallen. Das hat einige zu dem Irrtum verleitet zu glauben, unsere Schiffe hätten zurückgeschossen.

Unsere Kraftfelder schützen uns gegen die Reibung innerhalb der Atmosphäre, auch gegen den Beschuß durch Meteoriten. Obwohl die Titaniumhüllen der Mutterschiffe und Konvois eine Hilfe bieten, rührt der größte Schutz von Energiefeldern her. Es handelt sich dabei nicht um gewöhnliches Titanium, sondern um Titanium, das mit einer bestimmten Strahlenenergie behandelt wurde, die auch den durchsichtigen Effekt erzeugt.

Nur die Mutterschiffe sind Selbstversorger. Ein Teil der von den Konvois benötigten Energie wird innerhalb des Hangars im Mutterschiff aufgeladen. Die Konvois sind nicht für lange Reisen gedacht. Die Mutterschiffe beziehen all ihre Energie direkt aus dem Raum.

Das Leben auf der Erde würde sicherlich revolutioniert, wenn die Geheimnisse der Magnetkraft eingeführt würden. Stellt euch selbst die Veränderungen vor, die es mit sich brächte, wenn Energie frei wäre und magnetisch angetriebene Raumschiffe jedem Menschen zur Verfügung stünden.

Die negativen Kräfte sind auf der Erde jedoch stark verankert. Alles, was dem Individuum mehr Kraft und Freiheit geben könnte, wird als Bedrohung empfunden, und dies schließt die Gesetze der Höchsten Gottheit ein. Erfindungen, die gut für die Menschheit, aber schlecht für die Herrschenden sind, werden gewöhnlich weggeschlossen, vernichtet oder zumindest diskreditiert.

Die Erde hat dem Erfinder Nikola Tesla auf dem Gebiet der Elektrizität viel zu verdanken. Ohne ihn wäre die Erde nicht dort, wo sie heute ist. Er arbeitete zusammen mit Thomas A. Edison daran, Elektromotoren und Generatoren zu konstruieren. Es war Tesla, der für das Kraftwerk an den Niagarafällen verantwortlich war. Als er über 70 Jahre alt war, gingen mehr als 700 Erfindungen auf das Konto Nikola Teslas.

Aber dieser Mann war für seine Zeit zu fortschrittlich. Sogar Edison wandte sich gegen ihn und versuchte, seine noch brillanteren Ideen zu diskreditieren. Tesla war ein Pionier darin, die unbegrenzt verfügbare Energie der Erde selbst anzuzapfen. Er verstand, dass Energie nicht in großen Kraftwerken erzeugt werden muß.

Diejenigen, die damals verstanden, worüber Tesla sprach, brachten den Mann und seine Ideen erfolgreich in Mißkredit, und so kam die Welt nicht in den Genuß der Geheimnisse der Magnetkraft. Teslas eigene Worte sagen uns, worauf er hinauswollte: „Die wertvollste Anwendung drahtloser Energie wird der Antrieb fliegender Maschinen sein.“

Nach seinem Tod wurden Teslas Laboratorien verschlossen, und über die Jahre verblaßte die Erinnerung an seine Größe. Wenige Menschen auf der Erde wissen heute, dass er überhaupt existierte, und noch weniger wissen, dass er vom Planeten Venus hierher kam, um euch zu helfen.

Kapitel 10 – Agam Des

Landung in Agam Des – Die spirituelle Stadt und ihre Einwohner – Das Klosterleben – Gewöhnung an physische Verhältnisse – Eine alte Linie von Meistern – Die geheimen Bücher – Reise nach Nevada – Erste Eindrücke von Amerika – Der Busunfall und Sheilas Tod

Unser Raumschiff landete in einem tiefen Tal zwischen den hohen Berggipfeln von Kaschmir. Durch das Bullauge konnte ich in einem entfernten Tal die Dächer einer indischen Stadt sehen. Es war früh am Morgen, die Sonne schien hell und erleuchtete die steilen Abhänge der Berge. Von diesem ersten Anblick her dachte ich, die Erde sei sicherlich ein wunderbarer Ort.

Als wir den Konvoi verließen, schaute ich zurück und sah, dass er genau in einer Lichtung innerhalb eines bewaldeten Plateaus gelandet war. Es schien Stunden zu dauern, die steilen Abhänge vor uns zu erklimmen. Das Gehen war schwierig genug, aber das hier war fast nicht auszuhalten. Das Gefühl, in einer Rüstung zu stecken, hielt an, und meine Beine waren schmerzlich schwer.

Ich hatte meinen neuen Körper noch nicht in einem Spiegel betrachtet, doch ich fühlte mich so schwerfällig, dass ich sicher war, einen grotesken Anblick zu bieten.

Die Hügellandschaften um uns herum sahen sehr seltsam aus. Schneeverwehungen bedeckten die meisten Wiesen, und doch war es überhaupt nicht kalt. Mein Onkel erklärte, so hoch im Gebirge sei die Luft sehr dünn, und deshalb könne es schneien, ohne so kalt zu sein.

Vor uns sahen wir ein bewaldetes Plateau, auf dem sich eine riesige Festung aus Holz und Stein erhob. Dies war das physische Gegenstück der spirituellen Stadt Agam Des.

Steintreppen führten den Hügel hinauf zu einem Holztor und einem Zaun, der die Festung umgab. Wir stießen auf Blumen- und Gemüsegärten und viele Nutztiere. Mein Onkel, der Co-Pilot und ich und erklommen einen schmalen Steinpfad und erreichten das große, mit Eisenringen versehene Holztor.

Genau in dem Moment öffneten sich die Türen leise nach innen, und eine Gestalt in Mönchskutte mit Kapuze stand vor uns. Es war ein stattlicher Mann mit einem langen Bart und blauen Augen. Er grüßte uns. „Eure Räume sind hergerichtet." Er geleitete uns zu unseren Schlafquartieren, was ich in meinem ermüdeten Körper sehr begrüßte.

Agam Des ist die größte spirituelle Stadt auf dem Planeten Erde, sie wird von Meister Yaubl Sacabi geführt. Allem äußeren Anschein nach sieht Agam Des aus wie jedes tibetische Kloster, doch hier leben einige der höchsten spirituellen Meister der Erde. Yaubl Sacabi zählt zu jenen Adepten, die sich entschieden haben, ihren Körper unsterblich zu machen. Sein Alter ist unglaublich. Es wird berichtet, dass er seit mehreren Tausend Jahren in demselben physischen Körper lebt.

Seit Jahrhunderten sind die Raumfahrer in Agam Des angekommen, um sich auf die gröberen Schwingungen der Erde einzustellen. Agam Des beherbergt auch einen der irdischen Tempel der Goldenen Weisheit, der andere befindet sich im Katsupari Kloster in Tibet. Diese Tempel bewahren die alten Lehren, die wir Gesetze der Höchsten Gottheit nennen, wie sie auf der Venus seit langem respektiert werden.

Physikalisch betrachtet ist Agam Des ein gigantisches quadratisches Gebäude mit Steinböden und dunklen Holzmauern. Kerzen, die in regelmäßigen Abständen an den Wänden hängen, sorgen für Beleuchtung. In der Mitte des Gebäudes befindet sich eine große Speisehalle mit einer Feuerstelle. Daran schließt sich ein riesiger, kathedralenartiger Gemeinschaftsraum für spirituelle Gesänge an. Innerhalb der Tore gibt es einen Innenhof mit Tieren, Kräutergärten, Gemüse und Blumen.

An den Außenseiten des Gebäudes liegen circa 50 einzelne, sehr schlicht möblierte Schlafräume. In jedem befindet sich ein Einzelbett mit einem Nachttisch für Bücher und ein wenig persönliche Habe. Es hängt auch ein Bild eines spirituellen Meisters in jedem Raum. Niemand im Tempel betritt den Raum eines anderen unaufgefordert.

Jeder in Agam Des steht mit der Sonne auf, erfuhr ich am ersten Tag. In der Nacht zuvor hatte man mir gesagt, eine Glocke würde läuten, um mich zum Frühstück zu rufen.

Ein Hahn krähte im Hof, als ich die Glocke hörte, die in meinen Schlaf hineinläutete. Ich stellte fest, dass die Kutte mit Seilgürtel und Kapuze, die ich tragen sollte, aus einem groben Material gewebt war wie ein Kartoffelsack. Ich bemerkte auch, dass sie zu groß für mich war.

Als ich aus dem Fenster blickte, sah ich ein Meer von Gebirgskuppen unter uns, das sich bis zum Horizont erstreckte, und die aufgehende Sonne stand an einem orange-roten Morgenhimmel. Eine warme Brise streichelte mein Gesicht. Das Fenster bestand lediglich aus einer quadratischen Öffnung im Stein mit hölzernen Verschlägen zu jeder Seite.

Der Speisesaal hatte sich schon gefüllt, als ich eintrat und an einem der langen Tische Platz nahm. An jedem konnten ungefähr 25 Personen sitzen. Am Kopfende des mittleren Tisches saß ein Meister, und an der Spitze der anderen Tische die höheren Eingeweihten.

Unser Frühstück bestand aus einem Stück Obst, einer Schale Reis und Kräutertee. Das war alles. Die Mahlzeiten in Agam Des erwiesen sich als sehr einfache Ereignisse, sie fanden zweimal am Tag statt. Morgens bekamen wir braunen Reis, Wurzeln einer Pflanze aus den Bergen und Kräutertee. Jeden zweiten Tag wurde ein Stück Obst und Joghurt gereicht.

Abends aßen wir Salat von frischem Blattgemüse, ohne Gewürze oder Dressing. Jeden zweiten Tag gab es Fleisch oder Fisch. Abwechselnd bekamen wir einen kombinierten Teller aus Gemüse und einem kohlehydrathaltigen Produkt. Den ganzen Tag über tranken wir Kräutertees und Fruchtsäfte, und manchmal kam ich in den Genuß von Ziegenmilch.

Die Speisen waren sehr schlicht, aber gut. Nach und nach wurden meiner Diät während des Aufenthaltes in Agam Des Gewürze und andere Zusätze aus dem Dorf hinzugefügt. So konnte ich mich von Tag zu Tag allmählich auf das amerikanische Essen einstellen, das ich bald essen würde. Wie sich herausstellte, reagierte mein Körpersystem während meiner ersten Jahre in Tennessee und Arkansas heftig auf praktisch alles, was ich aß. Die Nahrung in Amerika ist so substanzarm, behandelt und vergiftet, dass man es als regelrechte Tragödie bezeichnen kann.

Während des Frühstücks an diesem ersten Morgen bemerkte ich, dass mein Onkel und sein Freund nicht da waren. Ich vermutete, dass sie draußen das Raumfahrzeug für die Rückkehr zum Mutterschiff vorbereiteten.

Nach dem Essen erhielt ich die Aufgabe, im Garten zu arbeiten und Gemüse für das Abendessen zu sammeln. Jeder Besucher und jeder Mönch in Agam Des bezahlt für seinen Aufenthalt mit einer täglichen Hausarbeit. So wird der Ort unterhalten. An einigen Tagen fütterte ich die Tiere oder melkte die Ziegen. Ich redete nicht viel mit den Mönchen, weil ihre Regeln vorschrieben, nicht unnötig zu sprechen.

Am Vormittag saß ich mit ihnen zusammen und hörte ihnen zu, wie sie ihre Musikstunde abhielten und ihre verschiedenen Instrumente spielten. Diejenigen, die keine Instrumente hatten, sangen zu einer Melodie.

Die religiösen Gesänge fanden jeden Tag in der Gesangshalle statt, in der sich die Männer versammelten und dabei auf den Bänken oder auf dem Boden saßen. Ich liebte den Gesang. Er war so wunderbar und so musikalisch, dass ich das Gefühl bekam, mich davon forttragen lassen zu können. Die Mönche sangen jeden Morgen und jeden Abend, jedesmal ein anderes Mantra, in der Absicht, eine Erfahrung auf höheren Ebenen zu erleben.

Ich lernte bald, dass das Leben in Agam Des sehr ausgeglichen und geordnet war. Die Männer hatten tatsächlich strikte Gebräuche. Alles wurde Tag für Tag genau zur gleichen Zeit getan.

Nach dem Mittagessen hatte jeder eine freie Stunde, um persönliche Besorgungen zu erledigen, die Dörfer zu besichtigen, ein Nickerchen zu machen oder was immer man wollte. Während meiner freien Stunde an diesem ersten Tag wollte ich kein Nickerchen machen, obwohl ich sehr müde war. Ich wollte mich umsehen. Ich spazierte eine Weile draußen durch die Gärten und ließ mich dann bei einem kleinen Fluß nieder. Ich war tief in Gedanken, als die Glocke läutete und signalisierte, dass die Unterrichtszeit begann.

Für die Schüler, die in Agam Des lebten, war dies die Zeit für Unterrichtsstunden in den Gesetzen der Höchsten Gottheit. Für Besucher wie mich war es die Zeit, mit einem Tutor zusammenzutreffen. Mein Lehrer streifte an diesem ersten Tag nur ein paar Themen. Wir sprachen eine Weile darüber, wie Mathematik in der westlichen Welt funktionierte und wie das amerikanische Schulsystem aufgebaut war. Er erklärte, was ein Kindergarten war und die Tatsache, dass von jedem Kind erwartet wurde, von fünf oder sechs Jahren an zur Schule zu gehen. Er erklärte mir auch, was Zeugnisse waren.

Sein Kommentar war, dass dies kein sehr gutes System sei, dass es aber nichts Besseres gäbe. Es würde nicht so sein wie das, woran ich gewöhnt war. Er lehrte mich, ein paar Worte zu buchstabieren, das ABC zu schreiben und einige Passagen zu lesen. All dies war ziemlich einfach.

Er erklärte nochmals, was mir zuvor schon so oft gesagt worden war. Ich würde meine spirituellen Lehren nirgendwo finden und niemanden, der sie versteht. Erst später in meinem Leben würde dies der Fall sein.

Das Verhalten der Menschen anderen Rassen gegenüber entsprach nicht dem, was ich gewöhnt war. Die dunklen Rassen hielt man für untergeordnet. Ich tat mich schwer, dies zu akzeptieren, denn ich erinnerte mich an die königliche Rasse vom Jupiter. Ich hatte den Eindruck, dass ich damit würde leben müssen, und ich wollte versuchen zu verstehen, warum dies so ist.

Die Mönche in Agam Des gaben ihre Namen nicht preis, weil zu dieser Zeit die spirituelle Lehre sehr geheim war. Dies geschah zu ihrem Schutz, weil die Leute in den Dörfern jeder Lehre negativ begegneten, die keinen akzeptierten indischen oder tibetischen Weg darstellte. Dieser Art von Vorurteilen sollte ich später noch öfter begegnen.

In den folgenden zwei Wochen lernte ich viele neue Dinge über die Erde. Manchmal saßen der Tutor und ich im Zimmer mit unseren Büchern, oder wir gingen hinaus in den Wald, um etwas über die verschiedenen Pflanzen, Bäume und Blumen herauszufinden. Im Kräutergarten wurden mir verschiedene Kräuter und deren Gebrauch gezeigt und auch, warum bestimmte Sorten zu bestimmten Zeiten des Tages für Tees verwendet wurden.

Ich verbrachte viele Tage damit, Gehen, Sitzen, Treppensteigen und alle Arten physischer Übungen zu trainieren. Ich hatte nur zwei Wochen Zeit, all meine Befangenheit zu verlieren und das quälende Gefühl, in einer Rüstung zu stecken. Jeden Tag erhielt ich eine Gleichgewichtsaufgabe, bei der ich Gehen und Laufen übte und auf einem Fuß zu stehen und zu hüpfen. Bei unseren Spaziergängen draußen sprang ich über Pfützen oder stieg auf Bäume, während einer der Mönche meinen Fortschritt beobachtete.

In Agam Des arbeitete ich mit mehreren Lehrern, einem für jedes Fach. Immer war es jemand, der sich auf einem Gebiet besonders gut auskannte und es eingehend studiert hatte. Mir wurde sowohl die Geschichte der Vereinigten Staaten als auch deren gegenwärtige Situation beigebracht. Der Kalte Krieg wurde mir erklärt und wie sehr sich die Menschen vor Bombenangriffen durch einen Feind fürchteten.

Als ich meinem ersten Lehrer erzählte, wie schwerfällig ich mich fühlte, sorgte er dafür, dass für mich aus einem der Dörfer im Tal ein Spiegel ausgeliehen wurde. Niemand in Agam Des besaß einen Spiegel. Ich war sehr aufgeregt, weil ich meinen neuen Körper noch nicht gesehen hatte; der Spiegel half mir in meinem Verhalten, weil ich sah, dass ich gar nicht so grob und klobig war, wie ich mich fühlte. Die Mönche sagten mir, ich sei für irdische Maßstäbe sehr zierlich und schön. Ich mußte zugeben, ich sah annehmbar aus und fühlte mich danach weniger plump.

Nach der Unterrichtszeit an meinem ersten ganzen Tag in Agam Des genossen wir einen Kräutertee und dunkles Brot mit Ziegenkäse. Anschließend gingen wir in den Wald, um in der freien Natur Mantras zu singen. Als wir dort ankamen, war unsere Nahrung gut verdaut. Wir setzten uns.

Das Mantra wurde erklärt, und mir wurde gesagt, von welcher Ebene es stammte. Dann sangen wir es. Ich kann nur sagen, es war eine heitere, erfrischende Erfahrung, erleuchtend und unbeschreiblich. Um uns ins Hier und Jetzt auf die irdische Ebene zurückzubringen, brachten die Eingeweihten mit uns noch eine halbe Stunde mit Fragen und Antworten zu.

Erholung in Form von sportlichen Übungen stand als nächstes auf dem Tagesplan der Mönche, doch an dieser Unterrichtsstunde durfte ich nicht teilnehmen. Mein Onkel und sein Begleiter schlugen vor, einen Spaziergang in Richtung eines der Dörfer zu machen. Odin erzählte mir alles über die Straßenmärkte dieser Dörfer, die ich sehr interessant fand. Hier wurden alle möglichen kunsthandwerklichen Erzeugnisse verkauft: kleine Teppiche, Schmuck, Geschirr, Kleidungsstücke und vieles mehr.

Ich brannte darauf, ins Dorf zu gehen und all diese Dinge zu sehen, aber mein Onkel erklärte, dass dies nicht möglich sein würde. Unsere helle Haut und unsere Haare könnten zu viel Aufmerksamkeit erregen, weil die Einheimischen eine sehr dunkle Hautfarbe hatten. Eine Reihe der Dörfer stand unter kommunistischer Herrschaft, und es gab dort Autoritäten, die Papiere und Ausweise sehen wollten.

Unterwegs zeigte mein Onkel mir verschiedene interessante Knospen, Pflanzen und Tiere. Ich war besonders fasziniert von den Fasanen und wilden Pfauen. Wir waren kurz vor dem Abendessen zurück in Agam Des, und ich ging auf mein Zimmer, um mich von unserem Spaziergang auszuruhen. Dort betrachtete ich die Pflanzen von der Venus und den Schmuck meiner Mutter, und die ganze Zeit war ich gespannt auf mein neues Leben in den Vereinigten Staaten. Das Läuten der Glocke, die uns zum Essen rief, durchbrach die Stille.

Während meines Aufenthalts in Agam Des sah ich Yaubl Sacabi etwa drei Mal – einmal während der Gebetsgesänge und zweimal zum Abendessen. Einmal in jeder Woche versammelte der Meister seine „Kinder", wie er sie nannte. Die meiste Zeit war er unterwegs auf Reisen durch die Berge und in die Dörfer, oder er befand sich in Versenkung, um im Seelenkörper Missionen hier auf der Erde oder irgendwo auf höheren Ebenen durchzuführen.

Yaubl Sacabi sieht genauso aus wie ein Inder, mit großen dunklen Augen, dunkelolivem Teint und einem Bart. Sein Haar ist silbrig grau. Er ist ein sehr ruhiger Mann und trägt auf seinem Gesicht immer ein Lächeln. Selten spricht er über spirituelle Themen, es sei denn, er hält eine Ansprache.

Die anderen Meister, von denen ich weiß, Rebazar Tarz und Fubbi Quantz, haben ihre physischen Körper ebenfalls in den Dienst spiritueller Missionen auf der Erde gestellt. Rebazar Tarz war unmittelbar dafür verantwortlich, Peddar Zaskq, auch als Paul Twitchell bekannt, und seinen Nachfolger Dap Ren für Missionen in der modernen Gesellschaft auszubilden. Er lehrte die Gesetze der Höchsten Gottheit. Er wird innerhalb der kommenden Jahrzehnte stärker in der Öffentlichkeit an der spirituellen Erweckung der Erde arbeiten.

Beim Abendessen segnete Yaubl Sacabi die Speise und sprach darüber, wie sie uns diente. Er begrüßte Onkel Odin, unseren Begleiter und mich und sagte, wir seien sehr willkommen in Agam Des. Er sprach für alle Mönche und betonte, dass sie sich geehrt fühlten, uns als Besucher in ihrem Kloster zu haben. Der Meister sagte nichts Näheres über uns. All die Mönche wußten nicht, dass wir von der Venus kamen, bis auf meine Lehrer und Yaubl Sacabi.

Ich mochte es, dem Meister nahe zu sein. Denn in seiner Gegenwart fühlte ich mich gut, und seine Persönlichkeit strahlte genau diese Güte aus. Immer wenn er am Tisch war, brach er das Brot in eine Schüssel und reichte sie zur Ehre seiner Schüler um den Tisch.

Alle Männer in Agam Des trugen Roben und Kapuzen, die sie nie in der Gegenwart eines anderen fallen ließen. Sie waren nicht schön nach physischen Maßstäben, wie sie die Gesellschaft kennt, aber schön in der Ebenheit ihrer Gesichtszüge und in dem Gefühl, das sie mir vermittelten. Die Mönche und Adepten in Agam Des beeindruckten mich, weil sie sehr reine Wesen mit einem reinen Gesichtsausdruck waren. Ich fühlte mich geehrt, in ihrer Gegenwart sein zu dürfen.

Agam Des ist die Heimat einer alten Linie von Meistern, die die Seelenreise beherrschen und große Verantwortung für die spirituelle Entwicklung der Erde tragen. Auch Studenten dieser alten Wissenschaft leben hier. Alle Einwohner waren Männer, meist Inder, wenige kamen aus dem Westen. Einige von ihnen waren sehr jung, nur zwölf Jahre alt, doch die verschiedenen Altersspannen reichten bis hin zu mehreren Tausend Jahren. Es war unmöglich für mich, ihr Alter nach der physischen Erscheinung einzuschätzen. Die meisten von ihnen wirkten, als kämen sie aus einem vergangenen Jahrhundert.

Sie waren alle sehr ruhig und sprachen nicht, wenn es nicht unbedingt nötig war. Alle hatten eine gleichmäßige, freundliche Stimme, und sie folgten demselben Brauch, den wir auf den anderen Planeten kennen, nämlich den, jemanden nicht zu unterbrechen, wenn er spricht. Niemand begann zu sprechen, ehe der andere geendet hatte.

Die jüngsten Schüler der spirituellen Lehren bezahlten mit zwei Jahren Dienst im Tempel. Dies waren diejenigen, die in allen Zimmern die Waschschüsseln mit Wasser füllten und bei der Instandhaltung halfen. Auf diese Weise hatten die Mönche immer Hilfe im Tempel, und sie bekamen immer neue Schüler.

Nach dem Abendessen an diesem ersten Tag halfen alle beim Saubermachen. Einige spülten die Schüsseln, andere putzten den Boden, und wieder andere säuberten die Tische. Dann zog sich jeder auf sein Zimmer zurück und wandte sich seiner persönlichen Beschäftigung zu, las oder schlief. Das erste Erdenbuch, das ich las, war "Heidi". Einer der Mönche hatte es mir geliehen. Ich genoß es sehr.

Die Samstage wurden damit verbracht, Lebensmittel für die nächsten zwei Tage zu besorgen und sie im Brunnenhaus zu lagern. Dies war ein kleines Holzgebäude, das direkt über und in einem kalten Gebirgsstrom stand. In einem kleinen Badehaus im Wald wurde gebadet. Hier gab es eine große Holzwanne mit einem gußeisernen Boden, der durch ein Feuer darunter erhitzt werden konnte. Wir hatten auch die Wahl, in einem kalten Wasserfall des Stroms zu baden.

Am Sonntag gab es für uns bis auf die Vorbereitung der Mahlzeiten nicht viel zu tun. Der Rest des Tages war frei. Ich schlief bis spät in den Tag hinein und ging dann mit den Hühnern und den Küken spielen.

Ich saß dort und hörte den Mönchen zu wie sie sangen und ihre Instrumente spielten, und ich schloß mich gerne ihrem Gesang an. Eines der Lieder, das sie mich lehrten, klang übersetzt etwa so:

I am a happy Soul today,
I'll be happy all the way.
Even if the sun don't shine,
I will shine all the time.
I am a happy Soul today,

I'll be happy all the way.
Won't you be happy with me too,
I'm a happy, happy Soul.

Meine Seele ist heut' froh.
Glücklich bleib' ich immerzu.
Auch wenn die Sonne nicht mehr scheint,
Ich werde scheinen allezeit.
Meine Seele ist heut' froh.
Glücklich bleib' ich immerzu.
Willst du dich nicht mit mir freu'n,
Und wie ich eine glückliche Seele sein?

Die Mönche in Agam Des widmeten sich immer wieder ihren Lieblingsbeschäftigungen. Sie liebten es, zu singen und Musikinstrumente zu spielen, und ein paar der Männer malten, aber ich glaube nicht, dass sie jemals ihre Arbeiten verkauft haben. Einige der Mönche hatten kleine Kräutergärten oder halfen die Blumengärten in Ordnung zu halten.

Das Wetter war immer angenehm. Ich genoß es, hinaus zu gehen und über die Berge hinunter ins Tal zu schauen. Die Luft war stets klar und frisch, und immer schien die Sonne, hier auf dem Dach der Welt. Hier stand ich, schloß meine Augen und atmete tief durch.

Ich lernte eine Menge in diesen zwei Wochen in Agam Des. Ich lernte, bequemer im physischen Körper zu leben und alles mit Anmut zu tun. Mit der Zeit fühlte ich mich weniger unbeholfen und plump. Ich lernte viel über die Schwerkraft, und ich mußte sehr vorsichtig sein und mich behutsam nach den physischen Gesetzen ausrichten.

Aus Sicherheitsgründen schaute ich auf meine Füße, um zu sehen, dass sie immer fest geerdet waren. Im Umgang mit Gegenständen mußte ich sehr vorsichtig sein, damit sie richtig standen, wenn ich sie hinstellte. Auf der Astralebene konnte ich es mir erlauben, weniger vorsichtig zu sein. Ich vermute, dass Grund dafür, dass ich mich mein ganzes Leben lang auf der Erde stoße und blaue Flecken bekomme, liegt darin, dass ich mich nie ganz an die physikalischen Gesetze gewöhnt habe. Wenn man hier gegen etwas stößt, tut es weh; man kann sich etwas nicht einfach aus dem Weg denken. Es ist wahrscheinlich eine gute Sache, dass die meisten Menschen sich nicht an ihre vergangenen Leben auf den höheren Ebenen erinnern, weil sonst die Begrenzungen der physischen Welt ziemlich unerträglich erscheinen würden.

Nach meinen ersten Tagen in Agam Des schlug mein Onkel vor, ich solle versuchen zu tanzen. Dies schien eine gute Idee zu sein, doch ich fragte mich, wie das gehen sollte, angesichts der Schwierigkeiten, die ich schon mit dem Gehen hatte. Zunächst übte ich meine Bewegungen in Zeitlupe, und Tag für Tag ging es besser. Ich genoß mich selbst sehr. Die Mönche liehen meinem Onkel und unserem Freund eine Flöte und ein besonders alt aussehendes Streichinstrument, so dass ich zu Musikbegleitung tanzen konnte.

Mit einem physischen Körper zu tanzen war eine merkwürdige Erfahrung. Die Freiheit meines Astralkörpers war verschwunden. Das Tanzen ist hier auf der physischen Ebene viel eingeschränkter. Denn wenn man hochspringt, muß man auch wieder herunterkommen. Statt graziös mit der Kraft der Gedanken zu tanzen oder mehr oder weniger zu schweben, muß man hier physisch die Balance halten und jeden Muskel kontrollieren. Und statt die Musik augenblicklich mit Gedankenkraft zu erschaffen, muß hier jemand physisch ein Instrument spielen. Es war trotzdem eine erheiternde Erfahrung, die ich weiterhin genoß.

Onkel Odin verbrachte viel Zeit mit mir, manchmal, um mir eine Geschichte vorzulesen oder mir lustige Begebenheiten aus meiner Kindheit zu erzählen. Ich konnte spüren, dass er traurig über meinen Weggang war, doch er war ein Meister darin, dies nicht zu zeigen.

Er beantwortete meine Fragen über Dinge, die mir vielleicht bei Vonic entgangen waren. Mir wurde gesagt, dass ich meine Gedanken hier auf der Erde beobachten solle, denn obwohl sie sich nicht sofort manifestieren, machen Gedanken und Verhaltensweisen die Welt zu dem, was sie ist.

Kinder, erfuhr ich, spielten eine Menge Phantasiespiele, aber sie konnten nicht, wie wir auf der Astralebene, manifestieren, was sie sich vorstellten. Die Erdenkinder spielten Vater-Mutter-Kind und verkleideten sich, wie wir das taten, aber weniger kunstvoll.

Nachdem die Mönche herausgefunden hatten, dass ich tanzen lernte, forderten sie, dass ich – quasi als Hausaufgabe – für sie nach der Mahlzeit tanzen sollte. Sie hatten kaum irgendeine Art von Unterhaltung, und weil mein Tanz spirituell ausgerichtet war, gefiel er ihnen sehr. Dies war eine Aufgabe, die ich liebte.

Da ich von einer höheren Ebene stammte, nahm ich die hohen geistigen Schwingungen in Agam Des sehr wohl wahr. Nachdem ich diese spirituelle Stadt verlassen hatte, fragte ich mich jahrelang, ob sie tatsächlich auf der Erde existierte. Sie erschien eher wie ein Ort auf einem der spirituell höher entwickelten Planeten. Natürlich geht es hier darum, einen wirklichen Übergangsbereich für Besucher von anderen Planeten und anderen Ebenen zur Verfügung zu stellen.

Jeder auf der Erde, der das studiert, was wir auf der Venus die Gesetze der Höchsten Gottheit nennen, erhält seine Wahrheit und Weisheit hauptsächlich durch innere Führung. Er wird im Seelenkörper zu einem dieser Tempel mitgenommen – sei er nun auf der Erde, der Venus oder auf höheren Ebenen –, um vom „Pfad des Ewigen“ zu lernen, den ältesten und vollständigsten Schriften auf diesem Planeten.

Normalerweise schreitet ein Schüler von einem Tempel zum nächsten fort, irdische Schüler beginnen mit dem Katsupari Kloster in Tibet. Das erste Buch vom „Pfad des Ewigen“ wird dort aufbewahrt, und die Studenten lernen unter dem Meister Fubbi Quantz.

Das zweite Buch vom „Pfad des Ewigen“ wird in Agam Des aufbewahrt, das ich bei meinem Aufenthalt dort wirklich mit eigenen Augen sah. Es ist ein sehr großes Buch, in einen Glasschrank eingeschlossen, sehr einfach in der Aufmachung, aber es enthält einige der tiefsten Geheimnisse, die dem spirituellen Menschen bekannt sind. Es wurde viel über die neun unbekannten und geheimen Meister geschrieben, die die in diesen Büchern enthaltene Weisheit bewahren.

Ein drittes Buch wird im Haus von Moksha in Retz aufbewahrt, das nächste befindet sich unter der Obhut von Meister Gopal Das im Tempel der Goldenen Weisheit in Sahasra-dal Kanwal auf unserer Astralebene. Als dieser Mann noch auf der Erde lebte, mehrere tausend Jahre vor Christus, lehrte er im alten Ägypten in kleinen eingeweihten Kreisen die Seelenreise.

Zusatzkapitel vom „Pfad des Ewigen“ werden auf den folgenden höheren Ebenen für die weiter fortgeschrittenen Studenten der Gesetze aufbewahrt.

Unser letzter Tag in Agam Des war ein ganz besonderer. Wir begannen ihn mit einem köstlichen Frühstück, bestehend aus Tee und Honigkuchen mit saurer Sahne. Unsere Reisschüssel war mit Kräutern und Hühnchen gemischt, für alle im Tempel ein seltener Genuß.

Während des Nachmittags wurde im Gesangsraum ein besonderes Programm abgehalten, eine Darbietung aus spiritueller Poesie, Musik, Liedern und Mantren. In gewisser Weise erschien es wie ein spirituelles Seminar, weil Meister Yaubl Sacabi ganz zum Schluß eine kurze Rede hielt. Da die Botschaft sich an seine Schüler richtete, darf ich hier nicht wiedergeben, was er sagte.

An diesem Abend überraschte uns zum Abendessen ein Festschmaus aus Lamm, braunem Reis und gekochtem Gemüse. Ein riesiger Salat und Kräutertee vervollständigten das Mahl. Noch einmal brach Yaubl Sacabi das Brot und reichte es herum. Es war ein königliches Ende für einen königlichen Aufenthalt in Agam Des.

Wir gingen in unsere Zimmer, um unsere Sachen zusammenzupacken, und die Mönche begleiteten uns zum Tor, um uns zu verabschieden. Wir winkten, gingen die Treppen hinunter und durchquerten ein letztes Mal das bewaldete Plateau. Mein Gang die steilen Abhänge hinunter war viel anmutiger und bequemer als vorher, und es schien nur eine kurze Weile zu dauern, bis wir die vertraute Ebene mit der Lichtung erreichten, in der wir gelandet waren. Nach kurzem Warten stieg unser Raumschiff in den frühen Abendhimmel auf.

Mein Onkel hatte mit der Reise bis zur Dämmerung gewartet, weil wir uns auf diese Weise leicht zwischen die hellen Sterne mischen konnten. Wir flogen so hoch, dass die Städte unter uns wie Lichtpunkte aussahen. Unsere Reise zum Westen der Vereinigten Staaten würde weniger als eine Stunde dauern.

Während dieses Fluges nach Osten war ich damit beschäftigt, die Sterne, die Erdoberfläche unter uns und die blinkenden Schaubilder zu beobachten. Mein Onkel versuchte, mir mehr über die Menschen auf der Erde zu erzählen, Dinge, die ein Kind wissen sollte. Er erzählte mir wieder von der Welt der Kinder, von ihren Verhaltensweisen und ihrem Platz in der Gesellschaft. Sie durften keine eigenen Entscheidungen treffen wie auf anderen Ebenen, und man gestand ihnen als Seele keine vollständige Individualität zu.

Als wir uns dem Staate Nevada näherten, zog ich Sheilas Kleid an. In Agam Des hatte ich eine Kutte und Sandalen getragen; diese übergab ich meinem Onkel, und er gab mir das Päckchen mit meinen Blumen und meinem Schmuck. Um meinen Hals trug ich den Ring. Das Kleid war hübsch, doch ich war es nicht gewohnt, solch kurze Sachen zu tragen. Mein Haar war wie das von Sheila gekämmt, und Onkel Odin half mir dabei, die Haarspangen richtig anzubringen. Mit meinen Lacklederschuhen und den weißen Söckchen sah ich fast genauso aus wie Sheila im Bus nach Chattanooga.

Ein paar Stunden nach Mitternacht landete unser Raumschiff

zwischen den Bergen in der Wüstenwildnis von Nevada. Wir warteten drinnen ungefähr zehn Minuten, bis das Energiefeld sich zerstreute und das spezifische Summgeräusch verstummte. Dann stiegen wir aus und sahen die Scheinwerfer eines herankommenden Wagens. Das Timing war perfekt!

Mein Onkel und unser Kopilot gingen hinüber und schüttelten dem Fahrer des Autos die Hand, sie sprachen eine Zeitlang miteinander. Dann wurde ich hinzugerufen und mit einem warmen Lächeln und einem leichten Klaps auf den Kopf empfangen. Der irdische Kontaktmann meines Onkels trug einen amerikanischen Anzug mit Krawatte und lebte irgendwo hier in der Nähe. Er würde uns nach Arkansas fahren. Wir stiegen in sein Auto und fuhren los.

Als wir über Steine und Schlaglöcher holperten, hatte ich Schwierigkeiten zu verstehen, was los war. Dieses Gefühl von Bewegung war neu für mich. In den Konvois fühlt man beim Fliegen keine Bewegung, egal wie turbulent die Luft oder wie scharf ein Manöver ist. In einem so kleinen Fahrzeug wie diesem Auto zu reisen war beängstigend. Nicht nur, dass mein physischer Körper sich anfühlte wie ein Roboter, sondern dieser Roboter saß seinerseits in einer Maschine, was nicht besonders reizvoll war.

Die Abgase und die Enge des Autos waren irritierend, weil ich an solche Dinge nicht gewöhnt war. Doch wahrscheinlich empfand ich dies alles als für mein Verständnis übertrieben stark; tatsächlich war das Auto, in dem wir fuhren, für irdische Verhältnisse recht luxuriös – es war ein Cadillac Fleetwood. Während ich mich über die holprige Fahrt beschwerte, versuchten die Männer mir die altmodischen Reisemethoden auf der Erde zu erklären, auch dass man Benzin anstelle natürlicher Kräfte benutzt. Das erklärte den Geruch und den schrecklichen Lärm. Zumindest erschien es meiner sensiblen Nase und meinen Ohren extrem laut und stinkend.

Ich saß auf meinem Sitz nach vorn gelehnt und genoß den

wunderschönen Sonnenaufgang, als unser Fahrzeug plötzlich mit zwei zornig erschallenden Trompeten gegen uns revoltierte. Ich stieß einen gellenden Schrei aus, hielt mir beide Ohren zu und fiel in den Sitz zurück. „Was ist los? Was ist das!"

Mein Onkel und der Fahrer schauten sich um und sahen, wie meine Augen vor Furcht geweitet waren, und brachen dann in schallendes Gelächter aus. „Dies, mein Kind", sagte Onkel Odin leise lachend, „war die Hupe. Sie ist eine Klangvorrichtung, um andere Fahrer zu warnen." „Oh", sagte ich und entspannte mich, „ich dachte, das Fahrzeug mag uns nicht."

Angenehm reisten wir in den Morgen, bis wir anhielten, um zu tanken. Mein Onkel erklärte, dass der Tank des Autos nach einer bestimmten Anzahl von Kilometern aufgefüllt werden müsse, sonst würde der Wagen stehenbleiben, der Tank fasse nicht mehr. Er zeigte mir die Waschräume und erinnerte mich daran, dass ich meinem Körper Flüssigkeit und Nahrung zuführen müsse, besonders Flüssigkeit.

Viele Leute, sagte er, essen nur zum Vergnügen statt zur eigentlichen Ernährung. Darum gab es an den Tankstellen so viele Snacks und Sodagetränke.

Ich hatte eine königliche Einweihung in die amerikanische Küche. Odin begann mit Kartoffelchips, die er mir kaufte. Ich bemerkte, dass sie sehr salzig und knusprig waren und eine Menge Lärm machten, als ich sie aß. Als nächstes wollten sie, dass ich ein kohlensäurehaltiges Getränk zu mir nahm. Ich hätte mir denken können, dass sie etwas im Schilde führten, als ich sah, wie der Marsianer und mein Onkel sich anlächelten, bevor sie mir die Flasche reichten. Bei meinem ersten Schluck wußte ich Bescheid! Es war, als ob Feuer meine Kehle hinunter in meinen Magen gelaufen sei; es war so stark, dass ich fast würgte. Als sich meine Augen weiteten und mit Tränen füllten, konnten die Männer ihr Lachen nicht länger zurückhalten. Meine neuen Geschmacksnerven hatten so etwas nicht erwartet. Es war, als hätte man einem Neugeborenen eine Flasche Limonade gegeben. Dann fing auch ich an zu lachen und merkte, dass mein Onkel mir erfolgreich einen neuen Streich gespielt hatte.

Bis zum Sonnenuntergang fuhren wir auf einem scheinbar endlosen Highway. Die Autos, die an uns vorbei in die andere Richtung rasten, ängstigten mich eine Zeitlang. Ich fürchtete, eines von ihnen würde uns anstoßen. Odin, der meine Angst spürte, erklärte mir, dass die gemalte Linie auf dem Highway als Fahrbahntrennung diente und Autos nur manchmal zusammenstießen, wenn jemand nicht aufpaßte. Es gab keine Barriere, die die Autos vor einem Zusammenprall schützte. Autounfälle zwangen eine große Zahl von Menschen hinüberzugehen (zu sterben).

Es gebe auch ein bestimmtes Getränk, fuhr mein Onkel fort zu erklären, das die Leute zum Vergnügen tranken. Alkohol und bestimmte Chemikalien, Drogen genannt, verursachten manchmal Unfälle wegen der Art und Weise, wie sie auf den Geist und die Wahrnehmung der Menschen wirkten.

Meine erste Erfahrung mit Lastwagen schockierte und ängstigte mich. Ich war nahe an einem Herzanfall, als ich das Monster auf der anderen Fahrbahn entgegenkommen sah – es war so groß und lärmend! „Was war das?“, schrie ich, „was war dieses große Ding?“ Wieder lachten sie und sagten, ich würde noch eine Menge mehr von diesen Monstern sehen.

Onkel Odin erklärte, größere Fahrzeuge, Lastwagen genannt, würden benutzt, um Waren zu und aus verschiedenen Städten zu bringen. Wenn eine Stadt eine Fabrik hatte und die andere nicht, benutzte man die Lastwagen, um sie mit allem zu versorgen, was sie brauchten. Die Leute würden mit Geld dafür bezahlt, dass sie die Lastwagen fuhren.

In Abständen hielten wir an, um zu essen, und ich verzehrte Dinge wie Hamburger und andere Nahrungsmittel, die für mich ganz neu waren. Als Abendmahlzeit aß ich ein Steak, und das schmeckte mir, aber ich rührte die gekochten Gemüse nicht an, weil sie immer überkocht waren. Grüne Salate fand ich köstlich.

Ich merkte, dass Rindfleisch zunächst schwierig zu kauen war; etwas davon blieb zwischen meinen Zähnen stecken, und wir hielten an, um eine Zahnbürste zu kaufen. Mein Onkel ermahnte mich, meine Zähne sehr sauber zu halten, sonst würden sie verfaulen.

Er erklärte mir, was Restaurants waren. Leute, die sich nicht darum kümmerten, selbst zu kochen, und solche, die auf Reisen waren, hielten an und bekamen das Essen schon fertig zubereitet. Im Austausch mußten sie mit einer bestimmten Summe Geld dafür bezahlen.

Mein Onkel bestellte das Essen, und die Serviererin stellte ihm Fragen. Er hatte natürlich amerikanische Kleidung angezogen, ehe wir das Raumschiff verließen. Unser Fahrer war ein Marsianer, der auf der Erde lebte und einen Job hatte, der sicher gut bezahlt wurde, weil er eine Menge Geld hatte.

Sie sagten mir, dass eine große Anzahl von Menschen anderer Planeten auf der Erde leben und arbeiten würden. Einige von ihnen waren verheiratet, doch die meisten blieben allein, es sei denn, sie hatten ihre Frau von ihrem Heimatplaneten mitgebracht.

Gegen Ende unseres ersten Tages in den Vereinigten Staaten hielten wir an einem Ort namens Motel an. Darin könne man während einer Reise die Nacht verbringen, erklärte Odin, weil die meisten Autos keine Schlafgelegenheiten boten wie die Konvois. Ich bemerkte, dass wir im Austausch für unseren Aufenthalt in dem Zimmer wieder unser Geld benutzten.

Mein Onkel war sehr hilfsbereit, indem er sich die Zeit nahm, mir all diese neuen Erfahrungen zu erklären. Viele meiner Lektionen über das Leben auf der Erde konnten nicht in Unterrichtsstunden abgehandelt werden, sondern sie mußten erlebt werden. Deshalb waren diese beiden ersten Reisetage im Auto sehr wichtig für mich.

Früh am nächsten Morgen waren wir wieder auf unserem Weg, und mein Onkel und sein Freund fuhren abwechselnd. Autos, sagten sie, seien sehr schwierig zu handhaben, weil der Fahrer sich mehr auf die Maschine als auf sich selbst verlassen müsse. Diese Autos würden oft kaputt gehen, und die Stellen, die Benzin verkauften, würden im Austausch für noch mehr Geld auch Autos reparieren.

Gegen Nachmittag des zweiten Tages näherten wir uns Arkansas, und dort gab es mehr Häuser, mehr Gebäude, mehr Wirrwarr und mehr Menschen. Je mehr ich von den Leuten sah, desto weniger mochte ich sie. Tibet kam mir dagegen aufgrund des großen Unterschieds im Bewußtsein der Menschen wie die Venus vor. Jemand hätte mir schon dort sagen sollen, dass Agam Des nicht wie Amerika ist.

In Wahrheit sorgte ich mich um mich selbst und bedauerte mich, mit solchen Leuten zusammenleben zu müssen. Ich konnte die Negativität fühlen, als wir kleine Städte passierten. Ich konnte die Gier und die Wut der Menschen spüren und ihre schlechten Auren und Gefühle. Als ich ihre Gedanken auffing, waren mir ihre Einstellungen alle sehr fremd. Wer auch immer gesagt hat, dass Teile der Erde wie die untere Astralebene seien, hat Recht!

Ich spürte ein allgegenwärtiges Gefühl von Nervosität, Mißtrauen und Furcht. Mein Onkel erklärte, der Grund für dieses Gefühl sei das Geld, weil Geld für Ungleichheit verantwortlich sei und dadurch Mißtrauen sowie viele andere große Probleme in der Gesellschaft verursache.

Geld sei die Grundlage für die meisten Probleme, sagte Onkel Odin, weil es ein Werkzeug der Machtsüchtigen zur Herrschaft und Kontrolle sei. Ohne Geld wäre dies nicht möglich. Die Gesellschaft könnte nicht so existieren, wie sie heute ist.

Die Städte, durch die wir fuhren, sahen schrecklich unausgeglichen aus, voller Hast und Unordnung und nicht sehr sauber. Die Erbauer schienen alle Gebäude quadratisch gemacht und ein Stockwerk über das nächste geschichtet zu haben. Ich konnte nicht verstehen, warum die Menschen so lebten. Warum hatten sie keine Gärten und weitläufigen Grundstücke? Ich hatte mir nie vorgestellt, dass die Erde so anders ist als die Welt, in der ich aufgewachsen bin. Onkel Odin erzählte mir, dass viele Leute Gärten besäßen, dass diese aber in einer übervölkerten Stadt schwer zu finden seien. Er erzählte mir auch von Bauernhöfen, und das beruhigte mich ein wenig bezüglich meines Hierseins.

Ich konnte nicht verstehen, dass manche Menschen so herumliefen und so aussahen, wie sie es taten, ohne sich etwa darum zu kümmern, ob ihre Kleider sauber waren oder ihr Haar gekämmt. Ich konnte einfach nicht verstehen, wie sie sich selbst anzuschauen vermochten, ohne darauf zu achten. Die Kleiderstile waren abstoßend, dachte ich, und überall gab es total unästhetische Anblicke. Doch das wahre Problem lag eigentlich in mir selbst, in meinen Einstellungen.

Ich wußte es nicht besser, weil ich beschützt worden war und ein anderes Leben geführt hatte. Und natürlich bestand ja einer der Gründe für mein Hiersein darin, Mitgefühl zu lernen. Als ich mich weiter umschaute, keimte das Gefühl in mir auf, die falsche Entscheidung getroffen zu haben, weil ich in einer der Städte leben würde, wie ich sie hier sah.

Mein Onkel sprach über die Einstellungen, die viele Weiße gegenüber der schwarzen Rasse hegen, und darüber, dass solche Auffassungen eher von den Vorfahren und Eltern herrühren als vom einzelnen Individuum.

Es gab wenig Individualität auf der Erde, weil die Eltern in ihrer Dominanz über ihre Kinder diese nicht als Individuen gelten ließen. Mit anderen Worten: Kinder waren nur kleine Erwachsene mit denselben Gedankenmustern. Nur wenn sie das Haus recht jung verließen, sich eine eigene Wohnung nahmen, um selbständig zu leben und ihre eigenen Erfahrungen zu machen, konnten sich ihre Einstellungen gegenüber den schwarzen Menschen oder ihre sonstigen Vorurteile ändern.

Besonders im Süden, sagte man mir, war diese Haltung den Schwarzen gegenüber sehr verbreitet. Ich mußte vorsichtig mit vorurteilsbeladenen Leuten sein, weil sie manchmal mit Gewalt für das einstanden, was sie glaubten.

Odin erinnerte mich an den Busunfall, der sich bald ereignen würde. Wenn ich Sheilas Platz einnahm, mußte ich versuchen, inmitten all dieser Verwirrung nicht zu ängstlich zu sein. Es war schon Abend, als wir nach Little Rock kamen. Während wir uns dem Stadtrand näherten, bemerkten wir, dass es zu donnern und zu regnen angefangen hatte. Plötzlich fuhren wir langsamer, und mein Onkel erklärte, wir hätten den Bus eingeholt. Das große Fahrzeug hatte an einem Restaurant angehalten; wir warteten in geringer Entfernung.

Der Bus setzte seinen Weg durch den Regen fort. Mein Herz klopfte bis zum Hals, weil ich wußte, dass es bald geschehen würde: der Bus würde verunglücken, wie Kanjuri es vorhergesagt hatte.

Die Nacht wurde dunkler und dunkler, und dann passierte es! Der Busfahrer mußte eine Vollbremsung machen, als das Auto vor ihm ins Schleudern geriet und langsamer wurde. In einem Augenblick rutschte der Bus auf der glatten Fahrbahn zur Seite, kippte um und rutschte in den schlammigen Straßengraben. Sheila hatte hinter dem Busfahrer gesessen, und in all dem Chaos riß die Tür auf, und das Mädchen wurde in die Dunkelheit hinausgeschleudert. Sie war unter denen, die getötet wurden!

Mein Onkel hielt das Auto an, um mich mit meinem kleinen Päckchen von Habseligkeiten hinauszulassen. Ich verabschiedete mich. Seine letzten Worte an mich betrafen den Rettungsdienst, der geschickt werden würde, um den Verletzten zu helfen. Weil sich Sheilas Gepäck im Bus befand, brauchte ich selbst keines; und der Busfahrer hatte eine Nachricht mit Großmutters Adresse, weil Sheila unter der Obhut eines Reisedienstes fuhr, der alleinreisenden Kindern hilft.

In all dem Chaos hasteten Gestalten durcheinander, und die Sirenen wurden lauter und lauter, als Hilfe eintraf. Der Busfahrer versuchte, Menschen aus dem Straßengraben herauszuhelfen, andere kletterten aus den Fenstern, die sie einschlagen mußten, weil der Wagen auf der Seite lag.

In der Zwischenzeit stiegen mein Onkel und der Marsianer aus, um Sheilas Körper im Schlamm und im Gebüsch zu suchen. Es war jetzt ganz dunkel geworden, der Sturm hielt an, und die Polizei hatte Mühe, die Verletzten und die Toten mit ihren Taschenlampen zu finden. Ich kann nur vermuten, dass mein Onkel erfolgreich war – Sheilas Körper wurde von den Rettungsarbeitern nie gefunden. Das war das letzte, was ich für einige Zeit von meinem Onkel und meinen Leuten sah. Ich zitterte und fühlte mich sehr allein bei allem, was passierte. Ich weinte auch um Sheila und hoffte, dass sie keine Schmerzen gelitten hatte.

Über eine Stunde lang stand ich im Regen, es donnerte und blitzte. Menschen riefen und rannten durcheinander, und Sirenen heulten auf. In dem Gedränge wurde ich in den Schlamm gestoßen und schlug mir mein Knie auf. Ich sah genauso aus, als sei ich eine von denen, die in den Unfall verwickelt, aber glücklicherweise nicht schwer verletzt worden waren.

Schließlich kam der Busfahrer aus der Dunkelheit auf mich zu. „Oh, da bist du ja!“ Eine Dame fragte: „Warst du nicht mit uns im Bus?“ „Ja“, sagte ich nervös. Ich sagte ihnen, dass ich Sheila sei.

Zusammen mit den Verletzten halfen sie mir in einen der Ambulanzwagen. Wegen der Versicherung mußten alle im Krankenhaus untersucht werden. Als wir mit heulender Sirene durch die Stadt rasten, fragte mich der Mann im weißen Kittel, ob ich in Ordnung sei und verband mein Knie. Im Krankenhaus saß ich schweigend da.

Kapitel 11 – Sheila

Donnas frühes Leben – Sheila wird geboren – Ihre ersten Lebensjahre – Das Treffen mit C.L. – Ein schweres Leben – Sheila wird von Little Rock nach Chattanooga geschickt

Sheilas Mutter wurde in den frühen 30er Jahren in Falling Water, Tennessee, geboren. Als einziges blond und mit blauen Augen war Donna das seltsamste Kind in der Familie. Jeder nannte sie zärtlich „Flachskopf", ein Name, den ihr Vater ihr gegeben hatte.

Donnas Vater war ein netter und freundlicher Mann, ein Mann, den sie verehrte und mit allen Fasern ihres Herzens liebte. Als sie kaum drei Jahre alt war, ging Donna jeden Morgen ins Schlafzimmer ihres Daddys und tanzte und sang. Daddy liebte sein kleines Mädchen. Sie so reizend tanzen zu sehen erfüllte ihn mit Freude, und er riet ihr, sich nicht um ihre Tante zu kümmern, die ihn warnte, die Aufregung würde ihn töten. Donnas Vater hatte viele Jahre als Arbeiter im Kohlebergwerk verbracht und war nun mit einer schweren Krankheit bettlägerig.

Jeden Morgen rannte Donna vor ihrer Vorstellung hinauf, um einen Kuß zu bekommen. Aber ein Morgen war anders als alle anderen. Irgend etwas stimmte überhaupt nicht – Daddy war kalt. Sie wußte nicht, was sie denken sollte, als sie ihn so still da liegen sah.

In all dem Aufruhr, der folgte, erinnerte sich Donna nur an eine schreckliche Sache. Die Worte, die ihre Tante schrie, als sie ins Zimmer rannte, hinterließen eine Narbe in Donnas Herz:

„Siehst du, ich habe dir gesagt, wenn du weiter tanzt, wirst du ihn noch töten!“ Verschreckt rannte das kleine Mädchen tränenüberströmt aus dem Haus und glaubte, dass sicherlich sie selbst es gewesen war, die Daddys Tod verschuldet hatte.

Sie kroch unter das alte Holzhaus, versteckte sich und wimmerte und wimmerte, bis ihr ältester Bruder Otto kam, um sie zu trösten. Er redete ihr gut zu, drückte sie an sich und versuchte sie davon zu überzeugen, dass sie Daddy wirklich nicht getötet hatte. Das ganze Erlebnis war erst der Anfang von Donnas schmerz- und leidvollem Leben.

Sie und ihre Familie wuchsen in Armut auf. Mit sieben Kindern konnte ihre Mutter Jane kaum den Lebensunterhalt zusammenkratzen, jetzt, da ihr Mann tot war. Die arme Familie hatte nicht viel Angenehmes vom Leben zu erwarten.

Donna wurde in sehr jungen Jahren verheiratet, weil ihre Mutter (die meine irdische Großmutter werden würde) nicht die Mittel hatte, länger für sie zu sorgen. Sobald Donna 14 Jahre alt war, wurde sie mit einem Mann verheiratet, der vermutlich der bestaussehende Typ im Umkreis war. All die anderen Mädchen waren verrückt nach ihm.

Zwei Monate vergingen, bis Donna die Pubertät erreichte. Und kurz darauf wurde sie schwanger. Sie war sicherlich sehr aufgeregt, ein Baby zu bekommen, aber ihr Mann wurde nie ein fürsorglicher Vater. Er mußte vorher zu Hause jeden Pfennig abgeben, den er bei der Arbeit verdiente, um die Familie zu unterstützen. Jetzt, wo er den Fittichen seiner Eltern entwachsen war, war es für ihn an der Zeit, sich alles zu kaufen, was er sich immer gewünscht hatte.

Das Geld ging weg für seine Flipperspiele, für Limo, Hot Dogs, Kino, für alles außer dem Notwendigsten. Die Rechnungen der Familie wurden nie bezahlt. Der Eßtisch bestand aus einem Holzkasten mit Apfelsinenkisten als Stühlen.

Donna war viel zu jung und unreif, um verheiratet zu sein, geschweige denn, um ein Kind aufzuziehen. Sie schlief weiterhin mit ihrer Lieblingspuppe, strich ihr nachts sogar Creme aufs Gesicht, und ihr Mann mußte der Puppe einen Gutenachtkuß geben.

Einige der Dinge, die ich hier über die frühen Jahre meiner irdischen Mutter wiedergebe, habe ich nicht von Vonic. Ich erfuhr eine Menge von ihr selbst.

Donna war tief getroffen von den Geschehnissen während eines Angelausfluges, den sie mit ihrem Mann im achten Schwangerschaftsmonat unternahm. Als sie einen steilen Abhang zum Fluß hinunter gingen, stolperte Donna, fiel und rollte mit ihrem dicken Bauch den Abhang hinunter. Die Angelköder, die sie trug, flogen dabei in alle Richtungen.

Als ihr Mann hinter ihr herlief, konnte er an nichts anderes denken als an seine Angelköder. „Oh, meine Köder! Du hast meine Angelköder kaputtgemacht!“ Er sorgte sich nicht ein bißchen darum, ob Donna und das Baby verletzt waren. Sie verzieh ihm das nie. Er war nicht grausam, er war nur jung und unerfahren.

Am 20. August, dem Geburtstag ihres Mannes, gab Donna ihm ein lebendiges Geburtstagsgeschenk. An diesem Tag im Jahre 1948 wurde Sheila geboren. Doch für ihn schien es nur wesentlich, dass sie nicht an ein Geburtstagsgeschenk für ihn gedacht hatte.

Donna wußte sehr wenig über die Pflege von Babys, und ihr Mann kaufte nie, was die kleine Sheila brauchte. Dies lag zum Teil an seinem niedrigen Einkommen und zum Teil daran, dass auch er sehr wenig über die Bedürfnisse von Babys wußte. Demzufolge war das Kind nach wenigen Monaten dem Tode nahe, und selbst die Ärzte konnten kaum etwas tun. Seine Eingeweide schimmerten durch die Haut hindurch, es hatte schlimmen Durchfall, entzündete Ohren und einen entzündeten Hals.

Donna betete zu Gott und versprach, ein anständiges Leben zu führen, wenn Er ihr Baby am Leben ließ. Die kleine Sheila blieb am Leben, Donna aber hielt ihr Versprechen nicht. Dafür litt sie später in ihrem Leben sehr.

Bald nachdem das kleine Mädchen wieder wohlauf war, beschloß Donna, sich scheiden zu lassen. Statt sich mit ihrem Ehemann zusammenzusetzen und zu versuchen, die Dinge zwischen ihnen ins Reine zu bringen, ließ sie sich einfach von ihm scheiden. Sie wußte wenig darüber, wie man eine Ehe zum Funktionieren bringt. Sie waren beide unreif und für ein Familienleben nicht bereit. Im Alter von 16 Jahren war sie mit dem Baby allein.

Meine venusischen Leute hatten bereits zu diesem Zeitpunkt das Lebensmuster von Sheila verfolgt, um zu ermitteln, wann ich auf der Bildfläche erscheinen könne. All dies wurde von einem Meister arrangiert, der über meine spirituelle Entfaltung wachte. Er wußte, dass Sheila nicht bis zur Geschlechtsreife leben würde, doch der genaue Zeitpunkt ihres Hinscheidens war noch nicht exakt bestimmbar.

In der Zwischenzeit heiratete Sheilas Vater ein Mädchen namens Peggy. Er brachte sie eines Tages mit und stellte sie Donna vor, um ihre Zustimmung zu erhalten. Das kam Donna merkwürdig vor und störte sie sehr. Aber Peggy war tatsächlich eine wunderbare Frau und eine sehr schöne Person; sowohl sie als auch der Vater des kleinen Mädchens waren in den folgenden Jahren sehr gut zu Sheila.

Zu dieser Zeit traf sich Donna des Öfteren mit einem älteren Mann namens Ed, der eine Tochter ungefähr in Sheilas Alter hatte. Er war so nett zu Donna und Sheila, dass sie ihn schließlich im Alter von 17 Jahren heiratete.

Donna und Ed zogen dann in ein Appartementhaus ein, in dem Donnas ältere Schwester lebte, die sie vergötterte. Donna war glücklich, dort mit ihrer Schwester, ihrem Schwager und deren kleinen Jungen zu leben. Der Junge war nur ein paar Jahre älter als Sheila, und die beiden Kinder genossen ihr Beisammensein.

Dann wurde Donna schwanger und gebar einen Jungen, der nach seinem Vater Edgar Vernon genannt wurde. Sie lebten ein paar Jahre dort; Donna war einigermaßen glücklich mit ihrem

Sohn, ihrer Tochter und Ed. Sie schien niemals zu bemerken, dass ihr Mann viel mehr an ihrer Schwester interessiert war. Donnas Liebe zu ihr ließ wenig Raum für Eifersucht.

Eines Tages besuchte Donna ihre Mutter Jane, nahm Sheila mit und ließ ihren kleinen Jungen Eddie nebenan in der Wohnung ihrer Schwester. Als sie nach Hause kam, entdeckte sie, dass ihr kleiner Junge, ihr Mann und ihre Schwester verschwunden waren. Donna und ihr Schwager verstanden erst zwei Tage später, dass die beiden wirklich zusammen weggelaufen waren. Es war ein schrecklicher Schock für Donna, und es verletzte sie sehr, weil sie so viel Liebe und Vertrauen in ihre Schwester gesetzt hatte. Im Lauf der Zeit jedoch änderten sich ihre Gefühle, und allmählich akzeptierte sie alles.

Dies war Donnas zweite gescheiterte Ehe. Im Alter von 19 Jahren war sie nun zum zweiten Mal allein mit ihrem kleinen Mädchen Sheila. Sie wußte nichts von den rechtlichen Möglichkeiten, ihren Sohn zurückzubekommen.

Während sie noch mit ihrem zweiten Mann verheiratet war, hatte Donna einen Mann namens C.L. kennengelernt, der zufällig auch Edgars Onkel war. C.L. war ein Mann vom Typ Cary Grant mit seinem Schnurrbart, den gewölbten Augenbrauen und der besonderen Art, sich zu kleiden.

C.L. war ein Hansdampf in allen Gassen und ein sehr gut gebauter Mann, aber völlig vertrauensunwürdig. Er konnte jemandem seine letzten fünf Pfennige abschwatzen; er war ein Schwindler und Betrüger. Aber C.L. war als Mensch unwiderstehlich, er hatte eine starke Persönlichkeit und einen Charme, mit dem er die Leute um den Finger wickeln konnte. Er war ein komplizierter Charakter und sehr intelligent. Er wurde von einer sehr religiösen Mutter erzogen, und er respektierte das Christentum, doch er war ein schwerer Trinker.

Sogar seine Mutter sprach davon, wie „durcheinander“ C.L. war. Mit elf Jahren hatte er zu trinken angefangen, und vom Alter von fünf Jahren an war er immer schrecklich grausam gewesen.

Wie seine Mutter behauptete, begann es eines nachts während der Zeit, als sie in einem Wohnwagen lebten. Ein schlimmer Sturm tobte. Plötzlich stieß C.L. einen Todesschrei aus; nach diesem Vorfall war er nie wieder wie zuvor. Sie sagte, es war, als ob eine Art von böser Energie von seinem Körper Besitz ergriffen hätte.

C.L. war ein unberechenbarer Typ. In einem Moment streichelte er jemandem über den Kopf, und in der nächsten Minute prügelte er ihn quer durch den Raum. Niemand wußte, was er als nächstes tun würde oder wie man sich ihm gegenüber verhalten sollte. Trotzdem verfiel Donna ihm. Die Leute schienen sich immer um die Aufmerksamkeit und die Gunst von C.L. zu reißen.

Als sie sich noch einander den Hof machten, brachte er oft Lebensmittel und auch Kleider für die kleine Sheila mit. Donna nahm Anteil an der Leidensgeschichte, die C.L. über seine Frau erzählte, und da sie so jung war, merkte sie nicht, was für ein Mensch er eigentlich war. Es stimmte, dass seine Frau Alkoholikerin war, doch später sollte Donna erfahren, dass C.L. sie dazu gebracht hatte.

Nachdem sie ungefähr eine Woche mit ihm zusammengelebt hatte, merkte Donna, dass auch er Alkoholiker war, aber es war zu spät für sie, etwas zu unternehmen. Obwohl sie selbst keine Trinkerin war, verleitete er sie dazu; meistens betrank sie sich, um vor seiner Niederträchtigkeit zu fliehen. Seine Grausamkeit betraf auch das kleine Mädchen. Immer wenn er betrunken war, hatte C.L. die Angewohnheit, Donna zu schlagen, während Sheila voller Furcht zusah und schreckliche Angst vor dem Mann hatte.

Donna und C.L. blieben nie länger als ein paar Monate an einem Ort; sie reisten durchs ganze Land und lebten meist in Motels und Pensionen. Eine Zeitlang besaßen sie ein kleines Restaurant in Virginia, und C.L. war recht erfolgreich. Aber er konnte nie lange an einem Ort bleiben. Er hatte stets das Verlangen, mit all dem Geld und allen Waren, deren er habhaft werden konnte, wegzurennen. Er flüchtete von einem Staat zum anderen, weil er überall mit dem Gesetz in Konflikt kam, und Donna folgte ihm überallhin. Sie managten Restaurants und Motels quer durchs Land, und wenn legale Jobs sich nicht auszahlten, raubte er Lastwagen aus oder schmuggelte. Die kleine Sheila wurde von den beiden mitgeschleppt. Sie war kein sehr glückliches Mädchen. C.L. verängstigte sie, und sie war bestürzt, dass Mutter ihn liebte.

Wenn C.L. nüchtern war, war er charmant, doch sobald er betrunken war, wurde er extrem grausam. Es gab einen besonderen Zwischenfall, bei dem die kleine sechsjährige Sheila versuchte, ihre Mutter zu schützen, als C.L. sie verprügelte. Wütend schlug er Sheila ins Gesicht, und sie bekam ein blaues Auge. Das kleine Mädchen durchschaute ihn und konnte nicht verstehen, warum Donna sich mit so vielen Schwierigkeiten abfand.

Die ganze Situation war sehr traurig, denn C.L. konnte sich selbst nicht helfen. Irgend etwas stimmte, abgesehen vom Trinken, mit seiner geistigen Verfassung überhaupt nicht. Vielleicht war das aber auch die Folge seiner Sucht. Donna trank mehr und mehr, nur um ihr Los zu ertragen. Sie begann den Mann genauso sehr zu verachten, wie sie ihn liebte. Viele Male lief sie mit Sheila von ihm weg, doch es gelang ihm immer, sie durch Schmeicheleien oder mit Gewalt zurückzubringen.

Es kam der Tag, als Donna wieder versuchte, C.L. zu verlassen. Sie nahm Sheila mit und reiste per Anhalter mit einem Lastwagenfahrer, der sie bis zu seinem Haus in Indianapolis mitnahm. Er und seine Frau sorgten gut für Donna und Sheila und ihre eigenen Zwillingsjungen.

Dann machte Donna den Fehler, C.L. anzurufen, so dass er in der Lage war, seine Autoschlüssel abzuholen, die sie mitgenommen hatte, um ihn davon abzuhalten, ihr zu folgen. Sie wußte nicht, dass C.L. Ersatzschlüssel hatte. Bei der Ankunft weinte er und fuhr fort zu beteuern, wie ernst es ihm damit sei, sein Leben zu ändern. Er würde nie wieder bösartig sein und das Trinken aufgeben, versprach er. Donna glaubte ihm.

Am Stadtrand von Indianapolis verließ C.L. sehr zu Donnas

Erstaunen plötzlich den Highway. Er fuhr weit in ein Waldstück hinein. Dort hielt C.L. und drohte beiden, er werde sie töten, weil sie ihn betrogen hatten. Während er mit einer Pistole herumfuchtelte, beschuldigte er Donna, ein Verhältnis mit dem Lastwagenfahrer zu haben. Er versuchte sogar, Sheila dazu zu zwingen zu sagen, dass sie beide zusammen gesehen habe. Wie das Schicksal es wollte, wurden sie von einem Polizisten in einem Streifenwagen gerettet, der neben ihnen anhielt, um C.L. wegen illegalen Parkens zu verwarnen.

Das kühlte C.L. etwas ab, doch dann erkannte Donna, dass dies nicht die Art Leben war, das Sheila verdient hatte, und dass derartige Zwischenfälle zu oft vorkamen. Sie konnte sehen, dass ihr kleines Mädchen unglücklich darüber war, mit C.L. leben zu müssen. Und weil sie Sheila mehr als sich selbst liebte, beschloß sie, sie zu ihrem Schutz und für ihren eigenen Seelenfrieden zu ihrer Großmutter zu schicken.

Donna überzeugte C.L., dass Sheila in Chattanooga ein viel geregelteres Leben führen würde; sie könnte zur Schule gehen und Freunde haben. C.L. willigte ein, aber nur, weil er das Mädchen los sein wollte. Zu dieser Zeit waren C.L. und Donna unterwegs von Indianapolis nach Westen; sie legten eine längere Rast ein, und nachdem sie Sheila mit einer Nachricht für Donnas Mutter Jane versehen hatten, setzten sie sie unter dem Schutz des Fahrers in den Bus nach Chattanooga. So begegnete Sheila ihrem Schicksal in jener regnerischen Nacht in Little Rock in Arkansas.

Als ich bei Großmutters Haus in Chattanooga ankam, wurde ich ein Teil dieser chaotischen karmischen Beziehungen. Donna wurde meine Mutter und C.L. mein Stiefvater. Als ich später mit ihm zusammenlebte, geriet ich in den gleichen Alptraum, den auch Sheila durchgemacht hatte, oder sogar in einen noch schlimmeren.

Bild 9: Omnecs irdische Mutter Donna und David
Omnecs irdische Mutter Donna war erst 14 Jahre alt, als sie David heiratete. Ein Jahr später brachte sie Sheila zur Welt.

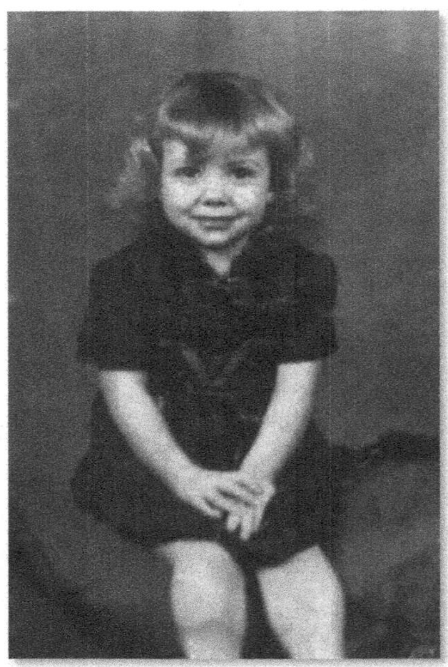

Bild 10: Die echte Sheila Gipson, 1951
Die echte Sheila, hier im Alter von 3 Jahren, die 1955 bei einem Busunfall ums Leben kam.

Bild 11: Grandma
Die Großmutter (mütterlicherseits), bei der Omnec ihre ersten Lebensjahre auf der Erde verbrachte.

Bild 12: C.L. mit Donnas Schwester Ellen, 1957

Bild 13: Omnec mit Großmutter und Cousins
Omnec als Sheila im Jahre 1959 mit ihrer irdischen Großmutter und ihren Cousins Eddie (hint. li.), Tommy (hint. re.) und Dale (vorne)

Kapitel 12 – Meine irdische Familie

Ankunft bei Großmutter – Die ersten Tage – David und Peggy – Kirche und Schule – Betrachtungen über das neue Leben – Meine irdische Mutter – Spielen – Erwachsene und Kinder – Großmutter – Donna – Krankheit – Abreise nach Sanibel

Ich stand vor Großmutters Wohnung und klopfte. Schließlich gingen die Lichter an, die Tür öffnete sich, und vor mir stand eine ältere Frau im Nachthemd. Ich erkannte sie sofort: dies war meine irdische Großmutter Jane. Vonic hatte Recht, als er sie als eine kränkliche Frau beschrieb. Die Tumore in ihrem Magen ließen sie aussehen wie im achten Monat schwanger.

„Sheila?“ fragte sie und spähte in die Dunkelheit, um zu sehen, wer da war.

„Ja, ich bin's“, sagte ich. Ich stand schweigend da und wartete ihre Reaktion ab.

„Kind, was machst du denn hier? Und wo ist deine Mutter? Wo sind sie alle?“ fragte sie. Es war für mich offensichtlich, dass sie ihren eigenen Augen nicht traute, um drei Uhr morgens Sheila an der Tür vorzufinden. Wie sich herausstellte, hatte Donna vorher nicht angerufen, um die Ankunft ihrer Tochter in Chattanooga anzukündigen.

„Sonst ist niemand da“, antwortete ich. „Ich bin allein hier.“

„Was meinst du damit, du bist allein hier?“ fragte sie. Dann hielt sie mir die Tür auf, damit ich eintreten konnte.

Vonic hatte mich gut darauf vorbereitet, was ich als nächstes zu sagen hätte. „Meine Mutter hat mich hierher geschickt, weil sie und C.L. sich streiten, und sie wollte nicht, dass ich dort noch länger bleibe."

Ich zeigte ihr die Nachricht und erzählte, was C.L. getan hatte, wie er versucht hatte, Donna und mich zu töten, und wie Donna C.L. gefragt hatte, ob sie mich zu ihrer Mutter Jane schicken könne, um dort zu bleiben.

„Wie konnten sie das nur tun, ohne es mich vorher wissen zu lassen?" Großmutter war sehr aufgeregt. Als wir durchs Wohnzimmer auf die Treppe zugingen, sagte sie besorgt: „Ich weiß bloß nicht, was ich mit dir anfangen soll."

Ich fühlte mich ein wenig unbehaglich, als Großmutter mit mir nach oben in ihr Zimmer ging und mich mit in ihr Bett nahm. Doch es dauerte nicht lange, bis ich beim Knistern und Knacken des Kiesdaches einschlief, das von der fallenden Temperatur herrührte. Es war, gelinde gesagt, ein langer und ereignisreicher Tag gewesen.

Dies sollte für mehrere Jahre meine neue Heimat werden. Großmutter war noch nicht ganz von ihrem Haus auf dem Land in das staatliche Sozial-Wohnbauprojekt hier umgezogen. Einige ihrer Möbel waren schon da, aber ihre Tochter Ellen lebte noch immer im alten Haus. Großmutter war gerade hier, um sich von ihrem kürzlich erlittenen Koma zu erholen, bei dem die Ärzte entdeckt hatten, dass sie zuckerkrank war und unter Herzrhythmusstörungen litt. Tante Ellen plante, in eine angenehmere Nachbarschaft umzuziehen.

Ich erwachte am Morgen und stellte fest, dass alle schon unten am Frühstückstisch saßen. Ruhig ging ich in die Küche, setzte mich an den Tisch und unterbrach Tante Ellens und Großmutters Unterhaltung nur flüchtig. Es ging um mich.

Ellens Idee war es, mich wegzuschicken in ein Pflegeheim, hauptsächlich deshalb, weil meine Großmutter zu dieser Zeit sehr arm war, von der Wohlfahrt lebte und schon die beiden Jungen versorgte.

Ich war sprachlos! Sollte das wahr sein? dachte ich, und sie setzten ihre Diskussion trotzdem fort, als ob ich gar nicht anwesend wäre. Es brach mir einfach das Herz zu hören, wie wenig sie sich um Sheila zu kümmern schienen, so kurz nachdem sie angekommen war.

Als ich merkte, wie ernst es ihnen damit war, mich fortzuschicken, brach ich in Tränen aus. Ich will nicht in ein Kinderheim gehen", schrie ich und sprang auf, um meine Arme um Großmutters Beine zu legen. Tränen strömten mein Gesicht hinunter. „Bitte, schickt mich nicht in ein Heim", flehte ich.

Großmutter sah Tante Ellen an. „Ich kann sie einfach nicht in ein Pflegeheim schicken", sagte sie und erinnerte Ellen daran, dass sie wahrscheinlich genug darunter gelitten hatte, mit C.L. zusammenzuleben.

„Gut, vielleicht kann ich sie so lange zu mir nehmen, bis du ein paar Vorbereitungen treffen kannst", schlug Tante Ellen vor.

Großmutter beschloß, mich bei sich zu behalten. An diesem Morgen telefonierte sie mit jemandem und vereinbarte einen Gerichtstermin für das Vormundschaftsverfahren. Ich war erleichtert.

Nach dem Frühstück lernte ich meine Vettern, Tante Ellens Jungen Donny und Jim kennen. Sie waren draußen spielen gewesen. Donny war ein paar Monate älter als ich, Jim ungefähr drei Monate jünger. Ihre schnittigen Frisuren faszinierten mich.

Fast sofort fingen sie an, mir alles über die Schule zu erzählen, in die ich gehen würde, was mich sehr glücklich machte. Nicht, dass ich Angst davor hatte, zur Schule zu gehen, aber ich war glücklich, akzeptiert und gemocht zu werden.

Ich hatte Merle und Ben schon am Abend zuvor gesehen, als sie die Treppe herunterkamen, um zu sehen, welchen Aufruhr es im Hause gab. Das waren die Jungen, von denen einer des anderen Onkel war, obwohl sie beide ältere Gymnasiasten waren.

Als wir zusammen in der Küche saßen, versuchten sowohl Donny als auch Jim, mir alles zu erzählen, was sie über die Nachbarschaft wußten. Dann kamen zwei Mädchen in die Küche. Beide waren ungefähr in meinem Alter. Eine von ihnen, die mit den braunen Augen und Haaren, der Ponyfrisur und einem sehr hübschen Gesicht, erkannte ich als meine Kusine Lynn. Die andere, Andrea, hatte lange kastanienbraune Haare und grüne Augen.

Großmutter stellte mich ihnen vor; sie waren die Töchter von Donnas Bruder, die ich (Sheila) lange nicht gesehen hatte. Sie lebten im Wohnbauprojekt nebenan. Vor kurzem waren sie aus Falling Water weggezogen, wo Großmutter noch immer das Haus hatte.

Die meisten meiner Vettern und Kusinen, so stellte ich mit Genugtuung fest, waren in etwa in meinem Alter, und wir würden wahrscheinlich gute Freunde werden. Sie sahen ganz genauso aus, wie Vonic sie mir beschrieben hatte.

Am selben Tag zogen Großmutter, die beiden Jungen und ich zurück in ihr Haus auf dem Lande. Dies war der erste von vielen plötzlichen Umzügen, die verhinderten, dass ich mich während dieser ersten Monate auf der Erde allzu wohl fühlte.

Falling Water war der primitivste Ort, den ich je gesehen hatte, obwohl er sehr üppig und grün war. Wir befanden uns mitten in den bewaldeten Hügeln von Tennessee, nicht weit von Chattanooga. Unser Haus war ein Holzhaus mit neun Zimmern, das auf einen Steinsockel aufgesetzt war. Die Toilette bestand aus einer Bretterbude hinter der Lichtung. Unsere Wasserversorgung lag eine Meile entfernt an einem Gebirgsbach.

Wilde Tiere liefen draußen herum, und ich mochte sie, außer den Wildschweinen, die gelegentlich aus den Wäldern herauskamen und mich ins Haus trieben.

Ich staunte über all das. Ich liebte die frischen Gerüche, das Spielen im Wald, aber ich hätte nie gedacht, dass der Planet Erde so primitiv sein kann. Natürlich war Falling Water für moderne Verhältnisse tatsächlich primitiv, und ich hatte noch nicht viel von der Stadt Chattanooga gesehen.

Wir wohnten nicht lange in Falling Water. Meine Großmutter und ich blieben eines Nachts lange auf und sprachen miteinander. „Großmutter, du wirst mich nicht wieder nach Hause schicken, nicht wahr?“ fragte ich.

„Nein, ich habe schon mit diesem Richter gesprochen, den wir in der Stadt treffen werden. Ich schätze, er wird mich dich behalten lassen.“

„Was ist los Großmutter?“ fragte ich, als ich plötzlich merkte, dass sie krank aussah. „Du siehst nicht besonders gut aus.“

Sie antwortete mit einem Seufzer. „Ja, ich fühle mich auch nicht allzu gut. Ich bin ganz schön müde.“ Dann begann sie, mit mir über die Bibel zu reden. Ich legte meinen Kopf in ihren Schoß, und im Licht der Kerosinlampe las sie mir eine wunderschöne Geschichte über Jesus und die Frau am Brunnen vor. Es war sehr spät, und Merle und Ben waren noch nicht heimgekommen, als ich einschlief.

Ich öffnete meine Augen mit einem Gefühl von Besorgnis. „Wo bin ich?“ dachte ich bei mir, als ich die seltsamen Wände um mich herum sah. „Bin ich wach oder träume ich?“ Elektrisches Licht brannte oben in einem angrenzenden Raum. Auf einem Sims sah ich ein Bild von einer hübschen Frau und einem nett aussehenden Mann. Am anderen Ende des Simses stand das Bild eines Babys.

Dann hörte ich Fußschritte, die sich dem Zimmer näherten. Ich schloß meine Augen und tat so, als ob ich schliefe. Die Stimme einer Frau sagte: „Ich weiß nicht, wo wir sie hinstecken sollen. Ich schätze, wir richten einfach irgendwo eine Pritsche her.“

Sie entschied: „David, ich denke, wir bringen sie hierher. Wir legen das Baby hierher und Sheila dorthin.“

Dann schoß mir das Foto auf dem Sims durch den Kopf, und ich erinnerte mich, dass Sheilas Vater David hieß. „Das ist mein Vater“, dachte ich, „mein irdischer Daddy“. Ich öffnete meine Augen und streckte mich.

„Na Süße, wie geht's dir?“ fragte David, als er lächelnd ans Bett kam. „Daddy!" schrie ich. „Ja, ich bin's", sagte er fröhlich, als er sich über mich neigte. Ich setzte mich auf und drückte ihn an mich. Ich war wirklich froh, ihn zu sehen, und fühlte mich sehr wohl dabei, den Hals dieses Mannes zu umarmen; er war so ein lieber Mensch.

„Wir werden dich in das Bett vom Baby legen", erklärte er, „und das Baby bei uns schlafen lassen. In Ordnung?"

„Gut, das ist okay für mich, aber ich könnte auch auf dem Boden schlafen."

„Nein, das brauchst du nicht. Wir haben Platz. Du weißt, wir haben auch noch einen kleinen Jungen. Er ist ungefähr vier Jahre alt."

Peggy kam aus dem Nachbarraum herein. „Okay, laßt uns essen gehen. Es ist Zeit fürs Abendessen."

„Abendessen?" rief ich. Ich war sicher, dass es Morgen sei.

„Sicher", sagte David, „du hast die ganze Nacht geschlafen. Und du mußt wirklich müde gewesen sein, weil du auch den ganzen Tag verschlafen hast."

„Wirklich?" Ich konnte es kaum glauben.

„Ja", antwortete er, „dein Onkel brachte dich hierher, und du wirst bei uns bleiben, bis es Großmutter besser geht."

Ich vermutete, dass Großmutter wieder sehr krank geworden war und dass einer ihrer Söhne sie ins Krankenhaus gebracht hatte. Wie man mir sagte, wurde sie ziemlich oft krank.

Ich blieb bei meinem Vater und Peggy, bis Großmutter sich erholt hatte und ins Wohnbauprojekt umzog. Ich ging nie wieder nach Falling Water, außer für kurze Besuche bei anderen Verwandten, die dort noch lebten.

Während dieser ersten Wochen auf der Erde fürchtete ich nie, dass einer meiner Verwandten zu mir sagen würde: „Du bist nicht Sheila!" Ich wußte genug über Sheila und sah ihr sehr ähnlich, so dass ich genügend Vertrauen hatte, es durchzustehen.

Peggy und David waren sehr gut zu mir, und ich genoß es, bei ihnen zu sein. Es störte mich nie, dass sie nicht meine eigene

Mutter war, weil alle Menschen, bei denen ich lebte, nicht meine eigenen Verwandten waren. Peggy war ein lieber und wunderbarer Mensch, und sie behandelte mich wie ihr eigenes Kind.

Nach dem Essen besuchten wir an diesem Tag Peggys Mutter Rose und ihre Kinder Jimmy und Janice. Ich fand, dass Janice einfach wunderschön war mit ihren langen blonden Haaren, die ihr über die Schultern fielen. Sie war nur fünf Tage jünger als ich, und wir verstanden uns sehr gut.

„Sheila, laß uns Filmstars spielen", schlug sie vor.

„Was?" fragte ich, denn das war etwas Neues für mich.

„Filmstars, weißt du denn gar nichts über sie?"

„Nein", sagte ich, „ich war noch nie in einem Film."

„Oh richtig. Du hast draußen auf dem Land gelebt", erinnerte sich Janice und dachte an Falling Water. „Ich bin Doris Day. Nein – ich will Janet Leigh sein. Du bist Doris Day."

„Okay", sagte ich. „Wer ist Doris Day?"

„Schau, hier ist ein Bild von ihr." Janice blätterte in einem Magazin und zeigte schließlich auf ein Foto.

„Oh, sie ist süß", sagte ich, „aber kann ich nicht Marilyn Monroe sein, die hier?"

„Nein, das geht nicht, du siehst nicht aus wie sie. Du bist Doris Day."

„Okay", sagte ich.

„Tony Curtis ist mein Freund", erklärte Janice, „und ich denke, du kannst Dean Martin haben."

Ich sagte noch einmal okay. Dann begannen wir zu spielen. „Wie machst du das?" fragte ich.

„Zuerst mußt du dich zurechtmachen. Hier, zieh eins von den Kleidern meiner Mutter an."

Janice muß sich gewundert haben, warum ich so unbedarft war. Ich schätze, sie schob es auf meinen Aufenthalt auf dem Lande in Falling Water.

Ich fühlte mich lächerlich in dem langen, fließenden Kleid und den hochhackigen Schuhen. Janice legte mir Lippenstift auf, trat einen Schritt zurück und blickte zufrieden drein. „Nun siehst du hübsch aus."

„Vielen Dank", sagte ich. „Du siehst auch hübsch aus."

Dann spielten wir Filmstars. Ich lernte, dass man singt, große Autos hat, in Restaurants ausgeht und eine Menge Geld ausgibt.

Janices Augen leuchteten auf. „Ich sag' dir was!" rief sie aus. „Ich werde schauen, ob du mit uns heute abend in die Vorstellung gehen kannst. Wir wollen ins Kino gehen."

„Was werden wir sehen?" fragte ich aufgeregt. Das klang interessant. Filmstars zu spielen war ein dummes Spiel.

„The Blob", sagte Janice. „Der Film soll sehr gruselig sein. Laß mal sehen, ob du mit uns gehen kannst."

Janice und ich rannten ins Wohnzimmer. „Peggy, kann Sheila heute abend mit in die Vorstellung gehen?" fragte sie. Peggy war Janices ältere Schwester.

„Hm, ich weiß nicht." Sie sah Daddy an.

David sagte: „Gut, du kannst mitgehen. Es ist in Ordnung. Hier Janice, hier hast du ein paar Dollar. Du kannst Sheila mit ins Kino nehmen."

„Das Geld brauche ich nicht", sagte Janice. „Wir kommen umsonst rein!"

„Wie machst du das denn?" fragte Daddy.

„Bobbie steht draußen, und wir ducken uns unter ihrem Arm, während sie für sich bezahlt." Bobbie war Janices vierzehnjährige Schwester.

„Nein, das ist nicht ehrlich. Ihr Mädchen bezahlt bitte", sagte Daddy. „Hier ist das Geld. Kauf' Sheila ein paar Cashew-Nüsse, die wird sie mögen."

„Die habe ich noch nie probiert", sagte ich.

„Ja, ich weiß, weil deine Großmutter dich nicht in die Vorstellung läßt, nicht wahr?" fragte er.

„Ich weiß nicht."

„Weißt du, sie hält nichts von Filmen, frag' sie besser nie, ob du ins Kino gehen darfst", sagte er.

Das verstand ich nicht. „Warum mag sie sie nicht?“

„Weil sie eine Christin ist, Liebling, und Christen gehen nicht in Filmvorstellungen.“

Das ergab für mich immer noch keinen Sinn, aber ich sagte trotzdem okay. Okay war mein Lieblingswort, weil es mich aus allen Schwierigkeiten raushielt. Ich war ein sehr gehorsames kleines Mädchen.

Diese Vorstellung von Religionen, die den Leuten sagt, was sie tun dürfen und was nicht, erschien mir absurd, und ich erinnere mich, dass meine Tante einmal über dieses Thema gesprochen hatte.

Als wir uns zum Aufbruch fertigmachten, hielt mich Janice zurück. „Warte eine Minute. So wie du aussiehst kannst du nicht in die Vorstellung gehen.“

„Wie seh' ich denn aus?“ fragte ich. Ich fühlte mich gut.

„Du mußt zuerst den Lippenstift abwischen und das Kleid und die hochhackigen Schuhe ausziehen“, sagte sie.

Ich lachte. „Oh ja, richtig.“

Bobbie brachte uns ins Kino, und dort bekam ich die zweite Limonade in meinem Leben und auch Popcorn. Popcorn! Das mochte ich sehr und besonders die Cashew-Nüsse.

„The Blob“ handelte von einer fliegenden Untertasse, die den Menschen auf der Erde alle Arten von Verwüstung und Terror bescherte. Sie landete eines Nachts in einem abgelegenen Wald. Zwei verliebte Teenager waren die ersten, die die Untertasse sahen, doch als die beiden die Landungszone erreichten, war nichts zu sehen als eine unheimliche, glühende Masse.

Neugierig, was passieren würde, stieß der Junge mit einem Stock hinein. Plötzlich bedeckte die glühende Masse seine Hand und kroch an seinem Arm hoch. Die Freundin des Jungen schrie und rannte weg, während er verzweifelt versuchte, das Zeug wegzuschleudern.

Im Krankenhaus waren die Ärzte erstaunt. Was auch immer das Ding war, sie waren sich darüber einig, dass es so schnell wie möglich aufgehalten werden mußte. Als sie im Nebenraum über den Jungen diskutierten, sahen sie plötzlich vor sich einen gigantischen, glühenden und pulsierenden Energieball. Er hatte den Jungen verschlungen und bewegte sich nun zu seinem nächsten Opfer.

Bis zum Ende des Films absorbierte der Ball Menschen, Häuser und Autos, und er war noch gigantischer geworden. Die Leute gerieten in Panik und flohen aus ihren Häusern.

Zufällig entdeckten die Helden des Films, dass die Kreatur mit niedrigen Temperaturen getötet werden konnte, als sie nämlich versuchte, sich in einem Gefrierschrank zu verstecken. Die Erde war gerettet.

Mein Problem war, dass ich während der ganzen Vorstellung nicht aufhören konnte zu lachen. Alles war für mich so lustig. Und der "Blop" war das Lustigste von allem.

„Wieso lachst du?" fragte Janice. Sie hatte Schwierigkeiten, mich zu verstehen. „Es ist doch wirklich gruselig!"

„Ich weiß nicht", sagte ich. „Für mich ist es lustig."

Die ganze Zeit dachte ich, das ist doch wirklich seltsam. Warum haben die Menschen die Vorstellung, dass aus dem Weltall solch unheimliche Kreaturen kommen? Woher stammt dieses Bewußtsein? Oft prägten sich ihre Vorstellungen danach aus, was sie im Kino gesehen hatten.

Ich wurde mir der Weisheit meiner venusischen Freunde bewußt, die mich davor gewarnt hatten zu sagen, dass ich von einem anderen Planeten komme. Diejenigen, die meine Geschichte glaubten, würden sich wahrscheinlich an die schrecklichen Kreaturen der Science-fiction-Filme erinnern. Auf diese Weise hatten die negativen Kräfte sichergestellt, dass unser Volk sich nicht so bald würde offenbaren können.

Es war ein seltsamer Zufall, dass dieser erste Film, den ich auf der Erde sah, von Kreaturen aus dem Weltall handelte. Janice war noch verschreckt, als wir das Theater verließen. „Warte, bis du ‚Dracula' siehst!" sagte sie. „Das wirst du mögen."

„Ja, wahrscheinlich", sagte ich. Aber als sie anfing, mir von Dracula zu erzählen, wer er war und was er tat, fing ich an, mich zu fürchten. Ich hatte Grund zu glauben, dass solche Kreaturen wirklich auf der Erde existieren.

Daddy wartete, um mich heimzubringen, als wir in Janices Haus zurückkehrten. „Morgen müssen wir dich für ein paar Wochen in der Schule anmelden, bis du bei deiner Großmutter leben kannst."

„Muß ich zu ihr zurückgehen?" fragte ich. „Kann ich nicht bei dir leben?"

Mein Vater zog mich eng an sich heran. „Liebling, du kannst nicht bei mir leben, weil deine Großmutter dein Vormund wird. Das bedeutet, dass das Gesetz dich ihr zuspricht und du nicht bei mir bleiben kannst."

„Ich verstehe aber nicht, warum", sagte ich.

Er versuchte, mir gegenüber standhaft zu bleiben. „Weil es nun mal so passiert ist. Wenn du zuerst zu mir gekommen wärst, dann wäre ich dein Vormund geworden. Aber es wäre schwer für mich. Ich habe meine eigene Familie, meine eigenen Kinder großzuziehen, weißt du. Du bist mein erstes Kind, und ich liebe dich sehr, und du wirst für mich immer etwas Besonderes sein. Aber es ist nun mal eine Tatsache, dass ich gerade jetzt nicht genug Geld habe, alle zu ernähren."

„Okay", sagte ich. „Aber wann wird meine Großmutter wieder gesund?"

„Nun, ich weiß es nicht. In der Nacht, als du in ihrem Schoß einschliefst, wurde sie wirklich krank. Weißt du, sie ist zuckerkrank und hat ein schwaches Herz. Sie sollte bald wieder zu Hause sein."

„Zurück auf dem Land?"

„Nein, sie wird in der Stadt leben, in dem Wohnbauprojekt."

„Oh ja, das stimmt", erinnerte ich mich.

Mein Vater fuhr fort zu erklären: „Ich schätze, sie wird dort leben, weil es wirklich billig ist, nur 25 Dollar Miete im Monat."

„Und werde ich dort zur Schule gehen?"

„Ja", sagte er.

„Werde ich dich je wiedersehen?" fragte ich. Ich empfand große Zuneigung zu David.

„Oh sicher, ich werde kommen und dich manchmal holen und in unser Haus bringen, wenn deine Großmutter mich läßt", antwortete er.

Als ich in dieser Nacht im Bett lag, dachte ich an all die wunderbaren Dinge, die geschehen waren. Ich hatte mich mit einem gleichaltrigen Mädchen vergnügt, und ich hatte meinen ersten Film gesehen. Filme waren eine beliebte Form der Unterhaltung, hatte mir Onkel Odin einmal gesagt.

Auf dem Land zu spielen machte Spaß, aber es war ein Abenteuer, in eine Kinovorstellung zu gehen und eine Kreatur aus dem Weltall zu sehen. Ich vermute, es gibt solche bedrohlichen Kreaturen wie den "Blop" auf der niederen Astralebene, doch ich weiß von keinem solchen Wesen auf der physischen Ebene.

Am nächsten Morgen weckte mich mein Vater, um mich für die Schule anzukleiden. Zunächst zeigte er mir etwas Besonderes.

„Für mich?" fragte ich, als er es mir gab.

„Sicher", sagte er lächelnd.

Es war ein Schreibblock mit Gene Autry und seinem Pferd auf dem Deckblatt. „Es ist wunderschön!" rief ich aus, doch ich verstand nicht, warum die schwarzen Stifte, die er mir gab, so dick waren. Und die Linien auf den Seiten waren so groß. Ich schätze, von Kindern wurde erwartet, dass sie groß schreiben.

An diesem Morgen war ich in der Schule nervös. Janice war schon da, um mich ihren Freunden vorzustellen, aber sie war in einer anderen Klasse.

Meine Lehrerin war eine schöne Frau mit großen braunen Augen und kurzem, lockigen, schwarzen Haar. Sie stellte mich der Klasse vor und sagte, meine Eltern seien viel gereist. Darum fing ich erst im Alter von sieben mit der ersten Klasse an.

Ich war überrascht und glücklich zu sehen, wie nett die anderen Kinder mich behandelten. Einige von ihnen, besonders die Jungen, konnten es nicht lassen, mich zu hänseln, weil ich älter war. Aber nach einer Weile beruhigten sich alle.

Mrs. Lewis war eine wunderbare Lehrerin. Sie war aufrichtig bemüht, mir beim Lernen zu helfen, und ich begann, sie zu lieben. Ich wußte schon, was sie versuchte mir beizubringen, aber ich würde es sie sicher nicht merken lassen. Ich gab vor zu lernen.

Zunächst arbeitete sie mit mir und lehrte mich das ABC, während die anderen Kinder beschäftigt waren. Ich holte die Klasse in kürzester Zeit ein. Bald brauchte Mrs. Lewis keine Sonderausflüge mehr an mein Schreibpult zu machen und zu erklären, was der Rest der Klasse machte.

Als sie sah, wie schnell ich Buchstabieren, Zählen und meinen Namen zu schreiben lernte, wurde ich in die zweite Klasse versetzt. Das war nur zwei Wochen, nachdem mein Vater mich angemeldet hatte. Sheila selbst hatte nie die erste Klasse beendet, und mein Vater und Mrs. Lewis konnten wahrscheinlich nichts anderes denken, als dass ich ein begabtes Kind war, dem durch die Reisen von C.L. und Donna unrecht getan worden war.

Ich kam in die zweite Klasse, als unser Lehrer Mr. Reed gerade die Subtraktion einführte.

Er sagte, „heute werden wir die Subtraktion lernen."

„Subtraktion?" platzte es aus mir heraus.

Er sah mich streng an und sagte: „Es ist dir nicht gestattet zu sprechen, es sei denn, du hebst deine Hand."

„Oh, okay", sagte ich. So hob ich meine Hand und fragte: „Was ist Subtraktion?"

Mr. Reed klang ungeduldig. „Ich werde es in wenigen Minuten erklären." Aber je mehr er darüber sprach, desto verwirrter wurde ich.

„Das ist wirklich merkwürdig", sagte ich. „Warum wollen Sie etwas von etwas anderem wegnehmen?"

„Ich weiß nicht", sagte er.

Das irritierte mich. „Sie wissen es nicht? Sie sind unser Lehrer. Was meinen Sie? Sie nehmen eins von zweien weg und bekommen eins. Warum wollen sie eins von zweien wegnehmen?"

„Sheila, solche Fragen ergeben keinen Sinn."

„Macht das denn Sinn – eins von einem wegzunehmen ergibt Null. Wie können Sie etwas von sich selbst wegnehmen? Sie können das Objekt wegnehmen und nichts haben, doch Sie können es nicht von sich selbst wegnehmen." Ich fuhr fort in dem Versuch, meinen Standpunkt klar zu machen; diese neuen mathematischen Ideen stimmten nicht mit dem überein, was mir beigebracht worden war.

„Sheila, wenn du nicht aufhörst, Fragen zu stellen, werde ich dich zum Direktor schicken."

„Oh, okay", sagte ich ruhig. „Ich werde nicht mehr fragen."

Subtraktion machte für mich niemals Sinn und wird es auch niemals tun. Ich mag dies nicht, weil es zu mental ist und nicht den natürlichen Gesetzen der Ausdehnung folgt. In Teutonia wurde mir niemals beigebracht, etwas von etwas anderem wegzunehmen. Wir veränderten nur, was existierte.

Ich hatte auch Probleme mit dem irdischen Zehnersystem. Auf den fortschrittlicheren Planeten existiert die Null nicht, wegen ihrer eigentlichen Natur. Indem wir den Gesetzen der Natur folgen, haben wir gelernt, dass das grundlegende Neunersystem am besten zu uns paßt. Nebenbei gesagt, haben die Regierungen der Erde im Laufe der Jahre abgestürzte fliegende Untertassen untersucht und herausgefunden, dass ihre Dimensionen auf ein Neunerzahlensystem hinweisen.

Um alle zufriedenzustellen, lernte ich Subtraktion. An diesem Abend ging ich heim und erzählte Daddy, was ich gelernt hatte, dass zwei weniger eins gleich eins ist.

„Das ist sehr gut!", sagte er.

„Ich weiß auch, was zehn weniger fünf ist", sagte ich.

„Wieviel?"

„Fünf."

„Woher weißt du das?“ fragte er. Haben sie dir das beigebracht?“

„Sie haben mir beigebracht, eins abzuziehen, und ich habe das andere selbst herausgefunden.“

„He, du bist aber gut darin, oder?“ Er lächelte. „Ich bin wirklich stolz auf dich, weil du mein erstes kleines Mädchen bist. Du siehst deiner Mutter sehr ähnlich.“

„Tu’ ich das?“

„Ja.“

„Sie ist hübsch“, sagte ich und erinnerte mich an Vonics Beschreibung von ihr. „Sie sieht aus wie Marilyn Monroe.“

„Ja, das tut sie“, stimmte er lachend zu.

Ich fragte mich, ob ich Donna je treffen würde und wann das sein würde. Ich hatte von Großmutter und von Tante Ellen so viel über sie gehört, aber ich hatte sie selbst nie gesehen. Dies sollte erst nach einem Jahr meines Lebens auf der Erde geschehen.

Am Freitag abend saßen wir am Eßtisch, wie gewöhnlich gab es Hot Dogs und Chili, was ich gern aß. Das Telefon klingelte, und Daddy nahm ab.

„Deine Großmutter wird heimkommen“, kündigte er an, und meine Stimmung sank. Ich würde in einer Woche zu ihr zurückkehren.

Die Vorstellung zu gehen mochte ich nicht; David und Peggy waren so gut zu mir gewesen. Und was sollte aus all meinen neuen Freunden in der Schule werden, dachte ich?

„Muß ich zurückgehen?“ fragte ich.

„Ja, Liebling“, sagte Daddy. „Ich habe dir vorher gesagt, dass du zurück zu deiner Großmutter gehen mußt.“

„Okay“, sagte ich ruhig mit einem Anflug von Traurigkeit. Peggy war wirklich lieb und drehte mir das Haar auf. Sie war so wunderschön mit ihren blauen Augen, der wunderschönen Haut und dem langen, welligen, braunen Pferdeschwanz. Ich würde sie vermissen.

„Montag müssen wir mit dir zur Schule gehen oder eine Nachricht schicken und ihnen sagen, dass du Ende der Woche gehen wirst. Dann können sie dir die Zeugnisse zur neuen Schule schicken."

„Okay."

Aber anstatt Montag zur Schule zu gehen, mußte ich Daddy und Peggy Aufwiedersehen sagen. Tränen füllten meine Augen. Großmutter wollte, dass ich früh nach Hause kam, um ihr beim Auspacken behilflich zu sein und das Haus herzurichten. Ich war noch nicht einmal in der Lage, meinen Freunden Aufwiedersehen zu sagen.

Großmutter erwartete mich, als ich wieder einmal in der Southern Street Nummer 1821 anklopfte. Drinnen war alles in Unordnung, und trotz der Hilfe von Merle und Ben gab es nicht viel, was wir tun konnten, um den Ort schön zu gestalten. Die Wohnung selbst sah neu und glänzend aus, aber Großmutters Einrichtung war so alt und wirkte so schrecklich, dass ich schnell deprimiert war.

Großmutter, so hatte ich von Vonic gelernt, hatte sich von ihrem Ehemann wegen seiner Trinkerei getrennt und lebte mit den beiden Jungen allein.

Wenn man von den Hügeln von Chattanooga hinuntersah, hatten die Appartements unseres Wohnbauprojekts gegenüber dem Eisenbahnhof die Form eines riesigen Hufeisens. Die Southern Street grenzte an das eine Ende des Projekts, und hinter uns befanden sich Reihen von zweigeschossigen Ziegelsteingebäuden mit flachen, weißen Kiesdächern. Jede Familie verfügte über einen eigenen Hinterhof, ein Ober- und ein Untergeschoß und mit der Hausnummer beschriftete Mülltonnen.

Die Innenwände unserer Wohnung bestanden aus ebenmäßigen, pfefferminzgrün gestrichenen Mauersteinen, und die Böden waren mit dunkelbraunen Asphaltfliesen bedeckt. Vorn war das Wohnzimmer, ein Flur rechts führte zur Küche, und die Betontreppe hinauf zu den Schlafzimmern ging links vom Flur ab.

Alles war elektrisch; unsere Wohnung hatte einen neuen Kühlschrank, einen Herd und in die Wände eingelassene Heizkörper.

Neben der Küche und hinter dem Wohnzimmer lag die Speisekammer. Hier befanden sich zwei große Spülbecken und eine Menge Regale und Schränke. Die obere Etage bestand aus drei Schlafzimmern und einem modernen Badezimmer mit einer eingebauten Badewanne.

Für die 25 Dollar, die Großmutter monatlich zahlte, war dies sogar für moderne Verhältnisse luxuriös. Jeden Monat kamen Kammerjäger, die Ungeziefer beseitigten, ein Service, den viele Leute in großen Städten nicht hatten, wie ich erfuhr.

Ein paar Tage nachdem wir uns eingerichtet hatten, schleppte Großmutter uns in ein schönes weißes Holzgebäude in der Nähe unseres Hauses. Ich verstand bald, was Vonic gemeint hatte, als er sagte, dass sie eine ergebene Christin in der Kirche Gottes war.

Die Neuheit, in die Kirche zu gehen, war bald keine mehr, weil wir jeden Montag, Mittwoch, Freitag und Sonntag dorthin gingen. Die Sonntagsschule war lustig. Wir lasen Geschichten und sangen Lieder. Genauso lustig war es, in der Kirche zu singen und den Gitarren und dem Piano zuzuhören. Ein junger Mann, der manchmal vor der Gemeinde sang, war besonders beliebt. Sein Name war Elvis Presley.

Meine übrigen Erfahrungen in der Kirche bestanden aus Lektionen in Toleranz und Verständnis. Die Kirche Gottes machte es einem sehr schwer, ein Individuum zu bleiben. Genau wie Vonic erklärt hatte, durften Frauen keine Hosen, keine kurzen Haare, keine Dauerwelle, Makeup oder Schmuck tragen. Es schien, als wären die meisten Regeln für Frauen gemacht.

Den Männern war es verboten zu trinken oder zu rauchen, was ja eigentlich gut für ihre Gesundheit war. Doch es störte mich, dass sie dies nur befolgten, weil es eine Vorschrift war.

Die Predigt störte am meisten. Die Geistlichen predigten immer direkt aus der Bibel, sie begannen mit einer Geschichte und erklärten dann die Moral. Oft wiederholten sie dieselbe Idee vier oder fünf Mal, wobei sie verschiedene Beispiele benutzten. Und es war immer eine höchst emotionale und manchmal laut geschriene Art von Predigt.

Immer wenn ein Wanderprediger in der Stadt war, erreichte das Predigen und Singen einen absoluten Höhepunkt. Großmutter bestand darauf, mich zu diesen Erweckungen mitzunehmen; die Versammlungen wurden jeden Abend abgehalten.

Die Gemeindemitglieder brachten Neulinge mit, die gerettet werden sollten, und demjenigen, der die meisten Konvertiten mitbrachte, wurden Preise verliehen. Ich wußte nicht, was ich von all dem halten sollte.

Der Wanderprediger flehte und bettelte die Neulinge an heraufzukommen, um jetzt gerettet zu werden, bevor es zu spät sei. Seine aufgeheizte Stimme mischte sich mit Hymnen aus dem Hintergrund. In der Zwischenzeit entstand in der Kirche oft eine sonderbare Atmosphäre. Menschen fingen an zu weinen und knieten nieder. Andere begannen, auf und ab zu springen, mit hoher Stimme zu rufen und in fremden Zungen zu reden. Die Bibel an einer bestimmten Stelle aufgeschlagen, gingen sie emotionsgeladen herum, zeigten sie anderen und redeten in einer mysteriösen Sprache.

Diejenigen, die gerettet wurden, fielen weinend und wehklagend vor der langen Holzbank auf die Knie, die als Altar diente.

Der Prediger und seine Mitarbeiter eilten prompt herbei und knieten bei jedem neuen Anwärter. „Bist du gewillt, Gott um die Vergebung deiner Sünden zu bitten? Bist du gewillt, ein heiliger Mensch zu sein und deine Sünden vom Blute Jesu wegwaschen zu lassen?“

Dieses Geschäft mit dem Blute Jesu beunruhigte mich oft, weil ich die Dinge wörtlich nahm.

Als alles vorüber war, standen die geretteten Leute vorn, und alle kamen, um ihnen die Hände zu schütteln und sie als Mitglieder der Kirche willkommen zu heißen.

Die Erweckungen schläferten mich gewöhnlich ein, wenn ich nicht zeichnen oder spielen konnte. Manchmal versuchte ich, dem zuzuhören, was vor sich ging, doch mein Interesse hielt nie lange an. Ich mochte das Singen und das Klatschen, das war alles.

Ich sah und verstand, dass diese Leute sehr aufrichtig waren, und all das hatte für sie eine sehr tiefe spirituelle Bedeutung. Meine Reaktionen basierten auf meinen eigenen Erfahrungen und Lehren.

Auf der Venus hatte ich gelernt, dass die Bibel ein Tagebuch besonderer Menschen war, die vor langer Zeit auf der Erde lebten. Sie war kaum mehr als ein Geschichtsbuch. Das ist für die Leute auf der Erde schwer zu akzeptieren. Es gab eine Zeit, als in den Reden der religiösen Führer große Wahrheiten lagen, aber nach Jahrhunderten der Überarbeitung und Rückübersetzung können die Worte der Bibel nicht mehr als absolute Wahrheit angenommen werden. Den Geboten stimme ich jedoch zu.

Auf der Venus ist es bekannt, dass viele Individuen die Schriften spiritueller Führer für ihre eigenen Zwecke verwendet haben oder dazu, eine bestimmte Aussage einzubringen. Wenn es eine andere Meinung über das gab, was geschrieben stand, oder wenn etwas nicht verstanden wurde, dann wurde dieser Abschnitt der Bibel umgeschrieben.

Verschiedene Gruppierungen haben aus diesem Grund unterschiedliche Bibeln. Die Schriften wurden ihrem Verständnis von Wahrheit entsprechend verändert.

Das Wort Gottes oder der Wahrheit muß erfahren, nicht in einem Buch gelesen werden. Dies geschieht durch das wirkliche Sehen der Höchsten Gottheit und durch die Kommunikation mit ihr in der namenlosen Welt jenseits der Seelenebene. Nur die Seele selbst kann sie erfahren. Es ist keine physische Erfahrung.

Um die Menschen zu beherrschen, haben religiöse Führer das „Glaube-oder-sei-verdammt-Evangelium“ geschaffen – eine Religion der Angst. Es wurde ein Postulat aufgestellt, dass eine bestimmte Sammlung von Schriften das Wort Gottes sei. Durch Manipulation und Interpretation des Buches können die Menschen beherrscht werden. Dies sind die Werke von Kal, der negativen Kraft, obwohl die meisten sich gar nicht bewußt sind, darin verwickelt zu sein.

Das menschengemachte Gesetz ärgerte mich, und oft bekam ich Streit mit Großmutter darüber, warum Frauen keinen Lippenstift auflegen oder Hosen tragen durften. Es ergab für mich einfach keinen Sinn, dass eine Kirche in der Lage war, den Leuten vorzuschreiben, das eine zu tun und das andere zu lassen.

Gemäß den Gesetzen des Höchsten Wesens wurde ich mit dem Recht geboren, mich zu kleiden und zu handeln, wie es mir gefiel. Und ich übernahm volle Verantwortung für meine Handlungen unter dem Gesetz des Karmas. Keine Kirche oder Person hatte das Recht, mir meine Rechte wegzunehmen.

Die einzige Sache, die ich aus meinen Diskussionen mit Großmutter lernte, war, dass es sinnlos war zu diskutieren. Wie mein Onkel und Vonic mir gesagt hatten, wird den Kindern auf der Erde in ihrer Individualität wenig Freiheit gegeben.

Dies traf besonders auf die Schule zu. Großmutter meldete mich in der Mary Ann Garber Schule an, die zu unserer Wohnsiedlung gehörte und von der Regierung unterhalten wurde. Die ältere Mrs. Jensen, meine Lehrerin in der zweiten Klasse, machte auf mich nicht viel Eindruck. Sie schien an ihren Schülern oder der Schule nicht interessiert zu sein.

Für eine Weile war die Schule eine nette Neuheit, aber mein eigenes Interesse nutzte sich schnell ab. Es störte mich, dass Lehrer nur das lehrten, was ihrem Gefühl nach für Kinder wissenswert war, und das waren die Grundlagen, die jeder zu Hause gelernt haben sollte.

Viel zuviel Zeit wurde damit verschwendet, die Fakten zu wiederholen, Fakten, die uns im Leben wenig helfen würden, es sei denn bei einem Fernsehquiz oder einem Wettbewerb.

Von Anfang an sah ich, dass das Testen und Bewerten den Kindern einen Wettbewerbssinn einimpfte, eine zerstörerische Kraft, ohne die die Erde gut auskommen könnte.

Die langsamen Schüler wurden durch schlechte Noten degradiert oder dadurch, dass sie den Lernbehinderten zugeteilt wurden. Die Erzieher schienen keine Zugeständnisse hinsichtlich der Tatsache zu machen, dass jedes Individuum in dem ihm eigenen Tempo lernt.

Ich mochte die Lehrer, die Kinder, die Pause und die Essensstunde, doch der Klassenunterricht selbst war langweilig. Viele Kinder genossen den Unterricht, weil sie es wichtig fanden, alles zu lernen, was man ihnen beibrachte. Eine größere Wahlfreiheit der Kinder darin, was wann zu lernen ist, würde Wunder vollbringen.

Wenn ich nicht in der Schule war, verbrachte ich oft Zeit allein mit mir, und ich dachte über die verschiedenen Dinge nach, gegen die ich etwas hatte. Es gab so viele Routineereignisse in meinem Leben, die zuviel von meiner Zeit aufzehrten, aber nur so konnte mein physischer Körper überleben. Immer noch waren viele Leute fett und unsauber oder kümmerten sich nicht um ihr Äußeres. Ich vergegenwärtigte mir, dass all dies von untauglicher Schulung und schlechten Eßgewohnheiten kam.

Nachts, allein in meinem Bett, konnte ich nicht umhin, an meine Heimat zu denken, an Arena und Odin, meinen Vater und all die Kreativität in unserem Leben. Es war etwas, das ich nie vergessen konnte, egal welche Rolle ich spielte. Mein Leben hier erschien so seltsam, und wie traurig war ich, dass ich nicht in der Lage war, meine Vergangenheit mit irgend jemandem zu teilen.

Ich stellte mir vor, wieder in meinem Zimmer in unserem Haus auf der Venus und an all meinen Lieblingsplätzen zu sein. Erinnerungen an Rimj und die lächelnden Gesichter all meiner Freunde, wie sie Aufwiedersehen sagten, begleiteten mich stets, wenn ich mich niedergeschlagen fühlte.

Es gab Zeiten, da ich hoffte, jemand würde erkennen, dass ich nicht Sheila war. Ich hatte Angst, wirklich sie zu werden, Angst davor, mich so tief in ihr Leben zu verstricken.

Als Sheila galt ich als sehr stilles Kind. Als Omnec war ich offen und übersprudelnd. Ein Teil meiner Reserviertheit rührte daher, dass ich nicht wußte, was zu tun war, weil ich Angst hatte, etwas Falsches zu sagen oder zu tun.

In meiner irdischen Familie beobachtete ich viel, und ich lernte vom Beobachten, anstatt Fragen zu stellen. Egal wieviel es mich kostete oder wielange ich auf die Antwort warten mußte, ich wollte immer für mich selbst herausfinden, was los war. Fragen zu stellen war mir peinlich, weil es die Aufmerksamkeit auf etwas lenkte, das ich nicht wußte.

Meine Lieben und meine Freunde von der Venus kommunizierten bis später in meinem Leben sehr wenig mit mir. Sie blieben ihrem Grundsatz treu, sich nicht einzumischen, es sei denn, es wäre unbedingt nötig. Trotzdem erkannte ich manchmal, dass gewisse Gedanken nicht meine eigenen waren, und so war ich mir ihrer Teilnahme und ihrer inneren Führung gewiß.

Ich besuchte Teutonia nur wenige Male im Traumzustand. Ich merkte bald, dass ich jetzt viel weniger Kontrolle über meinen Astralkörper hatte; seine Schwingungen hatten sich gesenkt, als ich meinen physischen Körper manifestiert hatte.

Die meiste Zeit war mein Geist voll mit dem, was ich auf der Erde lernte, und meine Aufmerksamkeit richtete sich sehr selten auf die Seelenreise. Ich war damit beschäftigt, meinen Weg in diesem neuen Leben zu erfühlen und zu lernen, was die Leute von mir erwarteten, so dass ich wußte, wie ich reagieren sollte. Ich hörte aufmerksam zu, wenn Kommentare über Sheila gemacht wurden.

Spirituelle Übungen zu machen war fast unmöglich in der eingeschränkten Privatsphäre, die ich hatte. Und ich war mit den vielen neuen Erfahrungen auf der physischen Ebene beschäftigt.

Weihnachten kam heran, und ich war schon fast zwei Monate in Chattanooga. Ich kannte die irdische Version der Geschichte Christi, aber was hatten der Baum und die Geschenke damit zu tun, fragte ich mich. Trotzdem war es eine wunderschöne Zeit des Jahres. Die Menschen schienen sich anderen gegenüber besser zu verhalten.

Am Weihnachtsabend fanden wir Geschenke in lustiges buntes Papier eingewickelt unter unserem Christbaum, und wir konnten den nächsten Morgen kaum erwarten. Jeder behauptete, dass Sankt Nikolaus die Geschenke gebracht hätte, aber bis sie mir ein Bild von ihm zeigten, glaubte ich nicht, dass es wirklich solch einen Mann gab. Er sah absurd aus, doch er schien glücklich zu sein. Ich konnte mich nicht entscheiden, ob ich an ihn glauben sollte oder nicht, aber es war für mich unvorstellbar, dass die Erwachsenen die Kinder betrogen. Vielleicht hatte er vor langer Zeit existiert!

Vor unserer Haustür stand am Weihnachtsmorgen ein großer Flechtkorb, randvoll mit Schinken, Hühnchen, Plätzchen, Süßigkeiten, Früchten und Nüssen. Es war das erste Obst und das erste Konfekt, das ich in diesem Hause gesehen hatte. Es kam von der amerikanischen Heilsarmee.

Dann war es für uns Zeit, unsere Geschenke auszupacken. Von Tante Ellen bekam ich einen kleinen Spielzeugherd. Mr. Dow, unser Nachbar von gegenüber, schenkte mir ein Spielzeug-Messingbettchen, in genau der richtigen Größe für das Geschenk von Großmutter, einer Babypuppe. Ebenfalls von Großmutter waren Handschuhe, eine Strumpfhose und ein Schal mit Kapuze. Das Malbuch und die Stifte kamen von Merle und Ben. Ich liebte das Malen, es war sehr kreativ.

Donny und Jim bekamen Spielzeugautos und -gewehre, ein paar Bauklötze und einen Holzbausatz. Aus Bauklötzen Häuser zu bauen machte Spaß, doch die Babypuppe von Großmutter bedeutete mir mehr als alles andere.

Unser Weihnachtsessen aus Hühnchen, Braten, Gebäck und Blaubeerstrudel war die beste Mahlzeit, an die ich mich erinnern kann, seit ich in Chattanooga angekommen war.

Die nächsten paar Jahre lebte ich das Leben eines gewöhnlichen Kindes. Ich war sehr klein, und das Leben war nicht sehr bedeutungsvoll. Mein geliebtes Hündchen wurde vor unserem Haus von einem Auto überfahren; wahrscheinlich machte ich all das durch, was kleine Kinder nun mal so durchmachen.

Ich genoß Chattanooga. Es war eine schöne Stadt mit viel Grün, umgeben von dicht bewaldeten Bergen und Hügeln. Ich erfuhr bald, dass eine berühmte Bürgerkriegsschlacht im Osten, in Missionary Ridge, stattgefunden hatte. Aussichtsberge und viele andere Gebiete der Region bildeten touristische Attraktionen.

Was mich an Chattanooga am meisten störte, war die Einstellung der Leute gegenüber den schwarzen Menschen. Die Farbigen hatten ihren eigenen Stadtteil namens „Niggertown". Und in unserer Wohnsiedlung lebte keine einzige schwarze Familie. Das war in den frühen 50er Jahren.

Aus Erfahrung wußte ich, was für einen wichtigen Teil in unserer Bruderschaft der Planeten das schwarze Volk ausmachte. Sie können mit Recht stolz auf ihr Erbe sein. Viele Male mußte ich mich zurückhalten, etwas zu sagen, wenn eine negative Bemerkung gemacht wurde. Doch wer würde ein kleines Kind, das eine Rasse verteidigt, verstehen oder tolerieren? Ich hätte mir nur selbst mehr Probleme eingehandelt. So lernte ich, meine Ohren vor den Schmähreden gegen das schwarze Volk zu verschließen.

Ich lebte schon fast ein Jahr in Chattanooga, als ich das erste Mal Donna, meine irdische Mutter, kennenlernte. Ich hatte mich oft gefragt, wann es geschehen würde, und eigentlich freute ich mich wirklich darauf. Ich sorgte mich nie, dass sie erkennen könnte, dass ich nicht Sheila war.

Eines Nachts konnte ich tief im Schlaf undeutlich Großmutter und eine andere Frau mit gedämpfter Stimme im Flur sprechen hören. War es ein Traum? Ich hatte nicht die Energie, aufzustehen und nachzusehen.

Dann spürte ich sie nahe bei mir, sie lag neben mir im Bett, instinktiv schmiegte ich mich an sie und legte meine Arme um ihren Hals. So erwachte ich am Morgen.

Große blaue Augen voller Liebe schauten in die meinen, und Glücksgefühle stiegen in mir auf. Meine Arme lagen noch um ihren Hals, und ich wußte, dass sie wartete, bis ich aufwachte, glücklich, mich so nahe zu haben. Sie liebte mich!

„Schön, schön, endlich bist du aufgewacht, Schlafmützchen!"

„Mami!" schrie ich. Ich drückte sie und kuschelte meinen Kopf an ihren Hals.

„Wie geht's meiner Kleinen?" fragte sie mit gebrochener Stimme, mich fest an sich drückend.

„Ich bin so froh, dass du hier bist, Mami."

Donna fing an zu weinen, und ich auch.

Sie wollte mich zu einem besonderen Anlaß irgendwohin mitnehmen, sagte sie und fragte, ob ich denn ein besonders schönes Kleid zum Anziehen hätte. Ich sagte ja. Tief im Innern fühlte ich mich mit ihr verwandt.

„Ich habe mir all deine Sachen angesehen", sagte sie, „und ich habe bemerkt, dass Großmutter dich wirklich immer sehr schön kleidet. Du hast 27 Kleider!" Sie hatte sie gezählt, jedes einzelne.

„Ich weiß nicht, wie viele Mädchen 27 Kleider haben. Ich habe selbst nicht so viele."

Ich erzählte ihr, dass Großmutter in die Stadt ging und sich in den Schaufenstern die neueste Mode ansah. Dann kam sie heim und machte mir diese Kleider, wobei sie Reste und Materialien verwendete, die von den Kleidern übriggeblieben waren, die sie für andere Leute nähte. So blieb ich immer auf dem neuesten Stand der Mode. Dank Großmutter hatte ich in der Schule einen Preis als bestgekleidetes Mädchen bekommen.

Nach dem Frühstück gingen Mami und ich in die Stadt zum Einkaufsbummel. Ein Regenmantel war genau das, was ich noch brauchte, beschloß sie, doch erst Stunden später fanden wir schließlich einen, den ich mochte – in einem wunderschönen Himmelblau anstelle von Gelb oder Schwarz.

Dann kehrten wir in einem einfachen kleinen Speiselokal ein, in dem ich einen Hamburger, Pommes Frites und eine Limo verzehrte. Dies war meine erste Mahlzeit in einem Restaurant, seit Onkel Odin mich in die amerikanische Küche eingeführt hatte. Es war eine echte Wonne.

Ich genoß es, mit Mami zusammenzusein, und ich fühlte mich vollkommen wohl. Irgendwie vermittelte sie mir das Gefühl, als ob ich tatsächlich ihr eigenes besonderes kleines Mädchen sei. Es war eine Wärme und Nähe, die ich auf der Erde noch nicht erfahren hatte; ich war froh darüber. Und ich zweifelte nicht daran, dass wir beide schon viele Leben zusammen verbracht hatten.

Zu Hause fing ich sofort an, in dem Malbuch zu arbeiten, das Mami mir mitgebracht hatte – eines, in dem Zahlen für die jeweiligen Farben in jedes Feld eingedruckt sind. Als ich ihr meine erste Seite zeigte, war sie erstaunt. Woher ich so gut lesen könne, wollte sie wissen. Alle Farben waren richtig. Großmutter und Mami unterhielten sich darüber eine Weile, während ich still blieb, weil ich nicht wußte, was ich sagen sollte.

Mami besuchte uns ab und an während der nächsten Jahre, gewöhnlich einmal im Jahr, immer wenn sie in der Lage war, für eine Weile von C.L. wegzukommen. Nach dem, was ich hörte, wurde das Leben mit C.L. härter.

Im Nu hing ich wirklich sehr an meiner neuen Mami. Während einer ihrer seltenen Besuche weinte ich den ganzen Abend lang, als sie mit Freunden ausging, statt die Zeit mit mir zu verbringen. Als Kind war ich unvernünftig. Die tiefen Gefühle, die ich für sie hegte, die Wärme, die ich fühlte, immer wenn ich ihr nahe war, verwirrten mich manchmal. Was war mit dieser Seele, welche Erfahrungen hatten wir in vergangenen Leben geteilt, dass ich so für sie empfand? Jahre würden vergehen, bis ich es endlich wußte.

Als ich zehn Jahre alt war, fing mein Leben an, sich zu verändern. Ich vermute, das lag daran, dass ich mir bewußter wurde, was in der Welt um mich herum geschah. Bis dahin hatte ich gespielt und mich vergnügt, so weit dies eben ging. Nun war ich stark am Leben interessiert; ich befand mich zwischen Kindheit und Pubertät.

Das Leben zu Hause war schön und friedlich. Ich freute mich immer darauf, wenn Merle und Ben ihre Band mit nach Hause brachten, um zu üben und Spaß zu haben. Ben spielte das Schlagzeug und Merle den Bass. Dann konnte ich tanzen.

Immer wenn Ben Gitarre für mich spielte, übte ich Ballett. Und immer, wenn Großmutter mich tanzen sah, war sie sicher, ich würde eine Ballerina werden.

Ich entdeckte, dass ich beim Tanzen fähig war, für eine Weile ich selbst zu sein, mein wirkliches Selbst. Wenn die Musik spielte und ich mich in ihren Rhythmen verlor, war ich wieder Omnec. Wie wunderbar wäre es doch, dachte ich oft, wenn meine Familie nicht so arm wäre. Dann hätten wir vielleicht eine Harfe.

Ich genoß es, mit den Kindern in unserer Nachbarschaft zu spielen. Wir gründeten einen Club, tranken Limonade und aßen Plätzchen. Wir spielten Vater-Mutter-Kind, Zirkus, Dodgeball und Softball zusammen. Während des Sommers gab es nur wenige Tage, an denen wir nicht sehr lange draußen blieben, oft ging es bis Mitternacht. Wir rannten im Bereich unserer Siedlung die Straße auf und ab, während die Erwachsenen zusammensaßen und redeten.

Gewöhnlich vermied ich Wettkämpfe, bei denen es nur ums Gewinnen ging. Es störte mich, dass die Gewinner die Verlierer verspotteten und sich über sie lustig machten, die ihrerseits anfingen zu kämpfen. Das Leben war ernst genug; Spiele sollten Spaß machen.

Wenn es zu Gruppenspielen kam, erwies ich mich fast immer als Anführerin. Das lag vielleicht daran, dass mein Kopf immer von neuen und aufregenden Ideen überquoll, und da ich ein offenherziger Mensch bin, liebte ich es mitzuteilen, was ich wußte und fühlte.

Selten empfand ich mich gegenüber den anderen Kindern als kritisch. Ich bemühte mich immer darum, mich mit den Außenseitern anzufreunden, sie gleich zu behandeln, was mich manchmal selbst zur Außenseiterin machte. Und ich begann, mich weniger und weniger für meine Lage selbst zu bedauern. Ich war zu beschäftigt damit, viele neue Lektionen zu lernen.

Beim Spielen mit den Kindern in unserer Nachbarschaft lernte ich eine Menge über die Welt und die Erwachsenen. Die Einstellungen und Gewohnheiten der Kinder rührten direkt von denen ihren Eltern her statt von ihren eigenen Erfahrungen. Sie fluchten wie ihre Eltern und wiederholten, was ihre Eltern über Politik und über die Schwarzen sagten. Einige der Kinder haßten den Präsidenten, weil er nicht derselben Partei angehörte wie ihre Eltern. Die Russen waren alle schlecht, weil sie planten, uns zu bombardieren. Und alle wollten großwerden und in die Armee gehen, weil Daddy und Opa und all die Onkel hingegangen waren, um Amerika zu retten. Genauso hatten die Erwachsenen die Eigenschaften ihrer Eltern übernommen.

Es schien, dass die gläubigen Christen den Schwarzen gegenüber nicht so vorurteilsbeladen waren wie alle anderen. Großmutter zum Beispiel stellte Essen für die obdachlosen Eisenbahntramps beiseite, die gelegentlich an unsere Türe klopften. Sie meinte, solange sie großzügig zu anderen war, würde Gott großzügig zu ihr sein. Von ihr lernte ich eine wertvolle Lektion in Großzügigkeit. Ich lernte, dass derjenige, der gibt, immer das hat, was er braucht. Ich lernte auch, dass Erwachsene sehr leicht durch das beeinflußbar waren, was andere sagten oder dachten. Und jeder mischte sich in das Leben des anderen ein.

Ich ärgerte mich darüber, wenn man mir die ganze Zeit sagte, was ich zu tun hätte, doch ich mußte meinen Platz als Kind akzeptieren. Wie seltsam, dass den Kindern kaum Intelligenz und wenig Wahlfreiheit zugestanden wurde. Was die Erwachsenen sagten, war Gesetz und durfte nicht hinterfragt werden.

Von Kindern erwartete man, dass sie Abbilder ihrer Eltern wurden, keine Individuen. Dies war keine Absicht, sondern resultierte aus dem Nichtverstehen, dass jedes Kind eine individuelle Seele ist. Kinder nach ihrem Vater oder einem Verwandten zu benennen, nimmt ihnen ihre Individualität. Jeder Name hat eine charakteristische Schwingung, und Menschen mit den gleichen Namen sind karmisch miteinander verwandt.

Mit der Zeit sah ich, wie extrem negativ die Einstellungen der Leute gegenüber allen anderen außer sich selbst waren. Die Erdenmenschen waren viel egozentrischer, als ich mir das anfangs je vorgestellt hatte.

Eine sehr verbreitete Eigenschaft war die, dass man ein Sieger sein muß oder dass man eine Menge von irgend etwas haben muß – Geld, Talent, Schönheit –, um es in der Welt zu etwas zu bringen. Ich verstand das nicht, und ich brauchte lange, es als Bestandteil dieser Welt zu akzeptieren. Ich wußte, dass solch ein Verhalten eine Menge Leiden mit sich brachte.

Ich sah nicht ein, warum es eine Rolle spielte, ob ein Mensch schön anzuschauen war, weil nur die inneren Qualitäten wirklich zählen. Der physische Körper ist nur eine Schale.

In meinem Leben auf der Erde habe ich nie das Gefühl verloren, eine Außenseiterin zu sein, in einer fremden Welt zu leben. Als junges Mädchen in Chattanooga entgegnete ich oft den Gedanken der Menschen auf physische Weise. Ich erledigte oft Besorgungen oder beantwortete Fragen, noch ehe mich jemand gefragt hatte. Dies war für meine Familie verwirrend, und ich mußte davor auf der Hut sein. Ich merkte bald, dass viele Menschen sich vor solchen Dingen fürchteten, die außerhalb ihres Verständnisbereichs lagen. Es schien, dass sie auf alles außerhalb ihres Verständnishorizontes negativ reagierten.

Weil ich jeden Menschen mehr als Seele denn als physischen Körper betrachtete, war ich anders. Ich reagierte kaum auf Zorn oder negative Gefühle, weil Nichtreaktion der einzige Weg ist, den Angriff abzuwehren. Die negative Energie hat dann nichts, wogegen sie sich richten kann, und kehrt zu ihrer Quelle zurück. Ein wütender Mensch wird nur noch wütender.

Ich werde wütend, wenn jemand absichtlich versucht, mich oder einen Freund zu verletzen. Ich bin immer für die verfolgten und schikanierten Kinder in unserer Nachbarschaft eingetreten, und ich wurde oft emotional verletzt und weinte, weil ich all die Grausamkeit in der Welt nicht verstehen konnte.

Kommunikation war für mich ein großes Problem. Ich habe immer Probleme mit der englischen Sprache gehabt, so beim Buchstabieren und der richtigen Betonung. Bis heute benutze ich oft ein Wort und meine ein anderes, sehr zu meiner eigenen Bestürzung.

Anfangs nahm ich alles ernst, was die Leute sagten. Wenn einer meiner Verwandten kurz vor dem Essen zu mir sagte, „geh und wasch' dir das Gesicht ab", verwirrte mich das enorm. Die Menschen benutzten die Worte sorglos.

Nachdem Merle und Ben in die Armee eingetreten waren, lebten Großmutter und ich allein, und das Haus war sehr still. Großmutter war während dieser Jahre sehr gut zu mir. Sie hing sehr an ihrer letzten Enkelin. Einst war das Haus voller Kinder gewesen, die es großzuziehen galt – nun gab es nur noch eines. Es war eine große Umstellung für sie.

Als die Schule im Herbst wieder anfing, begann sich das Leben zu Hause zu beruhigen. Dank unserer neuen Lehrerin Mrs. Dodson wurde die Zeit in der vierten Klasse ein äußerst schönes Jahr.

Jeden Tag las sie uns eine Geschichte vor, aber zuerst zog sie ihre lustige Brille auf. Immer wenn sie den Kopf bewegte, zwinkerten die Augen, die auf der Brille angebracht waren. Wir freuten uns jeden Tag darauf.

Dann kam eine Zeit, als Großmutter wegen einer Operation in ein Armeekrankenhaus in Kentucky mußte. Einer ihrer Söhne hatte es arrangiert, dass sie nichts zu bezahlen brauchte. Tante Ellen zog für zwei Wochen ein, um auf mich aufzupassen.

Keine zehn Minuten, nachdem Großmutter gegangen war, zeigten sich Tante Ellen und die Jungen von ihrer niederträchtigen Seite. Tante Ellen war immer nett zu mir, wenn Großmutter in der Nähe war. Nun durfte ich nichts anderes tun, als zur Schule zu gehen und Haushaltsarbeiten zu erledigen. Zur gleichen Zeit genossen ihre beiden Jungen Donny und Jim eine große Menge Freiheit. Sie konnten fast alles tun, was sie wollten.

Großmutters Krankenhausaufenthalt in Kentucky war fast zuende, und ich konnte es kaum erwarten, sie wiederzusehen. Ich fühlte mich sehr glücklich, dass ich mit ihr statt mit jemandem wie Tante Ellen zusammenleben durfte.

Donny und Jim gingen eines Tages recht früh ins Kino, während ich mit Besorgungen in einen Laden geschickt wurde. Als ich zu Hause ankam, fand ich Tante Ellen und unseren Nachbarn vor, wie sie sich gerade mit einem Faß Bier zu einem See aufmachen wollten.

Tante Ellen sagte: „Deine Großmutter würde dich nicht in die Vorstellung lassen." Ich wußte, dass das nicht stimmte. Großmutter hatte eine Nachricht geschrieben, dass wenn Donny und Jim in die Vorstellung gingen, ich mitgehen könne. „Und du kannst nicht mit uns an den See kommen, weil wir Bier trinken werden", fuhr sie fort. Tante Ellen verschloß die Haustür und ermahnte mich beim Weggehen, auf der Veranda zu bleiben.

Ich setzte mich auf die Verandatreppe, den Kopf auf beide Arme gestützt, und fühlte mich niedergeschlagen. Ich war an diesem Tag nicht wirklich überrascht über die Sonderbehandlung, draußen ausgesperrt zu sein, während Donny und Jim sich im Kino vergnügten. Die ganze Woche war nicht viel besser gewesen. Ich seufzte und fragte mich, was ich den ganzen Tag über tun sollte. Als ich aufschaute, war meine Niedergeschlagenheit wie weggeblasen. Daddy war da! Wahrhaftig Daddy! Da war er, er kam den Bürgersteig herunter auf mich zu. Wie wunderbar war es, ihn gerade am heutigen Tag zu sehen.

„Hallo Liebling, wo ist deine Großmutter?"

„Oh, sie ist im Krankenhaus", sagte ich. „Sie wird in Kentucky operiert."

„Und wer paßt auf dich auf?" fragte er.

"Tante Ellen", sagte ich, aber sie sei heute am See und ich sei ausgesperrt.

Daddy sah sich um. „Wo sind die Jungen?" fragte er.

„Sie sind zur Kinovorstellung gegangen", erklärte ich mit einem Anflug von Traurigkeit.

„Das ist nicht nett. Das begreif' ich nicht“, sagte er empört. „War Tante Ellen gut zu dir?“

„Hm, nein“, gab ich zu, „sie war wirklich lange Zeit gemein zu mir.“ Ich klagte ihm mein Leid.

Durch ein Seitenfenster gelangte mein Vater ins Haus, ließ mich herein und versprach, dass ich ganz sicher bei ihm bleiben würde, bis Großmutter zurückkehrte. Wir sammelten meine Sachen zusammen und hinterließen eine Nachricht für Tante Ellen bei den Nachbarn. Natürlich war ich begeistert. Aber das war noch nichts, verglichen mit meiner Freude am Montag, als Daddy mich in der Schule in seiner Nachbarschaft anmeldete.

Wir Kinder marschierten gerade zum Spielplatz in der Cherry Street hinüber, als sich jemand von hinten an mich heranschlich und mir auf die Schulter tippte. Ich drehte mich kichernd um und erwartete, eines der Kinder hinter mir zu sehen.

„Das ist meine Mami!“ schrie ich, jubelnd auf- und abhüpfend. Wir umarmten uns. „Wie hast du mich gefunden?“ fragte ich. Das war zu schön, um wahr zu sein. Was für eine Wonne, sie wiederzusehen!

„Oh, deine Großmutter hat mir geschrieben, und ich habe mir Sorgen um dich gemacht. Tante Ellen sagte, dass du bei deinem Vater bist“, erklärte sie mit einem strahlenden Lächeln. Es war toll, Mami so glücklich zu sehen.

Unser Lehrer kam herüber. „So, Sie sind Sheilas Mutter. Wir haben schon viel über Sie gehört.“ Ich hatte allen Kindern erzählt, dass meine Mutter schöner sei als ein Filmstar.

Wir spazierten weiter zum Spielplatz, wo wir uns niederließen, um zu reden. Sie fragte, wie es mir gehe, wie mir die Schule gefalle; ich erfuhr, dass sie und C.L. die Route durch Tennessee genommen hatten, weil sie im Osten ein Restaurant eröffnen wollten.

Mami blieb während der Lesestunde, und dann ließ mich unser Lehrer die Schule vorzeitig verlassen. In Peggys und Davids Haus sammelten wir meine Sachen zusammen. Dann gingen wir heim in die Southern Street Nr. 1821. Als sie hörte, wie schlecht ich behandelt worden war, beschloß sie, bei mir zu bleiben, bis Großmutter nach Hause käme. Ich war sehr erleichtert und auch dankbar, dass sie einige zusätzliche Zeit mit uns verbringen würde.

Ganz plötzlich waren Tante Ellen und die Jungen ungewöhnlich freundlich zu mir. Ein paar Tage später, als Großmutter heimkehrte und die ganze Geschichte erfuhr, war sie so aufgebracht, dass sie schwor, mich nie wieder allein bei Tante Ellen zu lassen.

Wie immer, wenn Mami ging, weinten wir beide beim Abschied. Meine starke Zuneigung zu ihr war unerklärlich. Es war, als wäre sie schon immer meine Mutter gewesen, denn immer, wenn es Zeit für sie wurde zu gehen, sehnte ich mich danach, mit ihr zu kommen.

Das ganze Jahr über bis zum folgenden Sommer kam ich immer wieder in Krankenhäuser und Kliniken. Einem Arzt zufolge hatte ich Anämie. Ich war ein kränkliches kleines Mädchen.

Seit ich angefangen habe, irdische Nahrung zu essen, hat mir mein Magen Probleme bereitet. Oft mußte ich wegen Magenschmerzen die Schule verlassen und nach Hause gehen. Das Problem bestand zum Teil darin, dass ich selten eine ausgeglichene Mahlzeit bekam. Es gab kaum genug Protein in meiner Diät, um mich am Leben zu erhalten. Meistens aßen wir Kohlehydrate, keine Salate und fast kein Obst. Das gekochte Gemüse war verkocht, und immer wenn wir Fleisch hatten, war es übergar. Unsere Familie war wirklich sehr arm.

Weil ich barfuß herumlief und dank unserer schlechten Ernährung, bekam ich Bandwürmer. Kurz darauf hatte ich eine Blinddarmreizung. Aber die meisten meiner Beschwerden und Leiden bestanden in ständigen Erkältungen, Fieberanfällen, Geschwüren, Gerstenkörnern und schrecklichen Magenschmerzen. Vielleicht war all dies ein Teil meiner unbewußten Abwehr gegen die physische Welt.

Physische Schmerzen haben mich nie sehr bekümmert, nicht so sehr wie seelische Schmerzen. Es verletzte mich mehr, wenn jemand zornig oder gemein zu mir war, als wenn sie mir ins Gesicht schlugen.

Ich zeigte niemals, dass ich physisch verletzt war. Ich tat so, als ob nichts wäre, egal wie schlimm der Schmerz war, teilweise, weil ich es als erniedrigend empfand, physische Schmerzen zu haben. Dies ließ mich all die zusätzlichen Schmerzen aushalten, als ich mich dann chronisch unwohl in meinem physischen Körper fühlte.

Es war nicht einfach, in einem physischen Körper zu leben, der immer müde wurde, der jeden Tag schlafen gelegt werden mußte, ob ich es wollte oder nicht. An Gegenstände anzustoßen war schmerzvoll, die Haut zu ritzen war gefährlich, und alle Arten von Bakterien attackierten ständig den Körper. Was für ein miserabler Ort diese physische Welt ist, dachte ich oft. Baden, Waschen, Haarekämmen, Zähneputzen, all diese Pflichtaufgaben waren eine Bürde, die ich akzeptieren mußte.

Kaltes Wetter verabscheute ich besonders; es machte mir den physischen Körper und all seine Schmerzen bewußter. Die Beschwerden und Schmerzen des Körpers sind für mich zu einer ganz neuen Dimension des Seins geworden.

Ich war mir dessen zu jener Zeit noch nicht bewußt, aber die sechste Klasse war mein letztes Schuljahr. Wie gewöhnlich wurden uns alle Arten von Dingen beigebracht, die mich nicht interessierten, trotzdem bekam ich meistens sehr gute Noten. Am liebsten mochte ich Kunst, Sport und Theateraufführungen.

Geschichtsunterricht ärgerte mich. Wie konnten so viele Leute stolz auf die Kriege sein, die für die Freiheit geführt worden waren? Kindern wurde die Idee eingeimpft, dass Gewalt und Aufruhr ein sicherer Weg waren, Ziele durchzusetzen. Ich dachte immer, es sollte auch gelehrt werden, dass es andere Wege gibt, Unstimmigkeiten zu überwinden.

Während dieses Jahres keimte mein Interesse an Jungen auf. Bis dahin war Großmutter immer hinter mir her, um herauszubekommen, ob ich Interesse am anderen Geschlecht zeigte. Schließlich bekam ich selbst Interesse daran.

Meine Kusinen und ich liebten es, uns zurechtzumachen, wenn ich die Nacht bei ihnen verbrachte. Wir trugen lange Kleider, hochhackige Schuhe und Lippenstift und promenierten so die Straße auf und ab. Großmutter hätte mich umgebracht, wenn sie das rausbekommen hätte.

Meine Freundin Mary war hauptsächlich für mein wachsendes Interesse an Jungen, Herumtreibern und Elvis Presley verantwortlich. Die Musik liebte ich nicht eigentlich, doch sie war ein Bestandteil unseres Beisammenseins.

Marys ältere Schwester Lilly beeinflußte uns stark in Sachen Jungen, Makeup und Erwachsenenwelt. Sie war 16. Mary und Lilly trieben ein verrücktes Spiel miteinander, so jedenfalls empfand ich das zu dieser Zeit. Das war nichts für mich. Lilly spielte einen Jungen, Mary das Mädchen, und dann liebten sie sich.

Es war fast August, als Donna uns wieder schrieb. Alles hatte sich zum Besseren gewendet. Sie und C.L. tranken und stritten nicht mehr und führten nun ein vergnügliches Leben auf der Insel Sanibel an der Küste von Florida bei Fort Meyers. Sie leiteten das Sandcastles Motel. Der Postkarte nach, die sie schickten, schien es ein Paradies zu sein, und ich träumte von dem kilometerlangen Sandstrand und der üppigen tropischen Vegetation.

„Wäre es in Ordnung", fragten sie, „wenn Sheila ein paar Wochen bei uns bliebe?"

Ich wünschte mir sehnsüchtig, noch am selben Tag loszufahren, aber Großmutter war sich nicht sicher. Ich bettelte und flehte, und wir diskutierten das Pro und Contra tagelang.

Endlich kam der Wendepunkt. Großmutter sagte: „Ich weiß, du liebst deine Mutter, und du weinst die ganze Zeit nach ihr, ich denke also, du kannst fahren und sie eine Zeitlang sehen."

Ich wußte nicht, was ich sagen sollte, so glücklich und aufgeregt war ich. Hurra! Endlich kam ich an einen anderen Ort außerhalb von Tennessee!

Am Tag, an dem Onkel Bob mich zum Busbahnhof fuhr, fühlte ich mich erwachsener als je zuvor. Den ganzen Sommer lang hatte Großmutter Kleider für mich genäht, und heute zog ich mein Lieblingsdress an. Es war ein weißes Kleid, bedruckt mit Blumen in warmem Rot, Orange und Gelb. Es war tailliert, hatte einen ausgestellten Rock und einen tiefen Rückenausschnitt. Und ich trug die schwarzen Lacklederpumps und Strümpfe, die Mami mir geschickt hatte.

Als ich den Bus bestieg, steckte mir meine Kusine Andrea hinter Großmutters Rücken einen Lippenstift zu. Großmutter schniefte und sagte Aufwiedersehen. Ich sah sie an. Ja, sicherlich würde ich diese Frau vermissen, die trotz unserer Armut dafür gesorgt hatte, dass ich alles hatte, was ich brauchte. Ich drückte und küßte sie. Ich liebte sie wirklich.

Der Bus verließ Chattanooga. Ich fuhr allein an einen unbekannten Ort. Ich hoffe, ich sehe diese Gegend nie wieder, dachte ich. Ich fühlte mich sehr erwachsen, selbständig, und ich trug roten Lippenstift. Was ich nicht wußte, war, dass mein Leben während dieser ersten Erdenjahre sehr behütet gewesen war. Doch die schlimmste Kraftprobe mit dem Karma stand mir noch bevor...

Dies ist nur die erste Hälfte meiner Lebensgeschichte. Sie wird vielleicht später in einem zweiten Buch mit dem Titel „Engel weinen nicht“[2] fortgesetzt werden. Darin werde ich die Geschichte meines Überlebenskampfes schildern und die manchmal sehr grausame Welt der Erde mit ihren Bewohnern. Mein einsames Weinen wurde nur von den Engeln gehört, als ich fortfuhr, meine Mission hier zu beenden, eine Mission mit dem Ziel, alte karmische Schulden auszugleichen und der Menschheit ihre wahren Anfänge jenseits dieses Planeten bewußt zu machen. Schließlich begann ich dank einiger weniger liebender Freunde, meine Aufgabe zu vollenden, und ich war endlich fähig, wieder Omnec zu werden. Inzwischen mußte ich aber festzustellen, dass meine Mission durch das Buch allein nicht restlos erfüllt wird, denn es gibt noch viel Arbeit für mich hier – Arbeit, die ich nach all den schmerzvollen Erfahrungen, die hinter mir liegen, immer klarer erkennen und vollbringen kann.

---

2 Die spannende Fortsetzung mit dem Titel „Engel weinen nicht“ ist erhältlich. Informationen darüber am Schluß dieses Buches. (Anm. d. Verlages)

Kapitel 13 – Resumée – Vergleiche mit der Venus

Lernen und Erfahren – Tante Arena lehrte mich Grundlagen – Tempel des Lernens – Auf der Erde gibt es viele Religionen

Du bist Seele in den unteren Welten, und zwar aus einem Grund: um Erfahrungen zu sammeln, die dich zu einem bewußten Mitarbeiter der Höchsten Gottheit machen. Dies ist eine Wahrheit, über die sich die Venusier seit langem klar sind, und diese Klarheit spiegelt sich in unserer Lebensart wider. Aus neuen Erfahrungen zu lernen ist ein untrennbarer Bestandteil jedes einzelnen Lebens.

Jeden Tag sind wir bestrebt, mehr über uns als Seele und über die vielen Ebenen zu lernen, die wir erforschen dürfen. Wir schauen uns die Erfahrungen und Situationen sorgfältig an, um zu sehen, welche Lektionen sie für uns beinhalten. Auf der Erde wird das innere und äußere Leben geschickt durch die Religion und die offizielle Erziehung geregelt. Religion kümmert sich angeblich um das innere, spirituelle Leben, während das Erziehungssystem sich damit befaßt, etwas über das äußere, physische Leben zu lernen.

Als Kind in Chattanooga stellten Kirche und Schule die beiden überaus vorrangigen Bereiche meines Lebens dar. Von beiden wurde ich nur enttäuscht, denn sie reflektierten das Bewußtsein auf der Erde. Sie ermöglichten wenig individuelle Freiheit, und sie erlaubten es einem nicht, seine eigenen Erfahrungen zu machen.

Die Erziehung auf meinem Heimatplaneten ist das Ergebnis einer jahrhundertelangen Entwicklung. Genauso, wie die Gesetze der Höchsten Gottheit persönliche Erfahrungen sehr hoch einschätzen, tut dies unser Erziehungssystem. Es wuchs Hand in Hand mit unserer neuen tythanischen Kultur nach dem Neuanfang.

Die institutionalisierte Erziehung ließen wir zusammen mit dem Geld, der Industrie und den dekadenten Städten hinter uns, als die Menschen begannen, ihr neues Leben zu führen. Sie sahen der nackten Wahrheit ins Gesicht, nämlich der, dass Kinder bis dahin kaum mehr getan hatten, als Fakten und Vorstellungen auswendig zu lernen, und dass das meiste von dem, was sie lernten, bald vergessen war. Viel wichtiger als dies ist, dass der Mensch in der physischen Welt lernen muß, wie auch die Seele lernt – durch tatsächliche Lebenserfahrung statt aus Erzählungen.

Als die Leute zurück zur Natur gingen, wurden die Kinder in jungen Jahren mit ins Leben einbezogen. Jede Familie unterrichtete ihre eigenen Kinder. Die Menschen erfanden neue Wege, Kindern durch Beteiligung an den Haushaltspflichten die Grundlagen zu vermitteln.

Wenn die Mutter Gemüse fürs Essen zubereitete, zählte sie jedes Stück, während sie es vorbereitete und schälte, und so brachte sie dem Kind das Zählen bei. Im Garten durfte das Kind Gemüse pflücken, um zu sehen, wie es aussah und wuchs, und dann durfte es mithelfen, es zuzubereiten. Auf diese Weise bekamen die Kinder eine unmittelbare Erfahrung mit den Pflanzen anstelle von künstlichen Vermittlungen.

Bei Ausflügen aufs Feld wurden die Kinder über die Natur unterrichtet. Sie lernten, welche Pflanzen eßbar waren und welche nicht. Bei besonderen Gelegenheiten wurden kleine Gruppen von Kindern mit ins Weltall genommen, um sie über die Planeten und das Universum zu unterrichten.

Zu Hause kümmerten sie sich nicht nur um die Tiere oder halfen, das Haus zu reinigen, sondern einmal in der Woche war ein Kind auch dafür verantwortlich, die Mahlzeit der Familie zuzubereiten.

Die Kultur wurde nicht vergessen. Die Kinder wurden stets ermutigt, Gedichte und Lieder über das zu schreiben, was sie gelernt hatten, und auf Papier die Dinge und die Personen festzuhalten, die sie im Laufe des Tages gesehen hatten. Tanzen, Malen und Schauspielern wurden zu beliebten Hobbys für Kinder und Erwachsene. Es wurde für sie zu einem lebendigen Bestandteil des täglichen Lebens, ihre Individualität durch Kunst auszudrücken, wie sie dies noch heute tun.

Ein bestimmtes Spiel war besonders beliebt. Dabei versammelten sich alle Kinder, um zu improvisieren. Einer nach dem anderen dachte sich einen bestimmten Charakter, eine Situation und einen szenischen Hintergrund aus. Ein anderes Kind setzte diese Idee dann spielend, singend oder tanzend um. Das ging den ganzen Abend so, bis jeder einmal an der Reihe gewesen war, sich etwas auszudenken und es umzusetzen. So lernten die Kinder, schnell zu denken, Geschichten und Gedichte zu kreieren oder ihre sonstigen individuellen Begabungen zu artikulieren. In sehr jungen Jahren lernten sie dadurch bereits, sich selbst auf viele verschiedene Weisen auszudrücken, und gleichzeitig hatten sie Spaß dabei.

Spät am Abend versammelten sich alle in der Familie zu einer dreißigminütigen Schweigestunde, bei der sie Körper und Geist entspannten, um eine spirituelle Erfahrung zu machen. Dies ist die Zeit der Hingabe an spirituelle Dinge, Studienzeit genannt, von der ich anfangs sprach.

Als das Bewußtsein zunahm, lernten die Menschen, dass ein Kind, dem man die Freiheit läßt, seine eigenen Eigenschaften zu entwickeln und seine eigenen Erfahrungen zu machen, eher zu einem Individuum als zu einem Abbild seiner Eltern wird. Das Kind wuchs auf natürliche Weise auf, nach seinem eigenen Gutdünken, mit angemessener Führung und Disziplin.

Kinder, die kein Interesse am Lernen hatten, wurden nicht dazu gezwungen; ihnen wurde gestattet, die Grundlagen unserer Kultur in dem Alter zu lernen, in dem sie sich dazu bereit fühlten. Da aber all die Lernspiele sehr interessant und vergnüglich waren, nahmen die meisten Kinder daran teil. Jedes Kind war sich seines natürlichen Verlangens zu lernen und zu wachsen bewußt.

Die venusischen Kinder lernten die meisten Grundlagen zu Hause, und jeder Elternteil war am Lernprozeß beteiligt. Dies war sehr natürlich, weil das Haus zum Mittelpunkt des Lebens geworden war.

Als das Volk der Venus auf die Astralebene überging, behielten die Menschen ihre Erziehungsmethode natürlich bei. In den ersten Jahren meines Lebens lehrte mich Tante Arena viele nützliche Grundlagen. Die wichtigsten Dinge, die ich lernte, hatten damit zu tun, ein mündiger Bürger der Astralebene zu werden, was aufgrund unserer unbegrenzten Kräfte viel Disziplin erforderte.

Sie zeigte mir, wie man Dinge manifestiert. Aber immer ermutigte sie mich, selbst mehr herauszufinden, anstatt mich darauf zu verlassen, belehrt zu werden. Von frühesten Jahren an hatte ich den Großteil meines Wissens über die astralen und auch die physischen Ebenen aus meinen eigenen Erfahrungen gelernt.

In sehr jungen Jahren wurden mir das venusische Alphabet, die Sprache und das Zahlensystem beigebracht. Darüber hinaus ließ sich Tante Arena von meinen Fragen und Interessen leiten. Jeden Nachmittag setzte sie sich mit mir zusammen hin, um mich Künste und Fertigkeiten wie das Malen und Schnitzen zu lehren.

Die Welt der Pflanzen war für mich besonders interessant. Ich liebte Pflanzen! Ich lernte alles über Kräuter, ihren medizinischen und täglichen Gebrauch.

Ich lernte so viele verschiedene Dinge, dass ich gut ein weiteres Buch schreiben könnte, um mein Wissen den Erdenmenschen zu vermitteln. Meine Interessen reichten zum Beispiel von Modestilen aller Zeitepochen bis hin zur Natur des Menschen. Ich lernte mehrere Eigenschaften, die es mir ermöglichten, viele Freunde zu gewinnen, und die mich davor bewahrten, ein kritisierender Mensch zu werden.

Als ich älter wurde, begann ich fast täglich die Stadt Teutonia zu besuchen. In den Tempeln des Lernens wurden wir nicht unterrichtet, sondern wir sammelten Erfahrungen unter Anleitung von Experten eines bestimmten Gebietes. Der Tempel der Künste war der größte von allen Tempeln und zog Kinder und Erwachsene gleichermaßen an.

Jeden Morgen kamen Meister in die Tempel der Künste, um Studenten anzuleiten. Die meisten von uns arbeiteten in der zentralen runden Halle, saßen mit verschränkten Beinen auf dem Boden, die Materialien vor sich liegend.

Gewöhnlich begann ein Meister mit einem Beispiel. Er zeigte den Studenten, wie die verschiedenen Materialen verwendet wurden und mit welchen Werkzeugen verschiedene Effekte erzielt werden konnten. Die Geschichte dieser Art von Kunst und des Urhebers ihrer Technik ließ er aus; dies blieb den Geschichtslehrern überlassen. Das Ideal für jeden Studenten bestand darin, seinen eigenen Stil herauszufinden, anstatt einen anderen zu kopieren.

Dann begab jeder sich an seine Arbeit, um durch Versuch und Irrtum zu lernen. Die fauleren Studenten baten den Meister, ihnen genau zu zeigen, wie alles gemacht wurde; er stand immer für diejenigen zur Verfügung, die um Hilfe baten.

So lernte jeder Student auf seine eigene Weise, sei es Malen, Weben oder Schnitzen. Und jeder schuf seine eigenen individuellen Kunstwerke, indem er seinen eigenen individuellen Stil einsetzte. In den anderen Tempeln lief dies genauso ab.

Es ist dem Studenten selbst überlassen, viele Jahre damit zuzubringen, eine Kunst zu vervollkommnen, oder nur ein paar Tage, um mehrere Grundtechniken zu lernen.

Jeder einzelne wurde ermutigt, nachdem er eine Technik gemeistert hatte, seine Mitschüler wenigstens einen Tag lang anzuleiten. Jeder konnte nach einiger Zeit Meister einer Kunst werden.

Sobald wir einen bestimmten Grad von Meisterschaft erreicht hatten, übernahmen wir ein Projekt, das in einer öffentlichen Hausausstellung gezeigt wurde, damit alle Dorfbewohner es bewundern konnten. Verglichen mit den Kunstwerken auf der Erde waren die ausgestellten Kreationen in den Tempeln phantastisch, weil uns auf der Astralebene nur die pure Vorstellungskraft beschränkt.

Es ist Tradition in unserer Kultur, dass einer, der sich der Meisterschaft in seinem Wahlfach nähert, etwas zu erreichen versucht, was nie zuvor getan worden war. Auf diese Weise ergänzten wir die Künste und Wissenschaften immer um etwas Neues und anderes.

Zu verschiedenen Zeiten studierte ich während meiner Kindheit in den Tempeln der Mathematik, der Geschichte, der Religionen, des Gartenbaus und der Biologie. Im Tempel der Biologie wurde gezeigt, wie Leben aus den chemischen Grundsubstanzen geschaffen werden kann. Es wurde auch demonstriert, wie Humanoide kreiert werden können. Sie wurden einst in der Geschichte der Venus als Roboter benutzt. Die Menschen lernten durch eine tragische Lektion, dass dies keine gute Idee war, weil Humanoide von gräßlichen Astralwesen besetzt und beherrscht werden konnten. (Das Leben auf der Venus war damals physisch.)

Der Tempel der Biologie lehrte die tiefsten Geheimnisse des Lebens und wie jede Form des Lebens geschaffen wurde. Das Geheimnis besteht darin, dass das Leben selbst seinen Ursprung jenseits des physischen Universums hat. Auf riesigen Vergrößerungsbildschirmen wurde uns gezeigt, wie das Leben wirklich physische Form annahm. Vieles von dem, was im Tempel gelehrt wurde, würde Theorien über den Haufen werfen, die gegenwärtig auf der Erde gelehrt und anerkannt werden. Ich hatte so viel Freude an meinen Erfahrungen im Tempel, dass ich für eine Weile ernsthaft erwog, mein Leben der Medizin zu widmen.

Mein Besuch im Tempel der Mathematik war von kurzer Dauer. Es war ein pyramidenförmiger Bau, der viele Ebenen oberhalb und unterhalb der Erde umfaßte. Hier plante ich, mehr über das Neunerzahlensystem zu lernen, doch mein Interesse schwand, weil dies zu viel Mentalarbeit erforderte. Der Tempel lehrte natürlich alle Zahlensysteme und viele weitere mathematische Themen.

Der Tempel der Geschichte behandelte nicht nur unsere eigene Vergangenheit, sondern die aller Planeten in unserem Sonnensystem und alle sonstigen, die unsere Raumfahrer entdeckt hatten. In dem Wissen, dass ich vielleicht in einem zukünftigen Leben auf der Erde reinkarnieren würde, wollte ich soviel wie möglich über diesen Planeten lernen, solange ich Gelegenheit dazu hatte. Als Seele würde ich mich an alles erinnern, was ich gelernt hatte.

Ich war auch darum an der Erde interessiert, weil ich wußte, dass ich dort viele Leben verbracht hatte. Mein Lieblingsort und meine Lieblingszeit war das alte Ägypten; so vieles von meinem natürlichen Gefühl und meiner Liebe zur Musik und zum Tanz rührte von einem vergangenen Leben in diesem großen Kulturimperium.

Seit dieser Ära ist Tanzen in jeder Inkarnation ein Teil meines Seins gewesen. Meine Erfahrungen sind bis zu dem Punkt gewachsen, an dem sie nun alle auf der Seelenebene gespeichert sind. Ich habe auch die Fähigkeit entwickelt, stets im voraus zu wissen, was in einem Musikstück passieren wird; dies ist eine große Hilfe beim Interpretationstanz.

Der Tempel der Geschichte war einer meiner Lieblingsplätze, weil er die tote Vergangenheit lebendig machte. Die Hauptebene des Gebäudes bildete eine Zeitmaschine!

Dies war ein dunkler Raum, in dessen Mitte man auf dem Boden saß. An einem Steuerpult wurden das Datum, der Planet und der genaue Ort als Zieldaten eingegeben. Dann verschwanden ohne Vorwarnung die Wände des Raumes und die Dunkelheit, und wir waren dort und sahen die wirkliche Vergangenheit.

Da wir aber in einem Astralkörper lebten und auf die physische Ebene blickten, betrachteten wir die Szenen, als wären wir im physischen Sinne tot. Diejenigen, die in der Vergangenheit lebten und übernatürliche Visionen hatten, erkannten uns als Geister. Für uns war es eine sehr reale Erfahrung.

Bis wir merkten, dass alles durch uns hindurchging, fanden wir es sehr furchterregend. Ich mußte erst lernen, dass es nicht nötig war, zurückzuschrecken oder aus dem Weg zu gehen, wenn jemand auf mich zukam.

Ich besuchte die prähistorischen Zeiten der Venus in einem Zeitalter seltsam aussehender wilder Tiere und Regenwälder. Das Zeitalter der Dinosaurier auf der Erde war eine ähnliche Periode, sagte man uns. Ich fand diese Reise faszinierend, aber ein wenig beängstigend, weil sie so unheimlich war.

Dann besuchte ich die Zukunft. Es war eine Zeit, als der Mensch die technische Kontrolle über alles hatte. Alles funktionierte automatisch. Die Landschaften sahen merkwürdig öde aus, ebenso die Städte und die einzelnen Häuser. Auf Knopfdruck erhielt man Essen in Form eines kleinen würfelförmigen Konzentrats.

Das schrecklichste Tabu dieser Kultur bestand darin, einen anderen Menschen in irgendeiner Weise zu berühren. Dies wurde für unrein und gefährlich gehalten, weil dadurch Krankheiten übertragen werden konnten. Um Kinder zu zeugen, wurde der männliche Same in ein Teströhrchen eingebracht und dessen Inhalt dann der Frau injiziert.

Die Kinder wurden von Maschinen aufgezogen, die rund um die Uhr für sie sorgten, sie fütterten, die Windeln wechselten, Lernspielzeug beschafften und sie über Bildschirme unterrichteten, die in die Wände eingelassen waren. Sie bekamen alles außer Liebe.

Ich empfand all dies als sehr beängstigend und beunruhigend. Ich lernte von den Leitern im Tempel, dass diese Ära ungefähr 50 (Erden-) Jahre dauern würde. Weil es den Menschen nicht gestattet war, sich gegenseitig zu berühren, verkehrten sich ihre Gefühle in Haß. Morde waren weit verbreitet. Dieser Planet war nicht die Venus, sondern ein anderer in diesem Sonnensystem, dessen Namen ich nicht erwähnen soll.

Während meiner Kindheit lernte ich vieles über die unermeßlichen Welten der Höchsten Gottheit, von der physischen Ebene bis zu den höheren, spirituellen Welten. Meine Aufgabe besteht nicht darin, die vielen Facetten der Gesetze der Höchsten Gottheit hier auf der Erde ans Licht zu bringen. Dies wird von spirituellen Meistern getan, die die Lehren bewahrt haben, seit sie von ihnen verborgen wurden. Diese reinen spirituellen Werke sind zu umfangreich und zu tief, um in ein Buch aufgenommen zu werden.

Stattdessen stelle ich die Lehren vor, die mir in Tythania enthüllt wurden, und ich werde die Richtung andeuten, in der sie auf der Erde gefunden werden können.

Wie ihr euch erinnert, kennt Tythania nur einen planetarischen spirituellen Weg – oder eine Religion, wenn ihr es so nennen wollt. Auf der Erde existiert eine verwirrende Anzahl und Vielfalt von Religionen, spirituellen Richtungen, okkulten und metaphysischen Gruppen und philosophischen Systemen. Ich war von meiner Tante gut darauf vorbereitet worden, mit dieser Veränderung zu leben. Eine meiner wertvollsten Lektionen hatte mit dem Ursprung dieser vielen Richtungen zu tun.

Der Grund, warum die Erde so viele widersprüchliche Religionen und spirituelle Wege aufweist, liegt darin, dass sie geistig unreif ist und sich noch in einer frühen Entwicklungsphase befindet. Durch die gesamte Geschichte hindurch haben Planeten in der Entwicklung ähnliche Probleme gehabt. Die Wahrheit ist, dass die Höchste Gottheit nur wenige dieser Wege etablierte. Doch diese wenigen sind wirklich nur verschiedene Namen für dieselbe Lehre.

Wenn ihr in die Religionsgeschichte der Erde zurückschauen würdet, so würdet ihr feststellen, dass jede Religion und alle anderen spirituellen Lehren jeweils von einem besonderen geistigen Führer begründet wurden, von einem einzelnen, dessen Arbeit nach seinem physischen Tod von treuen Anhängern fortgeführt wurde. Die meisten von uns wissen heute von einzelnen wie Jesus Christus, Buddha, Mohammed, Krishna und von vielen anderen.

In den meisten Fällen geschah Folgendes: Einem dieser spirituellen Führer gelang es, eine oder mehrere außerkörperliche Erfahrungen auf einer höheren Ebene zu machen. Ganz gleich, welche Ebene er erreichte, die astrale, mentale oder kausale, er kam mit großer Weisheit und dem brennenden Wunsch zurück, diese in Form einer Botschaft mit anderen zu teilen. Vielleicht beinhaltete sie ein Erlösungsevangelium oder eine gesellschaftliche Heilslehre, aber dennoch lag ihr Ursprung in einem Kontakt mit einer höheren Ebene.

Auf der physischen Ebene beginnt an diesem Punkt eine neue Religion zu wachsen und zu gedeihen. In den Jahrhunderten danach begehen die Nachfolger einen sehr grundlegenden Fehler als Seele. Indem sie in seine Fußstapfen treten, versuchen sie, das wieder zu erfahren, was der ursprüngliche Gründer erfuhr. Sie versuchen, die Weisheit und spirituelle Entfaltung einer anderen Seele zu erreichen, welche diese Seele durch eine außerkörperliche Erfahrung auf einer höheren Ebene gemacht hat.

Bestimmte Nachfolger machen dann durch eine Abwandlung im Glauben und in der Methode ihre eigenen erleuchtenden Erfahrungen. Bald formiert sich eine Splittergruppe oder ein Nebenzweig, der sich auf den Erfolg dieses Nachfolgers gründet. Was bewirkt all dies für den einzelnen? Es macht ihn mehr als je zuvor zu einem Konformisten und zu einem Sklaven äußerer Mächte.

Jeder einzelne muß seine eigene Wahrheit und seine eigenen Erfahrungen suchen, genau wie die sogenannten spirituellen Größen es taten. Da jede Seele einzigartig ist, kann ein einzelner nicht dem Weg, den Methoden und Lehren eines anderen folgen und die gleichen Ergebnisse erwarten. Jeder einzelne wird, wenn er sich spirituell entfaltet, seine eigenen außerkörperlichen Erfahrungen suchen und Methoden anwenden, die ihm angemessen sind. Dann wird jeder einzelne zu einer spirituellen Größe und erfährt für sich selbst bereits vor seinem physischen Tod, was in den jenseitigen Welten vor sich geht.

Die meisten Menschen brauchen das, was Religionen und allerlei spirituelle Richtungen auf einem bestimmten Niveau anbieten. Diese Lehren können nicht verdammt werden. Jede Seele braucht verschiedene Religionen, Sekten und Philosophien als Erfahrungshintergrund, der ihnen hilft, die höheren Wahrheiten zu verstehen. Es sind Stufen auf dem Weg.

Wir müssen uns immer vergegenwärtigen, dass die physischen, astralen, kausalen und mentalen Ebenen Gefängnisse sind, die von Negativität beherrscht werden. Die Agenten des Kal fördern die meisten der Religionen und Pfade. Ein aufrichtiger Student muß seine eigene Wahrheit finden, die immer dieselbe ist, weil sie ihren Ursprung oberhalb der niederen Welten hat. Genauso wie es in der physischen Welt Vertreter des Kal gibt, die nicht über die Mentalebene hinausgekommen sind, gibt es hier auch Stellvertreter der Höchsten Gottheit. Das Individuum lernt beizeiten, sich mehr auf seine eigene innere Erfahrung zu verlassen, anstatt zu denen eines anderen aufzuschauen.

Die wahre Lehre verkündet stets, dass die spirituelle Essenz des Höchsten Wesens im inneren Licht geschaut und als innerer Klang gehört werden kann. Der Klang ist sehr wichtig, weil dieser Strom von der Seele wie ein Leitstrahl zur Heimkehr benutzt wird, um die wahren spirituellen Welten zu erreichen.

Es war entmutigend zu erfahren, dass die Gesetze der Höchsten Gottheit auf der Erde zur Zeit meiner Ankunft dort nicht offen gelehrt wurden. Aus diesem Grund hätte ich fast beschlossen, nicht zu kommen, aber da ich auf der anderen Seite um das Karma wußte, entschied ich mich anders.

Die irdische Kultur ist jung und voll von vielen Höhen und Tiefen. In biblischen Zeiten waren den Menschen Raumschiffe am Himmel so vertraut wie heutzutage die Flugzeuge. Die Weltraumreisenden kamen regelmäßig hierher, um die Entwicklung der Erde zu beobachten.

Anstelle von Meistern über die Elemente wurden die Abkömmlinge der ersten Kolonisten der Erde ein sehr erschreckendes Volk. Sie ignorierten die meisten grundlegenden Wahrheiten über das Universum, über Gott und über sich selbst. Ihr Hauptanliegen bestand im physischen Überleben und Wohlergehen, ihre Hauptangst lag im Tod. Idole und Götter beherrschten alles im Leben, und Opferhandlungen waren weit verbreitet. Um die Leitung innezuhaben und ein angenehmes Leben zu führen, hatten die Priester Religionen zur Herrschaftskontrolle etabliert. Regeln, Rituale und Furcht waren ihre Werkzeuge, und ihre Herrschaft war absolut. Beschränkte Glaubensrichtungen hatten für die meisten Menschen eine beschränkte Lebensweise zur Folge.

In diese Ära wurde eine große Seele geboren. Als Seele hatte sich dieser Mann entschieden zu reinkarnieren, um die Juden anzuführen, weil er sich ihnen verbunden fühlte. Er hatte zusammen mit diesem Volk eine seiner herausragendsten Inkarnationen verbracht, doch er war einer von denen gewesen, die es in die Unwissenheit geführt hatten. Als eine geistig fortgeschrittene Seele entschloß er sich, zurückzukehren und seine karmische Schuld auszugleichen, indem er dieses Volk auf spirituelle Weise erleuchtete.

Die Art und Weise, wie er in diesem seinem auserwählten Volk geboren wurde, hatte viel mit der Bruderschaft der Planeten zu tun. Die Besucher aus dem Weltraum sahen, was auf der Erde vor sich ging, und sie wurden in diese Ereignisse hineingezogen. Die Marsianer hielten sich eine Zeitlang in Mexiko und Südamerika auf und beeinflußten das Inka-Volk. Sie brachten wunderschöne Lehren. Sie waren auch als die geflügelten Götter oder Sonnengötter bekannt, weil sie mit großen Kräften und großer Weisheit vom Himmel herabkamen.

In Jerusalem und den Ländern dieses Volkes, wurden Besucher aus dem Weltraum Engel genannt, was soviel wie himmlische Wesen bedeutet. Wie sonst konnten sie Wesen nennen, die in Raumschiffen landeten und die solch friedvolle himmlische

Gesichter hatten? Die Menschen nahmen an, dass Wesen vom Himmel geistige Wesen seien. Und so ist die biblische Geschichte voll von Erzählungen von Propheten, die mit Gott oder mit Engeln zusammentreffen, oder mit groben Beschreibungen ihrer Raumschiffe als „Feuerball" oder „Rad in einem Rad".

Wenn eure Bibel mehr von dieser vorhandenen Information zur öffentlichen Überprüfbarkeit in ihren Kanon aufgenommen hätte, wärt ihr überrascht über die wahre Identität der legendären „drei Weisen aus dem Morgenland" – darüber, wer sie waren, wen sie repräsentierten, auf welche Weise sie von dem Ereignis erfuhren und wie sie zur rechten Zeit am Ort des Geschehens ankamen. Es verbergen sich große Wahrheiten hinter einigen dieser Ereignisse, die in euren heiligen Schriften berichtet werden. Vieles davon wurde absichtlich zurückgehalten oder in den Übersetzungen verstellt, um die Kontrolle über das Volk zu bewahren, wie es die irdischen Geister beabsichtigt hatten, die das System errichteten und aufrechterhielten.

Noch immer kommen eure Brüder aus anderen Höhen und Ebenen, um hier Erfahrung zu suchen, eigenes Karma auszugleichen und der Erdenmenschheit in dieser Seinsdichte zu helfen. Einige leben unerkannt unter euch, andere kommen von irgendwo hierher, um euch zu beobachten, und gelegentlich nehmen sie Kontakt mit eurem Volk auf. Dies hat es immer gegeben und wird es immer geben.

Ein Teil meiner Mission ist es, euch für die Wirklichkeiten, wie sie sind, die Augen öffnen zu helfen, denen, die wissen wollen. Für diese Menschen allein wurde dieses Werk verfaßt.

Omnec Onec

Bildverzeichnis

Cosmic Education – Unsere Bücher

Ich kam von der Venus
Omnec Onec
Dieses Buch ist die autorisierte Neuausgabe der Autobiographie, so wie sie Omnec Onec in den sechziger Jahren verfasste und die erstmalig 1991 unter dem Titel UFO – From Venus I Came in den USA erschien.
DISCUS Publishing
ISBN: 978-3-910804-05-0

Engel weinen nicht
Omnec Onec
In der Fortsetzung ihrer Autobiographie erzählt Omnec von ihren Lebenserfahrungen auf der Erde. Ihre klare Erinnerung an ihre Herkunft und die telepathischen und teilweise physischen Kontakte mit ihren Raumfreunden und Meistern gaben ihr die Kraft und den Mut, sehr herausfordernde und leidvolle Erfahrungen inmitten einer noch unerwachten Gesellschaft zu meistern. Immer mit offenem Herzen und der göttlichen Liebe verbunden erfüllt Omnec ihre Mission als Botschafterin der Venusier und als Überbringerin bedingungsloser Liebe im Dienst für die Transformation der Erde.
DISCUS Publishing
ISBN: 978-3-910804-06-7

Handbuch venusischer Spiritualität
Omnec Onec
Ein spiritueller Führer für die Meisterschaft des Lebens aus der Perspektive der Seele
Omnec Onecs erstes Buch *Ich kam von der Venus* berührte bereits Tausende von Lesern weltweit und weckte in ihnen latente Erinnerungen an ihre Essenz als Seele.
Dieses kleine Handbuch venusischer Spiritualität entstand aus dem Wunsch der Menschen, mehr darüber zu erfahren, wie sie spirituelle Heilung und wahre Liebe in sich selbst finden können.
Es enthält die Essenz der Botschaft, mit der die Venusier schon seit langer Zeit im Einklang mit den Gesetzen der Höchsten Gottheit leben. Aufgrund ihres Mitgefühls, ihres Einheitsbewusstseins und ihrer Liebe zu allem, was ist, sind sie mit den Schlüsseln zur Anhebung ihrer Frequenz ausgestattet.
Da die Erde derzeit einen dimensionalen Aufstieg erlebt, können wir von dem Wissen unseres Schwesterplaneten Venus profitieren, der diese Transformation bereits durchlaufen hat.
DISCUS Publishing
ISBN: 978-3-910804-07-4

Einfach Weisheit und Liebe – Venusische Spiritualität
Omnec Onec und Anja Schäfer
Die Welt ist im Wandel, der Transformationsprozeß der Erde ist im Gange. Das uns bekannte Weltsystem, das auf Kontrolle und Manipulation basiert, geht dem Ende entgegen. Dank mutiger Botschafter wie Omnec Onec werden wir an das erinnert, was wir vor langer Zeit vergessen haben: Unsere Vorfahren kamen von anderen Sternensystemen und unsere Existenz ist nicht auf dieses physische Leben begrenzt. Wir alle sind Seelen, die von einem liebenden Schöpfer erschaffen wurden.
Inhalte: Die unbekannte Geschichte unseres Sonnensystems und die spirituelle Transformation der Erde aus venusischer Sicht* —

Die wahre Geschichte von Jesus Christus — Venusischer Brief — Transkriptionen öffentlicher Veranstaltungen mit Fragen und Antworten.
Dieses Buch ist ein Lichtfokus für die Erweiterung des Bewusstseins und gibt einen tiefen Einblick in die Lehren und die Liebe der Venusier.
DISCUS Publishing
ISBN: 978-3-9817441-1-8
* Auch als Hörversion erhältlich.

Venus und ich
Anja Schäfer
Wie ich durch die Begegnung mit Omnec Onec Botschafterin der Venusier wurde.
Eine Geschichte über Einweihungen, die Transformation der Erde und die Liebe.
Inhalte: Venus-Botschafter, Omnec Onec, Dr. Raymond Keller „Cosmic Ray", Diskus von Phaistos, Atlantis, zyklische Zeit - lineare Zeit, die Venus-Deutschland-Verbindung, Transformation der Erde, Zukunft der Erde, künstliche Zeitlinie und natürliche Zeitlinie Aufstieg, Erwachen, spirituelle Praktiken, Ebenen des Bewusstseins, Zwillingsflammen, Jo Conrad Interview mit Omnec Onec.
„Ich bin mir heute darüber sicher, dass ich als eine von den Seelen inkarniert bin, um verkrustete Strukturen aufzubrechen und um sowohl mir selbst als auch den Menschen dabei zu helfen, die wahre, göttliche Liebe in sich aufsteigen zu lassen und zu verkörpern. Wir sind hier, um durch die Heimkehr in die göttliche Liebe Mutter Erde dabei zu helfen, sich in eine höhere Schwingungsfrequenz anzuheben und das Zeitalter der Dunkelheit und Unwissenheit zu beenden." Anja Schäfer
DISCUS Publishing
ISBN: 978-3-910804-00-5

Bild 14: Omnec Onec und Dr. Raymond Keller
Die Botschafterin und der Historiker der Venusier, 2023. Im Hintergrund eine Illustration der venusischen Tempelstadt Teutonia.

Dr. Raymond Keller „Cosmic Ray" ist Historiker der Venusier, Kontaktler, UFO-Forscher und Autor der in den USA erfolgreichen „Venus Rising-Buchreihe" (bisher auf Deutsch: „Aufsteigende Venus"). Seit 1967 beschäftigt er sich mit aktiver UFO-Forschung und hat zahlreiche Exkursionen zu UFO-Hotspots auf der ganzen Welt unternommen. Bei vielen Gelegenheiten hat Ray direkt mit Außerirdischen kommuniziert. Über den Jahreswechsel 2012/2013 durfte er anläßlich einer Zeremonie 10 Wochen auf der Venus verbringen. Über dieses besondere Erlebnis schreibt er im letzten Kapitel des Buches „Aufsteigende Venus" sowie in seinem Buch „Cosmic Ray's Excellent Venus Adventure" (noch nicht auf Deutsch).

Aufsteigende Venus
Facettenreiche Verbindungen und Freundschaften mit unserem Schwesterplaneten
Dr. Raymond Keller und Anja Schäfer (Co-Autorin)
Dr. Raymond Kellers „Venus Rising-Buchreihe" erforscht den Planeten Venus und seine vielseitigen Verbindungen mit der Erde. Sehr gut dokumentiert und basierend auf persönlicher Forschung und jahrzehntelanger Erfahrung enthüllen diese Bücher Zusammenhänge aus den Perspektiven von Geschichte, Mythologie, Theosophie,

Weltraumforschung, Ufologie, Filmveröffentlichungen, Comicliteratur, Wissenschaft, „Verschwörungen", Politik, Exopolitik, Kontaktpersonen, Venusiern, Spritualität und aktuellen Ereignissen.*Inhalte:* Venus in Kunst und Kultur • Theosophie • Kontaktpersonen • Venusier unter uns • Geschichte und Politik • Einflüsse der Venusier auf das Weltgeschehen • UFOs und fortgeschrittene Technologie • Außerirdische und unsere eigenen Verbindungen mit unserem Ursprung • Spiritualität und Wissenschaft • Dimensionaler Aufstieg
DISCUS Publishing, ISBN: 978-39817441-7-0

Die Evangelien von Thomas und Maria Magdalena

Dr. Raymond Keller

Das Thomasevangelium und das Evangelium der Maria Magdalena wurden im Dezember 1945 in der ägyptischen Wüste in Nag Hammadi gefunden, zusammen mit einigen anderen Büchern, die als „Nag Hammadi Bibliothek" bezeichnet werden. Diese Texte waren durch das Alter stark fragmentiert und befanden sich in einem Zustand fortgeschrittenen Verfalls. Bis heute konnten diese heiligen Texte von Gelehrten nur teilweise interpretiert werden, da nie eine vollständige Aufzeichnung dieser Texte gefunden wurde. Selbst wenn es diese Texte gäbe, könnten sie nicht so vollständig oder genau sein wie die jetzt hier vorliegende Version von Dr. Raymond Keller.
Diese „Morgenstern-Ausgabe" ist ein übernatürliches Geschenk an die Menschen durch die Hierarchie des Lichts.
DISCUS Publishing, ISBN: 978-3-9817441-8-7

CDs von Omnec Onec

In Zusammenarbeit mit dem Musikproduzenten Wulf Wemmje entstanden drei CDs unter venusischer Inspiration. „Die Seelenreise" und „Meine Mission auf der Erde" gibt es auch in der englischen Originalfassung mit Omnecs Stimme.

Die Seelenreise-Erfahrung
Eine geführte Meditation mit abwechslungsreicher Musik für eine Erfahrung der Ebenen des Bewußtseins und Seelenerkenntnis.
Mantras und Visualisierungen unterstützen die Erfahrung der verschiedenen Dimensionen von der physischen über die astrale, kausale, mentale, ätherische und Seelenebene bis zur göttlichen Ebene. *„Das Seelenreisen ist eine Kunst und Wissenschaft, bei der du zeitweise den physischen Körper verläßt, um im Seelenkörper einige oder alle der Welten jenseits des physischen Universums zu besuchen und zu erforschen. Du reist mit Licht und Klang und hast Zugang zu Ebenen des Bewußtseins, in denen du Wissen erlangen und eine innere Erfahrung zu deinem Wohle machen kannst."*
Länge: ca. 71 Min. Deutsche Stimme: Anja Schäfer

Meine Mission auf der Erde
Omnec erzählt die Geschichte ihrer Herkunft und gibt universelles Wissen weiter. Lauschen Sie Omnecs faszinierender Geschichte, eingebettet in Klangsphären und venusisch inspirierter Musik. Omnec erzählt von der Verbindung der Venus zur Geschichte der Erde und vom Zweck und Ziel ihres abenteuerlichen Transfers von der Astralebene der Venus auf die physische Erde.
Länge: ca. 53 Min. Deutsche Stimme: Anja Schäfer

From Venus with Love
Omnec spricht und singt über Liebe mit sphärischer musikalischer Untermalung. „Wenn du Liebe in allen Formen erfahren hast, dann lernst du bedingungslose Liebe kennen. Venus

Liebe ist bedingungslose Liebe". Diese Musik- und Poesie-CD ist mit Omnecs Stimme gesungen und gesprochen.
Das deutsche Booklet enthält alle Texte auf Deutsch und auf Englisch.
Länge: ca. 65 Min. Englisches Original

Die unbekannte Geschichte unseres Sonnensystems und die spirituelle Transformation der Erde*
Omnec Onec erzählt die Geschichte der Besiedelung unseres Sonnensystems, spricht über die Gründe der derzeit stattfindenden spirituellen Transformation der Erde und vermittelt wertvolle Hinweise, wie jeder Einzelne sich an diesem Prozess der Schwingungserhöhung bewusst beteiligen kann. Liebevoll lehrt Omnec die universellen Gesetze der Höchsten Gottheit. Zeitlos und aktuell unterstützen diese Informationen die eigene Bewusstseinserweiterung und Hinwendung an die bedingungslose, göttliche Liebe in uns selbst.
Länge: 162 Min. Deutsche Stimme: Anja Schäfer
* Die Transkription dieses ursprünglich von Omnec frei gesprochenen Vortrages ist in unserem Buch „Einfach Weisheit und Liebe – Venusische Spiritualität" enthalten.

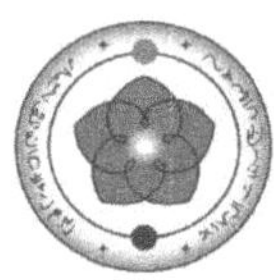

Alle Bücher und CDs/mp3s sind in unserem Venus-Spirit Online-Shop erhältlich. Du findest dort auch Lese- und Hörproben.

Kontakt

Anja Schäfer

- Website **venus-spirit.com**
- E-Mail **contact@venus-spirit.com**
- YouTube **youtube.com/@venus-spirit**
- Telegram **t.me/venus_spirit**

Mögen universelle Liebe und Segnungen sein.

Anja ♥